Identitätspolitik steckt in der Sackgasse: Empowerment wird auf Gender-Sternchen und die Vermeidung des N-Worts verkürzt. Überall sollen Minderheiten vor möglichen Verletzungen geschützt werden – in Uniseminaren, Kunst und Mode, im Netz und bei öffentlichen Events. Für alle, die Politik nicht mit eigener Betroffenheit belegen, schließt sich die Debatte. Wer mit der anspruchsvollen Pflichtlektüre nicht hinterherkommt, ist raus. Die solidarische Kritik an diesen Exzessen wird zum Dilemma in einer Zeit, in der Rechte gegen Unisextoiletten und die »Ehe für alle« hetzen – und Linke darin »Pipi fax« oder den Aufstieg von Trump begründet sehen. Zwischen Abwehr und Abschottung richtet der Band den Blick auf die Fallstricke der Identitätspolitik und sucht nach Allianzen jenseits von Schuldzuweisungen und Opferkonkurrenz.

Mit Beiträgen von Markus Brunner, Charlotte Busch, Eva Berendsen, Saba-Nur Cheema, Sarah Elsuni, János Erkens, Leo Fischer, Lena Gorelik, Ayesha Khan, Deborah Krieg, Stefanie Lohaus, Sama Maani, Meron Mendel, Hadija Haruna-Oelker, Massimo Perinelli, Andreas Rüttenauer, Hilal Sezgin, Gadi Taub, Tom Uhlig, Céline Wendelgaß, Bettina Wilpert und Hengameh Yaghoobifarah.

Die Herausgeber*innen *Eva Berendsen, Saba-Nur Cheema* und *Meron Mendel* haben in der Bildungsstätte Anne Frank auf unterschiedliche Weise mit Wohl und Wehe der Identitätspolitik zu tun. Direktor und Antisemitismusexperte Dr. Meron Mendel wird oft von falschen Freund*-innen umworben, die seine Position als friedensbewegter Israeli für ihre Boykott-Zwecke einzunehmen versuchen. Als PR-Chefin scheitert Eva Berendsen regelmäßig daran, die Ansprüche diskriminierungssensibler Sprache in lesbare Texte zu gießen. Saba-Nur Cheema bringt als Leiterin der Pädagogik Rassismus- und Antisemitismuskritik unter einen Hut. Es eint die Überzeugung, dass wir raus müssen aus unseren Komfortzonen, um dem Rechtspopulismus etwas entgegen zu setzen.

EVA BERENDSEN, SABA-NUR CHEEMA,
UND MERON MENDEL (HG.)

TRIGGER WARNUNG

Identitätspolitik zwischen Abwehr, Abschottung und Allianzen

Unter Mitarbeit von Charlotte Busch

VERBRECHER VERLAG

EINLEITUNG

I. VERORTUNGEN

II. VERSTRICKUNGEN

III. VERHANDLUNGEN

FINGER AUF WUNDEN ODER: DER DIREKTE WEG INS FETTNÄPFCHEN

Identitätspolitik zwischen Abwehr, Abschottung und Allianzen

Eva Berendsen, Saba-Nur Cheema
und Meron Mendel

Von #Trigger-Warnung bis #Content Note: Auf Twitter, Facebook & Co. finden sich Hinweise, die Leser*innen* auf eventuell verletzenden Inhalt aufmerksam machen sollen. Auch offline sollen Trigger-Warnungen verstärkt für den Schutz von Minderheiten im Alltag sorgen. Immer häufiger ertönt der Ruf nach Hinweisen, dass bestimmte Informationen triggern, also betroffene Personen an eine traumatische Situation erinnern und sie diese emotional und körperlich abermals durchleben lassen können. Dies betrifft insbesondere akademische und zivilgesellschaftliche Zusammenhänge sowie aktivistische Szenen, aber zunehmend auch öffentliche Debatten. Professor*innen sollen Trigger-Warnungen aussprechen, bevor es in Seminaren, Vorlesungen oder wissenschaftlichen Texten um sexuelle Gewalt, Rassismus, Trans- und Homosexuellenfeindlichkeit und andere Formen von Diskriminierung geht. Hochschulleitungen sollen einen Safe Space garantieren und mithin das Versprechen leisten, dass Angehörige marginalisierter Gruppen – und ihre Alliierten – sich an der Uni nicht mehr mit Worten, Kommentaren und Bildern auseinandersetzen müssen, die Unbehagen,

* Über die Art des Genderns entscheiden die einzelnen Autor*innen dieses Bandes.

Unwohlsein oder gar den Flashback eines Traumas verursachen können. Redner*innen mit entsprechendem Trigger-Potential sollen von öffentlichen Veranstaltungen ausgeschlossen, wieder aus- bzw. idealerweise gar nicht erst eingeladen werden.

Um mögliche Trigger zu vermeiden, wird das Vokabular einer kritischen Revision unterzogen und um potentiell verletzende Begriffe bereinigt. Make the world a safer place, wenn sich diese Welt schon nicht als besserer – im Sinne von umfänglicher sozialer Gleichheit und Gerechtigkeit für alle garantierender – Ort einzurichten ist.

Zweifellos ist es ein richtiges und wichtiges Anliegen linker Identitätspolitiken, die auf den Schutz und das Empowerment von gesellschaftlichen Minderheiten, von Frauen, Schwarzen, People of Color, Jüdinnen und Juden, LGBTIQ und Migrant*innen abzielen, auf die psychischen Folgen von Sexismus, Rassismus, Antisemitismus und anderen Formen der Menschenfeindlichkeit hinzuweisen, die sich in westlichen Gesellschaften auch heute noch jenseits der Frage, wer welche Jobs in welchen Positionen besetzt, auf vielfältige Weise im Alltag artikulieren.

Vom Kinderbuchklassiker über das Karnevalskostüm bis zu kulinarischen Vorlieben mit kolonialen Bezügen – zweifellos sind unsere Sprache, unsere Bildwelten, unsere Alltagspraxen, die Art und Weise, wie wir uns kleiden, wie wir reisen, essen, konsumieren und uns unterhalten lassen, voller politisch unkorrekter Ungeheuerlichkeiten mit mikroaggressiven Potentialen, mit denen wir – oft genug unbewusst, um nicht ignorant zu sagen – einander symbolisch auf die Füße treten. Zu einem Zeitpunkt, da Minderheiten und Minderheitenpositionen in den öffentlichen Sphären zunehmend sichtbar werden, sind es die Mikroaggressionen des Alltags, mit denen ihnen auf besonders subtile Weise vermittelt wird, wo ihr »eigentlicher« Platz liegt: Den Versprechen moderner Demokratien mit ihrem Gleichheitspostulat zum Trotz ist dieser jedenfalls nicht dort, wo man sich auf Augenhöhe begegnen könnte. Zweifellos sind diese diskriminierenden Alltagspraxen, was die (Un)Möglichkeiten des gleichberechtigten Zusammenlebens in einer vielfältigen Gesellschaft anbelangt, nicht zu unterschätzen.

»Wo kommst Du eigentlich her?« »Ich bin in Deutschland geboren.« »Ich meine, wo kommst Du wirklich her?« Also nein, Ausgrenzung und Diskriminierung treten nicht erst mit Shoah, Kolonialismus und Sklaverei zutage.

Auch ist eine positive Entwicklung der vergangenen Jahrzehnte, dass es in linken Kreisen inzwischen eine Art Anerkennung der Selbstsorge gibt. Denn zweifellos haben alle, die sich auf unterschiedliche Weise für soziale Gerechtigkeit engagieren, einen mehr oder weniger ausgeprägten Bedarf nach Schutzräumen, in die wir uns zurückziehen können, um uns von einem feindlichen Außen und unseren sexistischen, rassistischen, antisemitischen, homosexuellen- und transfeindlichen, ableistischen und fat-phobischen Mitmenschen zu erholen. Auch der »Social Justice Warrior«, wie ihn die amerikanische Rechte in ihrer grenzenlosen Verachtung gerne nennt, braucht mal ein Päuschen in seinem Safe Space. Und weil die Mitgliedschaft in einer Antira-Gruppe und die halbe Stelle als Sozialarbeiter*in in einer Unterkunft für Obdachlose oder Geflüchtete aus uns noch keinen neuen Menschen macht, sitzen manchmal auch Leute in unseren Safe Spaces, die sich wahlweise klassistisch, sexistisch, rassistisch, antisemitisch, homosexuellen- und transfeindlich, ableistisch und fat-phobisch äußern. Potz Blitz: Manchmal ist man das ja sogar selbst! Dass das Umfeld so etwas natürlich auch nicht einfach ignorieren kann, versteht sich für kritische Geister wiederum von selbst.

Die selbstreferentiellen Schleifen linker Selbst- und Chauvinismuskritik sind schon so häufig Vorlage für inner- und außerlinke Lachsalven gewesen, dass man es hier dabei belassen kann, auf Monty Pythons bereits 1979 in »Das Leben des Brian« persiflierten Clinch zwischen der »Volksfront von Judäa« und der »Judäischen Volksfront« zu verweisen. Doch zweifellos ist es richtig und wichtig anzuerkennen, dass auch die Akteur*innen in progressiven Zusammenhängen den eigenen hohen Ansprüchen zum Trotz nicht frei von unreflektierten problematischen Positionen sind. Wo Wokeness angesagt ist, präsentieren sich nicht immer alle ganz ausgeschlafen.

Nach hartnäckigen Kämpfen sind diese (selbst)kritischen Haltungen aus linker Politik nicht mehr wegzudenken. Sie flankieren die Erkenntnis, dass sich die Herrschaft von bestimmten Gruppen strukturell entlang der Frage ausdrückt, nach welchen Maßstäben die Welt gesehen und regiert, nach welchen Maßstäben und zu wessen Gunsten Politik betrieben wird, wie Institutionen gestaltet sind. Es ist der besondere Verdienst der linken (post)strukturalistischen Geistes- und Sozialwissenschaften und entsprechend inspirierter sozialer Bewegungen, die falschen Versprechen eines angeblich neutralen Universalismus als machtvolle Verallgemeinerungen partikularer Interessen sozialer Gruppen zu enttarnen, welche im Laufe der Geschichte förmlich ausnahmslos weiß, männlich und heterosexuell besetzt waren und es teilweise noch sind.

Auch die eigene linke Theorie- und Praxisproduktion seit Karl Marx blieb dabei nicht verschont: Dass gesellschaftliche Ungleichheiten nicht nur von einem Widerspruch zwischen Kapital und Arbeit künden, sondern sich diese in kapitalistischen Gesellschaften entlang verschiedener Achsen der Differenz etablieren, ist eine zentrale Einsicht etwa der feministischen, intersektionalen Forschung. Dass Antisemitismus und Rassismus, Nationalsozialismus und Kolonialismus, Holocaust und Völkermord nicht ausschließlich über Kapitalismus und Imperialismus abzuleitende Phänomene sind, ist ein wichtiger Beitrag sowohl der kritischen Theorie als auch Teilen der postkolonialen Forschung. Dass das eine nicht dasselbe wie das andere ist, haben wir einer (herrschafts)kritischen Antisemitismusforschung zu verdanken.

Hinter die Kernanliegen progressiver, emanzipatorischer Identitätspolitik wollen wir nicht zurückfallen. Jedenfalls wenn es um analytische Schärfe geht, die wir gewinnen konnten. Und nicht um Punkte auf dem Moral-Konto.

Und doch. Wie aus manchen Schüler*innen von Karl Marx »Vulgärmarxist*innen« wurden, so erleben wir momentan die Verbreitung einer vulgären Identitätspolitik mit fundamentalistischen Zügen. Der Ruf nach Trigger-Warnungen und Safe Spaces bringt dabei eine Tendenz linker Identitätspolitik auf den Begriff, die wir für problematisch, mehr noch: für grundfalsch halten. Die Verallgemeinerung der medizinischen und klinischen Beschäftigung des Triggers aus der Traumaforschung in politisierter Absicht wird zunehmend – mal intendiert, mal zufällig – zum Mittel, um Gegenredner*innen oder unbequeme Positionen aus dem öffentlichen Raum zu verdrängen. Hinzu kommt eine vereinfachte, manichäische Spaltung der Welt in Gut und Böse, in »globaler Süden« und »der Westen«. Eine oberflächige Lektüre etwa von Michel Foucault führt in diesem vulgären Poststrukturalismus zur Gleichsetzung von Macht und Bosheit. Folglich reicht allein die Schwäche der Gruppe, dass man ihr ultimatives Recht zusprechen muss. Die an sich zentrale Perspektive der Betroffenen von menschenfeindlicher Gewalt, die in Mainstream-Debatten üblicherweise keine oder noch viel zu wenig Berücksichtigung findet, avanciert hier zum einzigen Maßstab, um sich eine Meinung zu bilden und ein Urteil zu fällen. Szenetypisches Überwachen und Strafen erfolgt hier auf dem Rücken einer Betroffenenperspektive, die man sich nur im Singular vorzustellen vermag. Die Betonung der Differenzen, der Marginalisierung der eigenen Position und des Status als Opfer (oder dessen Anwält*innen) legitimiert die selbstgerechte Abschottung einerseits und das Abkanzeln, Rügen oder gleich Niederkrähen von Gegner*innen andererseits – und das können in diesen beschleunigten Zeiten des Bescheidwissertums schon jene sein, die nicht ganz up to date sind, mit welchem Abkürzungskonvolut sich aktuell die Vielfalt der sexuellen Identitäten oder die Gruppe der auf unterschiedliche Weise von Rassismus betroffenen Personen korrekt zusammenfassen lässt. (Apropos: Auf Social Media ist schon längst nicht mehr von »Trigger Warnung« die Rede, sondern – zumindest zur Zeit der Drucklegung – von »Content Note« und »Content Warnung« oder einfach #CN und #CW.)

In ihrer exzessiven Ausprägung wird die Betonung von Differenz und Privilegien zum Selbstzweck und schließt für all jene den Raum, die ihre Position nicht mit ihrer Identität und Minderheitenzugehörigkeit belegen können oder wollen. Wenn den bereits Legende gewordenen »alten weißen heterosexuellen Männern« auf diese Weise etwa eine profeministische und rassismuskritische Haltung abgesprochen werden muss, wenn Personen auf ihre potentielle Betroffenheit reduziert werden, wenn mehr oder minder subtil zur Debatte steht, welche Diskriminierungsform die anderen an Härte noch zu übertreffen vermag und stellvertretend zum Schutz der angeblich besonders Schutzlosen das Wort ergriffen wird, wenn Menschen als »privilegierte« markiert und dafür schuldig gemacht werden –, dann versperrt hier ein »positionaler Fundamentalismus« (Paula-Irene Villa) politische Allianzen der Verschiedenen und die Idee von hybriden Identitäten genauso wie er die Opferkonkurrenz befeuert und neue Paternalismen auf den Plan ruft.

Was kann die Identitätspolitik der Mehrheit der Gesellschaft anbieten? Was bleibt den »alten weißen heterosexuellen Männern« und anderen Mitgliedern »privilegierter Gruppen«, als die eigene »privilegierte Position« zu bedauern und sich dafür schuldig zu fühlen? Dann befinden wir uns schon sehr nah an der alten christlichen Moral, indem das Handeln durch Schuldgefühle über eine Ursünde bestimmt werden soll.

Es ist daher kein Zufall, dass der Diskurs einen fast schon religiösen Charakter bekommen hat: Dissens wird auf moralische Kategorien von Gut und Böse verengt, was wiederum eine Dynamik entfaltet, die Kommunikation versperrt. Viele verstummen lieber als einen verbalen

Fehltritt mit dem Potential des Szeneausschlusses und entsprechendem Aufschrei in den Filterblasen der sozialen Medien zu riskieren. Und natürlich geht es hier auch um Eitelkeiten und aktivistisches Marketing in eigener Sache in einem Umfeld, in dem »Gutsein« die Währung ist (Angela Nagle) und sich die Akteur*innen traditionell auf der richtigen Seite der Geschichte wähnen.

Während wir es uns in unseren Safe Spaces wahlweise zu gemütlich machen oder uns darin selbst zerfleischen, bleiben allerdings unsere Fähigkeiten zu streiten und zu argumentieren nach Außen auf der Strecke. Diese sind allerdings angesichts des Erstarkens rechtspopulistischer Bewegungen und rechter Parteien sowie umfassender ökonomischer und gesellschaftlicher Krisenprozesse dringend gefordert. Kurz gesagt: Es wird Schluss gemacht mit Politik. Und das auch noch mit besonders schlechtem Timing

Trump in den USA, Kurz in Österreich, Orban in Ungarn, Kaczynski in Polen, Salvini in Italien, Bolsonaro in Brasilien: Die Liste der rechtspopulistischen Regierungen weltweit wird länger. Der Erfolg rechter Parteien in Europa und den USA deutet darauf hin, dass der gegenwärtig mit linken Politiken assoziierte Identitätsdiskurs an den Anliegen vieler Menschen vorbei geht. Und mindestens ein Vermittlungsproblem hat: Für wen sind Allgender-Toiletten gedacht? Warum sollen Weiße keine Dreadlocks tragen? Wieso dürfen sich Kinder an Fasching nicht mehr als Indianer verkleiden? In Zeiten von Rechtspopulismus und neoliberalem Kapitalismus, in denen die einen nach Schuldigen für den Aufstieg der Rechten suchen und die anderen angeblich endlich wieder sagen dürfen, was sie sich zuletzt nur hinter vorgehaltener Hand oder in den (im Übrigen recht geräumigen) Safe Spaces ihrer rechten bis konservativen Öffentlichkeiten zu sagen trauten, werden Minderheiten-Issues als Luxusprobleme einer Bildungselite verächtlich gemacht.

Druck kommt von allen Seiten: In Teilen der Linken wird die akademische und aktivistische Beschäftigung mit Positionen und spezifischen

Erfahrungen historisch und gesellschaftlich marginalisierter Personen nun als Steigbügelhalter beim Aufstieg der Neuen Rechten gebrandmarkt, auch indem die Belange von Minderheiten als »Pipifax« (Robert Pfaller) veralbert werden. Nach den langen, mühsamen Kämpfen für die Integration der Perspektiven von Minderheiten in linke Theorie und politische Praxis erleben wir derzeit eine Art Backlash des marxistischen Hauptwiderspruchs. Dieses Revival wird von seinen Verfechter*innen als Befreiungsschlag verkauft. Nach den Ablenkungen durch das vom Linguistic Turn in den Geistes- und Sozialwissenschaften befeuerte »Gedöns«, wie Gerhard Schröder einst das Ressort der Frauen- und Familienpolitik bezeichnete, könne man jetzt wieder aufatmen und sogar aufstehen, wie Sahra Wagenknecht und Bernd Stegemann ihre zur Drucklegung immer noch nicht recht in Fahrt gekommene linkspopulistische Sammlungsbewegung nennen. Reaktionäre bis rechte Kreise wiederum sehen endlich ein Möglichkeitsfenster geöffnet, ihr Unbehagen am Verschwinden der alten Ordnung, die sie durch Unisex-Toilettenhäuschen sowie »politisch korrekte« Alternativen zum Z-Schnitzel auf Speisekarten und zum N-König im Kinderbuch verdrängt sehen, mit ungehemmter Hetze gegen die Sprechverbote des »linksversifften« Mainstreams zum Ausdruck zu bringen. Und Donald Trump ist endlich einer, der sagt, was ist. »Politische Korrektheit gehört auf den Müllhaufen der Geschichte«, bekundet wenig überraschend die AfD-Vorsitzende Alice Weidel.

In dieser verfahrenen Situation eine solidarische Kritik zu äußern, die nicht den Rechtspopulist*innen und Reaktionären in die Hände spielt, bleibt nicht ohne Risiko. Wir machen uns keine Illusionen: Dieser Sammelband hat das Zeug, sich falsche Freund*innen und neue Feind*innen zu machen.

Und doch. Eine emanzipatorische Linke sollte sich selbst befragen, ob sie sich in Zeiten, in denen vor dem Hintergrund institutionell und strukturell abgesicherter Ungleichheiten schon lange nichts mehr gewonnen wurde außer einem schwarzen US-Präsidenten, einer ostdeutschen Kanzlerin und Hijab-tragender Models in der Katjes-Werbung, ob sie sich in Zeiten der Ohnmacht (Georg Seeßlen) und der gefühlten Vergeblichkeit der Kämpfe nicht über Gebühr an Symbole und Semantiken, an Gendersternchen und Dreadlock-Verbote für Weiße klammert – ungefähr so wie zum Beispiel der sich vegan ernährende Umweltschützer an Mülltrennung und das Regal mit den Seitanschnitzeln, jetzt auch im Discounter, angesichts von Klimawandel und des absehbaren ökologischen Kollapses unseres Planeten. Auch diese Analogie kann nur über eine Leerstelle gelingen, indem die Umwelt aus dem Feld der sozialen Kämpfe immer wieder ausgespart wird.

Es ist zu vermuten, dass diese ganze Kultur der Kränkung vor allem damit zusammenhängt, dass das kranke System seiner Verlottertheit zum Trotz in der Lage ist, sich putzmunter immer wieder neu zu erfinden. Ob die Macker*innen aus den eigenen Reihen, denen man antisemitische oder rassistische Gehalte in ihren Positionen und Haltungen nachweist, dann tatsächlich mit demselben Eifer bekämpft werden sollten wie der AfD-Funktionär im Quartier, ist eine schwierige Abwägungsfrage und muss natürlich jede*r Aktivist*in oder Social Media-Nutzer*in entlang des eigenen Wertekanons selbst entscheiden. Wir meinen mit aller Vorsicht: tendenziell nein! Vielleicht hilft es dabei, weniger auf festgenagelten Grundsätzen zu beharren, sondern etwas offener und mit Verweis auf sozialpsychologische Effekte zu argumentieren: Erfahrungsgemäß erzielt man mit der Kultur des Aufschreis selten Lerneffekte. Öffentliche Kritik wird von den Kritisierten eher als Tribunal oder als Pranger wahrgenommen. Umso mehr, je gnadenloser sie formuliert ist. Schon um keinen Gesichtsverlust zu erleiden, beharren Kritisierte eher auf ihrem problematischen Standpunkt, als dass sie sich offen zeigten für Kritik. Diese affektmotivierte Dynamik macht das, was zu den Glaubenssätzen linker, kritischer Theorie und Praxis gehört, unmöglich: emanzipatorische Politik als einen gemeinsamen Prozess zu begreifen, in dem nicht das einseitige Auflösen, sondern das Aushalten von Widersprüchen die Prämisse ist, welche linke Praxis von jener des rechten Lagers unterscheidet.

Dieser Sammelband wirbt für mehr Fehlertoleranz in linken Zusammenhängen, die sich – vor allem was politische Fehltritte anbelangt – durch ein beeindruckendes Elefantengedächtnis auszeichnen. Das Buch tritt ein für eine Öffnung und eine Irritation des elitären Jargons, der durch das Beharren auf sprachlicher und symbolischer Korrektheit wiederum extrem ausschließend wirkt. Die Beiträge erteilen schlichten Beiß- und Abwehrreflexen eine Absage und richten den Blick dorthin, wo es aus unserer Sicht zwickt und weh tut: wo Identitätspolitik sich in Symbolpolitik erschöpft. Wo Abgrenzungskämpfe zum Zweck narzisstischer Fingerübungen oder der Herausbildung einer postpubertären Cliquenidentität geführt werden. Wo dic Betonung der Differenz vergessen lässt, dass man nicht mit allem identisch sein muss, wofür es sich zu kämpfen lohnt. Das Herausstellen von Unterschieden kann übrigens jene triggern, vor deren Chauvinismus mit Trigger-Warnungen geschützt werden soll, und ist daher zumindest aus pragmatischen Gründen schon keine smarte Idee: Wer die eigene Wir-Gruppe bedroht sieht, besagen Studien, neige zu intolerantem Verhalten und größerem Misstrauen nach außen. Aus Angst, zur Minderheit zu verkommen, würden Weiße in den USA lieber republikanisch wählen.

Eine emanzipatorische Linke sollte im Kampf gegen Rechtspopulismus soziale und ökonomische Fragen nicht gegen Rassismus-, Antisemitismus oder Sexismuskritik ausspielen. Durch einseitige Verengungen gewinnt man hier nichts – weder analytisch noch politisch. Wer glaubt, der Kampf für die Einrichtung von Unisexklos würde die Revolution bedrohen, bedient im Kern die Angst-Ideologie der Rechtspopulist*innen. Was eine gesellschaftliche Veränderung vermutlich aber am meisten bedroht, ist eher die Neigung, sich gekränkt auf die stillen Örtchen zurückzuziehen und das Unbehagen am großen Ganzen mit

Edding auf der Türinnenseite einer öffentlichen Toilette zu hinterlassen, weil der Schmutz der Kloake da draußen das ästhetische Empfinden, das sich über eine weiße Weste definiert, massiv verletzen könnte.

Also, Achtung: Hier können Menschen, die sich als links und Ismenkritisch verstehen, verletzt werden.

Unser Dank gilt den Autorinnen und Autoren dieses Sammelbands, die unserem Aufruf gefolgt sind, einen Beitrag zur hoffentlich konstruktiven Öffnung dieser schwierigen Debatte zu leisten, und die nicht davor zurückgeschreckt sind, sich den Fallstricken und Ambivalenzen rund um das Thema auf unterschiedliche Weise und über unterschiedliche Zugänge – wissenschaftlich, journalistisch, essayistisch, literarisch – zu nähern. Kristine Listau und Jörg Sundermeier vom Verbrecher Verlag danken wir herzlich für ihre Bestärkung und Euphorie, das Buch mit uns zu machen – auf die Freundschaft und die Bildungsstätte Anne Frank edition! Den Kolleginnen und Kollegen aus dem Arbeits- und Diskussionszusammenhang der Bildungsstätte Anne Frank danken wir für die produktive Kultur des Streitens, die wir gemeinsam etabliert haben – den alltäglichen Ungeheuerlichkeiten und schmerzvollen Erfahrungen zum Trotz, welche die Bildungs- und Beratungsarbeit im Feld Rassismus, Antisemitismus und rechte Gewalt immer wieder aufs Neue produziert. Ganz herzlich bedanken wir uns bei Charlotte Busch, die uns im Management von allem, was so ein Band inhaltlich und organisatorisch benötigt, genial unterstützt hat – vielen Dank für die Geduld, die Kreativität und die Fehlertoleranz an den richtigen Stellen.

I. VERORTUNGEN

TRIGGER-WARNUNGEN

Zur Politisierung eines traumatherapeutischen Konzepts

Markus Brunner

Der Begriff der Trigger-Warnung machte in den vergangenen Jahren in Tageszeitungen die Runde, die über hitzige Campus-Debatten an amerikanischen Universitäten berichteten. An verschiedenen Orten gab es studentische Klagen über Lehrveranstaltungen als potenziell traumatisierende Räume bzw. darüber, dass Lehrinhalte, allen voran literarische Werke, bei Menschen mit Gewalterfahrungen Retraumatisierungen auslösen (triggern) könnten. An der Columbia University in New York entflammte beispielsweise eine Debatte um die graphische Darstellung von Vergewaltigung und sexueller Belästigung in Ovids »Metamorphosen«, die bei Frauen, insbesondere Überlebenden von Vergewaltigungen, kaum zu ertragende Gefühle auslösten. Gefordert wurde jeweils nach Ausrichtung der studentischen Proteste zum Beispiel einfach, dass die Studierenden im Unterricht zukünftig vorgewarnt werden sollten, wenn im Lehrstoff graphische Darstellungen von sexueller Gewalt oder selbstverletzendem Verhalten oder rassistischen Beschreibungen vorkämen, die Studierenden der Columbia University forderten eine Schulung der Professor_innen zum Umgang mit potenziell triggerndem Material und von massiven Gefühlen überrollten Studierenden im Unterricht. An anderen Orten wurde darauf bestanden, potenziell traumatisierende Stoffe ganz aus dem Unterricht zu nehmen. Eine amerikanische Sexualrechtsprofessorin berichtet sogar von Forderungen

Studierender, dass sie den Begriff »verletzen« nicht mehr benutzen solle, weil er Opfer von Gewalt triggern könne.

Gegen die studentischen Forderungen liefen Hochschulangehörige, aber auch journalistische Kommentator_innen Sturm: Von liberaler wie konservativer Seite wurden die studentischen Klagen als Zensurmaßnahmen angeklagt und als Folgen einer lächerlichen Political Correctness gelesen, die erstens die fundamentalen Prinzipien der Redefreiheit und des akademischen freien Austauschs von Argumenten angreife und zweitens Ausdruck einer narzisstischen Selbstbezüglichkeit und Verweichlichung der heutigen Studierenden sei. Gerade von liberaler und linker Seite wurde eingeworfen, dass es doch gute Bildung auszeichne, dass sie die zu Unterrichtenden nicht nur intellektuell, sondern auch emotional herausfordere, sie aus ihrer Comfort Zone herausreiße und es so ermögliche, auch kontroverse Debatten auszuhalten und sich in ihnen zu engagieren – kontroverse Debatten, in denen es genau um die wichtigen Themen ginge, die auch den Studierenden ein Anliegen seien: Rassismus, Sexismus oder andere Formen gesellschaftlicher Diskriminierung.

Die Debatte um Trigger-Warnungen beschränkte sich keineswegs nur auf die Universitäten, sondern auch auf andere Bereiche der Öffentlichkeit. In New York wurde zum Beispiel eine Petition lanciert, die forderte, ein umstrittenes Gemälde des Malers Balthus, das ein junges Mädchen in einer als sexuell aufreizend wahrgenommenen Pose zeigt, aus dem Metropolitan Museum zu entfernen. Auch in Deutschland gibt es mittlerweile solche Diskussionen: Die Berliner Alice Salomon Hochschule kündigte an, den vehementen Forderungen von Studierenden nachzukommen und ein Gedicht von ihrer Fassade zu entfernen, in dem gleichermaßen die Schönheit von Alleen, Blumen und Frauen bewundert wurde. In der Populärkultur sind explizite Trigger-Warnungen sowieso schon gang und gäbe: Zahlreiche Fernsehsender und Streaming-Seiten warnen ihre Zuschauer_innen vor Beginn von Filmen und

Serienepisoden vor graphischen Darstellungen von Gewalt, Sexualität oder Drogenkonsum.

Die zum Teil hohe Wellen schlagenden Debatten, vor allem um den Unterrichtsstoff an Universitäten und um öffentliche Kunst, führten dazu, dass das Jahr 2013 von der Internetzeitschrift Slate gar zum »Jahr der Trigger-Warnung« erklärt wurde. Der englische Begriff »trigger warning« war etwa ein Jahrzehnt davor erstmals im Internet aufgetaucht, wohl zuerst in Fanfiction-Communitys, wo sorgsame Schreiber_innen ihre Leser_innen vor möglicherweise verstörenden Inhalten zu warnen versuchten.

Der Begriff »Trigger« stammt aus der Traumatheorie und bezeichnet bestimmte Reize, die unwillkürlich die Erinnerung an ein zurückliegendes Trauma auslösen und dadurch Flashbacks hervorrufen können; die Traumatisierten fühlen sich dann plötzlich in die traumatische Situation zurückversetzt, werden von Angst überflutet und reagieren – wie in der früheren traumatischen Situation – mit Zuständen psychischer Dissoziation, massiven Aggressionen oder werden psychisch gelähmt.

Es ist denn auch die Möglichkeit von solchen Retraumatisierungen durch Schlüsselreize, die in den sensibelsten Beiträgen zur Trigger-Warnungsdebatte im Zentrum stehen: Häufig aus den Disability Studys stammende Pädagog_innen argumentieren, dass es zum Beispiel Opfern von Folter, Krieg oder sexueller Gewalt verunmöglicht werde, am Unterricht weiter teilzunehmen und sich mit dem Unterrichtsstoff zu beschäftigen, wenn sie durch Gewaltdarstellungen getriggert und dadurch paralysiert würden. Triggerwarnungen dienen hier einem möglichst inkludierenden, barrierefreien Unterricht: Könnten sich die Traumatisierten psychisch auf solche Darstellungen vorbereiten, würden sie auch nicht von der Traumadynamik überrollt, was es ihnen ermöglichte, am Unterricht besser teilzunehmen. Richtigerweise betonen die Autor_innen, die aus dieser Richtung schreiben, dass eine Retraumatisierung etwas anderes sei als das Rütteln an der eigenen Komfortzone

Begriff

oder das Konfrontiertwerden mit unangenehmen Wahrheiten. Trigger-Warnungen hätten in diesem Kontext gerade nicht die Funktion, dem verstörenden Material auszuweichen, sondern im Gegenteil sollen sie es den Betroffenen gerade ermöglichen, sich mit diesem auseinanderzusetzen.

Um psychische Zusammenbrüche zu verhindern, ist ein Unterricht, in dem eine Sensibilität gegenüber der Wirkung von Gewaltdarstellungen vorherrscht und in dem die Studierenden auch im Vorfeld gewarnt werden, sicher nicht verkehrt. Darauf zielt zum Beispiel die Resolution der Minnesota Student Association, die Lehrende ersucht, Trigger-Warnungen bei graphischen Darstellungen von Missbrauch, Folter, sexueller Gewalt, Selbstverletzung und bei der Porträtierung von Menschen mit schweren psychischen Problemen oder Essstörungen auszusprechen. Studien in den USA zeigen auch, dass über die Hälfte der College- und Universitätsdozierenden in den USA immer wieder solche Warnhinweise im Unterricht geben.

Solchen Maßnahmen zur Traumaprävention sind allerdings Grenzen gesetzt. Triggern können nämlich nicht nur explizite Gewaltdarstellungen, sondern schon äußerst subtile Wahrnehmungsmomente: Bestimmte Gesichtszüge, Gesten oder Stimmen können an die Täter_innen erinnern, spezifische Gerüche oder Geräusche an den Ort der Tat, zuweilen kann nur ein durch Vorhänge produziertes Licht-und-Schatten-Spiel oder das Parfüm des Sitznachbarn Flashbacks auslösen. Kein auch noch so sensibel gestalteter öffentlicher Raum kann also Betroffene vor retraumatisierenden Situationen wirklich schützen. Angesichts dessen wäre es eher wichtig, Lehrpersonen für diese Möglichkeiten zu sensibilisieren, und eventuell dadurch einen Raum zu schaffen, in dem sich Betroffene auch vertraulich an diese wenden können und die Möglichkeit haben, im Notfall den Raum zu verlassen – auch wenn natürlich Lehrpersonen keine Traumatherapeut_innen werden können und sollen.

Solche Forderungen nach einem inkludierenden Unterricht und einer Sensibilität für Überlebende von Gewalt oder Menschen, die unter schwereren psychischen Krankheiten leiden, würde wohl kaum auf riesigen Widerstand stoßen und hitzige Debatten auslösen. Was aneckt ist, dass die Forderung nach Trigger-Warnungen Teil politischer Kämpfe ist, die sich in den letzten Jahrzehnten immer mehr mit Traumadiskursen verwoben haben. Das hängt ebenso mit allgemeinen diskursiven Verschiebungen zusammen wie mit einer Eigenart des Traumadiskurses selbst, der immer schon sehr dezidiert Teil politisch-moralischer Debatten war.

José Brunner verortet das Aufkommen des Diskurses über psychische Traumatisierungen in der zweiten Hälfte des 19. Jahrhunderts in einem erst in der bürgerlichen Gesellschaft auftauchenden individualistischen und demokratischen Ethos, der das Individuum nicht nur mit spezifischen Rechten und Pflichten ausstattet, sondern es auch als vor Unrecht zu beschützendes Wesen konzipiert. Die ersten Traumadebatten in Deutschland fanden denn auch vor Gericht statt, als im Zuge einer neuen Sozialgesetzgebung, welche nach Arbeitsunfällen arbeitsunfähig gewordenen Arbeiter_innen Rentenansprüche gewährte, auch Arbeiter_innen Renten einklagten, bei denen nach Unfällen keine physische Versehrung nachzuweisen war, die aber psychische Schädigungen geltend machten. In den Gerichten ging es darum, die wirklich Kranken von den Simulant_innen zu trennen, während es den Kläger_innen darum ging, auf Arbeiter_innenrechten zu beharren. Das Trauma als nicht sicht- oder messbare Größe – eigentlich ist das Trauma, das lateinische Wort für Wunde, im Bereich des Psychischen immer schon ein metaphorischer Begriff, der sich auf die Vorstellung einer psychischen Integrität bezieht, die verletzt wurde – wird zum Teil eines Anerkennungskampfes, in der es kein richtig oder falsch gibt. Ähnliche Debatten wie bei den Arbeitsunfallklagen gab es bei den Soldaten des Ersten Weltkrieges, wo die »Kriegszitterer« als Simulanten oder sogenannte Rentenneurotiker abgetan wurden, und noch im Zuge der Schadenersatzklagen von KZ-Überlebenden im postnationalsozialistischen Deutschland wurden Klagende mit der Begründung abgewiesen, ihre Symptome hätten nichts mit der erlebten Gewalt zu tun, sondern seien Effekt ihrer mangelhaften biologischen Konstitution. In den wissenschaftlichen Diskurs über Traumata selbst war so immer schon ein moralischer eingeschrieben, in dem es um die (Nicht-)Anerkennung eines von außen zugefügten seelischen Leides ging. Brunner verweist auf eine immer stärkere Ausweitung des Traumadiskurses im Zuge einer immer breiteren Ausdehnung des demokratischen Ethos: Im Zuge von feministischen Debatten über Vergewaltigungen und häusliche Gewalt wurden Frauen, im Zuge von Debatten über Kindsmissbrauch wurden Kinder und im Zuge von Debatten über die psychischen Folgen von Rassismus wurden Schwarze als – aufgrund ihrer sozialen Position – besonders verletzliche Individuen anerkannt, die aufgrund der höheren Wahrscheinlichkeit, traumatisierenden Übergriffen ausgesetzt zu sein, eines besonderen Schutzes bedürften.

Dass aber der Traumadiskurs mittlerweile so unmittelbar mit in politische Anerkennungsdiskurse verwoben ist, hat, so zeigen Fassin und Rechtmann, mit einem Wandel des Diskurses über Traumata im Zuge der Debatten über die Holocaustüberlebenden zu tun. Während davor wie gezeigt der Traumadiskurs vor allem auch einer war, der stets Verdacht und Zweifel ausgesetzt war, wandelte er sich im Zuge der Anerkennung der Traumatisierung der Überlebenden der nationalsozialistischen Verfolgung und den psychologischen Studien zum sogenannten Überlebendensyndrom zu einem Authentizitätsdiskurs: Die Überlebenden verkörperten nun die Leiden der Verfolgung, ihr Trauma wurde zum lebenden »Zeugnis für das Unaussprechbare«, das für die erlebten Schrecken bürgte. Die autobiographischen Analysen von Bruno Bettelheim oder Primo Levi und andere Auseinandersetzungen mit der Verfolgung und Vernichtung der europäischen Juden und ihren psychischen Auswirkungen, allen voran natürlich in der US-Fernsehserie »Holocaust«, wurden breit rezipiert, die sogenannten Zeitzeug_innen wurden zunehmend in Schulen eingeladen, um über ihre Erfahrungen zu berichten, aber auch davon, was diese mit ihnen machten, und Claude Lanzmann taxierte die Berichte der Überlebenden in seinem Interview-Film »Shoah« als »Verkörperung der Wahrheit«. Spätestens in den Studien und im Diskurs über die transgenerationellen Auswirkungen der Shoah bei den Kindern der Überlebenden wurde die Gewalt, die sich da über Generationen hinweg in die Körper einschrieb, offenbar. Der Verdachts- und Simulationsdiskurs war damit an den Rand gedrängt worden.

Die sehr spezifischen Debatten um die psychischen (Spät-)Folgen der Shoah wurden zum Vorbild für eine Veränderung der Wahrnehmung von Traumatisierung, die später zu einer Universalisierung des Traumadiskurses führte: Wer heute Leiden glaubhaft und gesellschaftliche Gewalt sichtbar machen will, beruft sich auf den Traumabegriff. Spätestens mit dem Einzug der Posttraumatischen Belastungsstörung (PTBS) in den psychologischen Krankheitsmanualen, der von friedensaktivistischen Ärzt_innen und Psychologinnen vorangetrieben wurde und die Vietnamkriegsveteranen als zuweilen durch ihre eigenen Taten traumatisierte Opfer des Krieges etablieren half, hatte sich der Traumabegriff im medizinischen und bald auch öffentlichen Diskurs etabliert.

Während das Aufzeigen der psychischen Folgen von Leiden im Zuge der feministischen und antirassistischen Kämpfe sicher zu begrüßen ist – sie führte überhaupt erst zum Beispiel zu einer psychologischen Auseinandersetzung mit Vergewaltigungen und häuslicher Gewalt –, brachte der damit erfolgte Fokus auch die Gefahr einer Psychologisierung und Therapeutisierung des Politischen mit sich. So haben Feministinnen spätestens seit den späten 1990er Jahren darauf aufmerksam gemacht, dass der Fokus auf Frauen als Opfer von Gewalt, die eines besonderen Schutzes bedürften, den Kampf gegen patriarchale Strukturen und die damit verbundenen Gleichheitsforderungen auch durchkreuzen könnte.

Die Ausweitung des Traumadiskurses und die Dilemmata, die diese mit sich bringt, zeigen sich in der Debatte um die Triggerwarnungen schlagartig: Als potenziell traumatisch gelten nicht nur die erwähnten Gewaltdarstellungen, sondern alle »mentions of sexism, homophobia, transphobia, anti-Semitism, ableism, and other topics related to privilege and oppression«, von anderen Autor_innen wird die Liste noch ergänzt durch Rassismus, Klassismus, Hetero- und Cissexismus, Ableismus und sogar Kannibalismus oder Lookismus – verbunden mit dem Hinweis: »Realize that all forms of violence are traumatic«. Zumindest die meisten in diesen Auflistungen genannten Themen verweisen tatsächlich auf gesellschaftliche Diskriminierung und Gewalt, und die Forderung von Betroffenen, dass mit ihren teils sehr schmerzlichen Erfahrungen sensibel umgegangen werden soll, ist verständlich – ebenso der Wunsch, sich nicht ständig damit auseinandersetzen zu müssen. Auch die Emotionalität des Diskurses ist sicher vom Unmut über die Verhältnisse und der verspürten Ohnmacht geprägt. Zugleich stellt sich die Frage, wo die Forderung nach einem möglichst diskriminierungsfreien Raum andererseits wichtige politische Auseinandersetzungen unterbindet, die gerade die genannten Herrschafts- und Gewaltverhältnisse in den Blick nehmen – Auseinandersetzung zwischen Menschen mit unterschiedlichen sozialen und politischen Positionen und die daraus hervorgehenden verschiedenen emotionalen Verstrickungen, die allesamt kritisch reflektiert werden müssten.

Die Ausweitung des Traumadiskurses führt zwar zu einer erweiterten Anerkennung der Vulnerabilität von strukturell benachteiligten Gruppen, aber dieser Fokus auf potenziell traumatisierende soziale Positionen bringt es auch mit sich, dass der aus dem Klinischen stammende Traumabegriff ziemlich unscharf wird. Die Rede ist nun nicht mehr von einzelnen traumatischen, das heißt den psychischen Apparat überwältigenden und außer Kraft setzenden physischen Gewalttaten, die durch bestimmte Darstellungen wieder in Erinnerung gerufen werden und erneut traumatisierend wirken, sondern von kontinuierlich erfahrenen Mikroaggressionen, die kumulativ traumatisieren. Die Wörter und Darstellungen sind nun nicht mehr nur Trigger, sondern selbst Auslöser von Traumen. Verhindert werden soll folgerichtig nicht mehr nur das Auslösen von paralysierenden Flashbacks, sondern allgemeiner die Konfrontation mit als diskriminierend erlebten und dadurch verletzenden Aussagen, Bildern und Wörtern; es geht dann weniger um Trigger-*Warnungen*, die helfen, sich auf schwierige Inhalte vorzubereiten, sondern um die Idee, dass zur Vermeidung von psychischen Blessuren Stoffe und Wörter, die nun im ausgeweiteten Sinn als Trigger, als potenziell verletzend, angesehen werden, umgangen werden sollten. Artikuliert wird damit ein – angesichts alltäglicher Diskriminierungserfahrungen durchaus verständlicher, aber sowieso nicht erfüllbarer – Wunsch nach einem diskriminierungsfreien Safe Space, einem Ort jenseits gesellschaftlicher Herrschaftsverhältnisse, und ein Ruf nach Regeln und guten Autoritäten, die diesen garantieren könnten.

Wo die Forderung einer größeren Sensibilität für gesellschaftliche Ungleichheiten in Lehrveranstaltungen und öffentlichen Debatten Sinn macht, kollidiert derjenige danach, nicht mit diskriminierenden Inhalten konfrontiert zu werden, weil dadurch Traumata ausgelöst würden, mit der aus einer emanzipatorischen Perspektive wichtigen Forderung nach einer politischen Auseinandersetzung mit genau diesen fraglichen Inhalten – gerade in den Räumen öffentlicher Bildung. In welchen auch subtilen Formen sich Herrschaft und Gewalt zeigen, wie sich verschiedene Ebenen von Ungleichheit überlagern, wie alle Beteiligten in sie verstrickt sind, sie jede Faser unseres Körpers durchziehen und wie gesellschaftliche Widersprüche noch die Widerstandsformen durchwirken, lässt sich nur analysieren in einem kritischen Sicheinlassen auf die Abgründe gesellschaftlicher und zwischenmenschlicher Beziehungen und Konflikte, eine Auseinandersetzung, die für alle Seiten schmerzlich ist. Schmerzlich ist sie aber meist für die sozial Schwächeren und von Gewalt Betroffenen in besonderem Maße, ein Dilemma, das sich nicht auflösen lässt.

Die Kämpfe um Diskriminierung und Sprache an den nordamerikanischen und europäischen Hochschulen und Universitäten sind auch Ausdruck von Veränderung der Bildungsinstitutionen selbst: In den Konflikten macht sich bemerkbar, dass diese tatsächlich in den letzten Jahrzehnten auch vielfältiger geworden, sie nicht mehr ganz so sehr Bastionen weißer (Hetero-)Männer aus den oberen Schichten sind. Und es ist wohl kein Zufall, dass gerade die Universitäten, die Peter Brückner mal als »Kulturschutzparks« bezeichnete, in denen die Alltagszwänge, die Lohnarbeit und Familiengründung mit sich bringen, zumindest teilweise aufgehoben sind, zu Orten werden, in denen noch irgendeine Handlungsmacht verspürt wird. Die Bemühungen um Safe Spaces müssen wohl, gerade angesichts der aktuellen gesamtgesellschaftlichen Dynamiken, die bei Linken und von Diskriminierung Betroffenen verständlicherweise massive Ohnmachtsgefühle auslösen, auch als Ersatzhandlungen für politische Kämpfe gesehen werden, die auf eine Veränderung der gesellschaftlichen Verhältnisse zielen. Sie setzen auch da an, wo gerade noch Veränderungschancen gesehen werden: Im Kampf um Repräsentationen, Wörter und Bilder, ein Kampf, der aus einer emanzipatorischen Perspektive zwar wichtig ist, aber nicht ausreichen kann. Auch wenn sich Gewalt immer wieder durch Sprache vermittelt und Bilder unsere Wahrnehmung strukturieren, sind materielle Strukturen, welche Diskriminierungen und Gewalt stützen, doch nicht automatisch dadurch verschwunden, dass man anders über sie spricht.

Die alleinige Konzentration auf potenziell verletzende Darstellungen, die sich in gewissen studentischen Äußerungen zeigt, öffnet auch die Tore dafür, dass in den Kämpfen noch ganz andere Bedürfnisse ausgelebt werden können, nämlich tatsächlich dasjenige, sich gar keinen kritischen Auseinandersetzungen stellen zu wollen. Dies zeigt sich spätestens da, wo religiöse Fundamentalist_innen aller Couleur erklären, dass sie von religionskritischen Positionen oder Darstellungen gleichgeschlechtlicher Sexualität getriggert würden. Auf die Gefahr, dass (auch juristisch geführte) Klagen in diese Richtung zunehmen und der Kampf gegen Diskriminierung zum Bumerang wird, sobald die Auseinandersetzung mit potenziell triggernden Stoffen institutionalisiert und zur Aufgabe von Universitätsleitungen und Gerichten wird, verweisen auch einige Kritiker_innen des Trigger-Warnungsdiskurses: Die Angst vor juristischen Auseinandersetzungen führe dazu, dass kontroverse Themen gar nicht mehr berührt werden.

Die scharfen Kritiker_innen der studentischen Bestrebungen von der anderen Seite erfassen zwar tatsächlich viele der angesprochenen Problematiken des Diskurses. Die emotionale Qualität vieler ihrer Polemiken steht aber der den Studierenden unterstellten Hysterie in keiner Weise nach. Es wird über Political Correctness gewettert, als hätten die linken Studierenden die Macht, der akademischen Öffentlichkeit, der Linken oder generell der Meinungs- und Redefreiheit den Todesstoß zu versetzen. Die Autor_innen gerieren sich als Emanationen bürgerlicher Vernunft, bauschen Vorfälle an einzelnen Universitäten auf, um die Trigger-Warner_innen als möglichst irrational hinstellen zu können.

Am Beispiel der Debatte um Ovids »Metamorphosen« an der Columbia University zeigt sich anschaulich die Diskrepanz zwischen den tatsächlichen Forderungen der Studierenden und dem, was die Kritiker_innen des Trigger-Warnungdiskurses daraus machen. Während in Think Pieces über Trigger-Warnungen im Verweis auf u. a. Columbia von einer die Redefreiheit einschränkenden Zensurpolitik gesprochen und über verweichlichte oder lustfeindliche Studierende geschimpft wird, liest sich der in diesen Texten höchst selektiv referierte oder zitierte Aufruf der Studierenden viel weniger dramatisch: Geschildert wird darin, wie sich eine Studentin, die zuvor Opfer einer Vergewaltigung geworden war, nicht nur durch Ovids explizite Darstellungen sexueller Gewalt an ihre frühen Erfahrungen erinnert fühlte. Darüber hinaus störte sich die Studentin insbesondere auch daran, dass sich die Lehrperson in ihrer Auseinandersetzung mit dem Text vor allem auf die Schönheit von Ovids Sprache und Metaphorik fokussierte und offenbar abweisend auf die Studentin reagierte, als diese sie nach der Stunde ansprach. Gefordert wird im studentischen Schreiben ganz dezidiert keine Zensur, sondern eben eine bessere, das heißt trauma- und ungleichheitssensible psychologische Schulung von Lehrpersonen. Was auch immer da genau geschah und wie sich diese Interaktionen genau abspielten, die These, dass eine in solchen Fragen besser ausgebildete Person anders auf die aufgebrachte Studentin hätte eingehen können, ist durchaus plausibel. Wer sagt das? Quellen fehlen.

Die aufgeschreckten Kritiker_innen des Trigger-Warnungsdiskurses sind an solchen nuancierteren Auseinandersetzungen wenig interessiert. Um ja nicht in die Gefahr zu geraten, sich mit den gesellschaftlichen Bedingungen für die Forderungen auseinandersetzen zu müssen, diskreditieren sie sogar noch die Versuche von Studierenden, Rechtsextremen auf dem Campus keine Plattform zu geben (so zum Beispiel bei Auftritten des rechten Provokateurs Milo Yiannopoulos an der Berkeley University oder des Alt-Right-Stars Richard Spencer an der University of Florida), als Effekt der bösen politischen Korrektheit. Und angesichts der vermeintlichen Übermacht der politisch Korrekten müssen sich einige – auch noch linke – Autor_innen besonders inkorrekt geben und warten deshalb tapfer und trotzig immer wieder mal mit sexistischen und rassistischen Sprüchen auf – und das ist kaum verwunderlich, werden sie doch von den bürgerlichen Medien dafür hofiert.

Die beschriebenen Aporien machen es unmöglich, einen Kriterienkatalog zu erstellen, wann Trigger-Warnungsdebatten nun emanzipatorisch seien und wann sie reaktionär werden. Angesichts dessen, dass es bei der Kritik an und dem Ruf nach Sensibilität für die Auswirkungen von gewaltevozierenden und gewaltvollen Darstellungen erstens immer auch um höchst persönliche, eben von lebensgeschichtlichen Erfahrungen abhängige Empfindungen geht und diese zweitens mit strukturell in unserer Gesellschaft verankerten Ungleichheiten, Diskriminierungen und Gewaltverhältnissen verbunden sind, kann es keine Instanz geben, die legitimerweise entscheiden könnte, an welchem Punkt das Maß der guten Dinge überschritten ist – am ehesten noch wären es die von der beschriebenen Gewalt Betroffenen, aber diese sind ja auch keine homogene Gruppe. Sicher, immer da, wo tatsächlich strukturell Benachteiligte ihr Unbehagen artikulieren, muss es ernst genommen werden: Die Hypersensibilität, die sich dabei zuweilen zeigt, ist auch ein Vergrößerungsglas, das verletzende Diskurse und Strukturen und die davon Betroffenen sichtbar macht.

Das heißt natürlich nicht, dass dies wiederum das Maß aller Dinge sein muss: Legitimerweise können auch andere, zuweilen widersprechende Interessen, die Redefreiheit, die Freiheit der Lehre und der Kunst, oder auch andere Leseweisen und theoretische oder politische Positionen vorgebracht werden. Oder es kann darauf aufmerksam gemacht werden, dass aus gewissen Forderungen, die aus dem Verweis auf eigene reale oder potenzielle Verletzungen erwachsen, andere emanzipatorische Debatten erschwert oder gar verhindert werden: zum Beispiel macht- und herrschaftskritische Analysen von Gewalttaten oder kontroverse Debatten um strukturelle Ungleichheiten und gesellschaftliche Aporien und ihre vielfältigen Niederschläge in den Subjekten und in zwischenmenschlichen Beziehungen – Debatten, die es von allen Beteiligten erfordern, auch Ambivalenzen und schmerzhafte Konflikte aushalten zu können. Zentral wäre es aber, solche Einwürfe nicht selbstgerecht zu formulieren, sondern im Bewusstsein darüber, dass in solchen Debatten die aus ihrer gesellschaftlichen Position heraus Verletzbarsten auch am meisten verletzt werden. Häufig könnte wohl schon ein bisschen mehr kritische Selbstreflexion der weniger Diskriminierten und eine größere Sensibilität für Verletzungspotenziale und reale Verletzungen wenn schon nicht die Aporien auflösen, so doch den Konfrontationen einiges an Schärfe nehmen.

Eine Kritik, die die Not, die sich auch diskursiv und innerpsychisch niederschlagenden gesellschaftlichen Gewaltverhältnisse und Ungleichheiten und die gesellschaftlichen Aporien, die sich in den Debatten spiegeln, nicht mitdenkt und -thematisiert, macht sich eben der Verkürzungen mitschuldig, die sie den von ihnen Kritisierten vorwirft. Dagegen auch das durchaus Utopische zu sehen, das sich – zuweilen verkürzt, verstümmelt und zu ungestüm – im Wunsch nach Räumen, in denen sich strukturelle Gewalt nicht mehr zeige und damit zusammenhängende Verletzungen verhindert werden könnten, artikuliert, wäre wichtig für eine differenzierte Analyse: Es ist auch der Wunsch nach einer herrschafts- und dadurch diskriminierungsfreien Gesellschaft, in denen jede_r Einzelne ohne Angst verschieden sein kann.

VERZEIHEN STATT PINGPONG SPIELEN

Betroffene zu Wort kommen zu lassen, ist richtig, birgt aber Gefahren. Es verallgemeinert ihre Positionen und zieht künstliche Grenzen.

Hilal Sezgin

Die eine Gefahr beim journalistischen Schreiben besteht darin, dass man vom Gegenstand des Schreibens wenig Ahnung hat; oder jedenfalls keine Ahnung aus erster Hand. Bei vielen gesellschaftlich heiklen Themen offenbart die vermeintlich objektive Berichterstattung zumeist weißer, zumeist männlicher Schreiber solche Wissenslücken: Da wird über Parallelgesellschaften, Subkulturen und Geringverdienermilieus geschrieben, zu denen die Autoren nie eine Verbindung aufgebaut oder sie längst verloren haben. Sogar in wohlmeinenden Stücken wird deutlich, in welch verblüffend homogenen, weißen, bildungsbürgerlichen Zirkeln sich die meisten Verfasser*innen bewegen. In ihren Texten fehlen oft die Stimmen derer, über die berichtet wird: der Betroffenen.

Die andere Gefahr ist allerdings, dass Journalist*innen durchaus Betroffene kennen und deren Berichte und Meinungen zum unverrückbaren Zeugnis und zur moralischen Legitimation der eigenen Berichterstattung erheben. Auch das muss nicht in böser Absicht geschehen. Im Gegenteil wird oft versucht, der eigenen Perspektivverengung damit etwas entgegenzusetzen. Dann tauchen die viel beschworenen Subalternen urplötzlich als Autoritäten in den deutschen Feuilletons und Kommentarspalten auf: »mein türkischer Lebensmittelhändler«, »die ukrainische Putzfrau, mit der ich befreundet bin«, ein »Freund, der früher auf den Strich gegangen ist«. Irgendwie kennt plötzlich jeder jemanden, der sich prostituiert hat oder der als Schwuler einst im Iran beheimatet war oder der für transgeschlechtliche Menschen sprechen kann.

Ich habe das etwas zugespitzt, aber eigentlich fast wider Willen. Denn ich meine es ernst, wenn ich sage, dass dieses Heranziehen von Betroffenen als Kronzeug*innen in bester, sogar selbstreflexiver Absicht geschieht. Auch ich habe es schon oft getan und werde es, fürchte ich, wieder tun. Das Problem ist nur: Auch dieser Betroffenendiskurs ist eine Sackgasse oder kann zu einer werden. Denn »die« Betroffenen, das wissen wir schließlich alle, gibt es nicht. Betroffene sind unterschiedlicher Ansicht. Sie haben Unterschiedliches erlebt, und sie ziehen aus dem Erlebten unterschiedliche Schlüsse. Sie haben zweifellos jede*r ein Wissen, das andere nicht haben und das es wert ist, geteilt zu werden; aber keine*r von ihnen besitzt die letztgültige soziologische Expertise oder das Mandat, eine Debatte ein für alle Mal zu entscheiden.

Navid Kermani hat über die Islamdebatte einmal gesagt, es werde da oft ein gewisses Suren-Pingpong betrieben: Der eine zitiert diesen Koranvers, die andere jenen. Genauso geschieht es bisweilen mit Betroffenen: Der eine kennt welche, die es so sehen, andere sehen es anders. Und schon sind wir im Betroffenen-Pingpong verfangen. In der Debatte über sexuelle Gewalt wird mir dieses Problem aktuell ebenfalls deutlich: Viele Texte kreisen um die Sicht der Betroffenen. Was bedeutet eine Vergewaltigung für sie individuell, wie sprechen sie darüber, was ist für sie die passende Bezeichnung? Und in der Debatte über Prostitution ist es schon lange ähnlich, genauso beim Thema Rassismus. Es werden Interessenvertretungen gebildet und Gruppen, die bestimmte Erfahrungen bündeln und ihnen Gehör verschaffen sollen; mal wird Verein X und mal Verein Y mit einem relevanten Statement zitiert. Das ist völlig richtig, bis auf den Unterton, der oft mitschwingt und suggeriert, weil X oder Y es sagen, sei der Fall damit erledigt.

Ich hoffe, es wird klar: Ich meine nicht, dass man Betroffene nicht anhören soll. Oder dass sie keine Gelegenheit erhalten sollen, ihre Stimmen einzubringen in den Diskurs vermeintlich unbetroffener Expert*innen. Bereits das ist ja eine völlig falsche Gegenüberstellung, denn natürlich kann auch einer Expertin, Kommentatorin oder Wissenschaftlerin sexuelle Gewalt widerfahren (sein). Und auch eine Frau, der eine Vergewaltigung widerfahren ist, kann umgekehrt als Wissenschaftlerin oder Autorin arbeiten. Im Grunde begehen wir also bei solchen Diskussionen gleich zwei Fehler: Zum einen verabsolutieren wir gern die Meinung Betroffener; zum zweiten ziehen wir eine rigide Grenze zwischen den beiden vermeintlich getrennten Gruppen Autor*innen versus Betroffene. Ein Teufelskreis, weil die Grenze erneut dazu führt, Betroffene heranzuziehen mit der triumphalen Geste: Seht ihr, die sagen es auch!

Als Betroffene zwar nicht beim Thema Prostitution, aber von sexueller Gewalt und Rassismus muss ich zugeben: Auch von der eigenen Betroffenheit sprechen wir bisweilen mit einer Autorität, die wir nicht besitzen. Wir vergessen, dass andere Ähnliches anders erleben. Und was fremde Menschen uns jahrzehntelang antaten, hauen wir möglicherweise ausgerechnet denen um die Ohren, die es jetzt besser zu machen versuchen. In all diesen Diskussionen gab es in den letzten Jahren so viele Beschuldigungen, Unterstellungen, Verletzungen und Beleidigungen, dass wir keinesfalls welche hinzufügen sollten. Was leicht geschieht, denn wer oft verletzt wurde, verletzt oft auch selbst. Diese Themen gehen unter die Haut, und unsere Haut ist so dünn geworden, dass wir einander oft als Feinde begegnen.

Doch der Feind sitzt anderswo. Wir, die wir zum Beispiel mittels Publikationen wie dieser hier oder in den entsprechenden Blogs oder mit unseren Facebook-Freund*innen diskutieren, suchen immerhin nach einem respektvollen Umgang mit diesen Themen. Wir müssen uns aussprechen, einander verzeihen und weitersuchen. Dann werden wir Wege finden, gemeinsam zu heilen und zu wachsen.

MIMOSEN, MIMESIS UND MIMIMI

Zwischen linker Solidarität und betroffenheitspolitischer Vereinzelung

Charlotte Busch

»Unser Schlachtruf ist: Töten!«, lallte es im September 2018 aus den Reihen der Nazis, die in Chemnitz die Ermordung von Daniel H. zum Anlass nahmen, zu Tausenden rechte Parolen brüllend durch die Stadt zu ziehen und in Kleingruppen People of Color sowie Linke und Journalist_innen körperlich massiv anzugehen.[1] Bis zum Soli-Konzert nach Tagen der Eskalationen stellten sich nur wenige versprengte Antifaschist_innen der Konfrontation. Es sind große Teile der politischen Linken zwar auf Facebook und Twitter empört, allerdings treiben sie auch andere Gedanken um: Im Grübeln über die politisch korrekte Zusammenstellung des Awareness-Teams auf dem nächsten Rave oder die verletzende Erfahrung der Supermarkt-Kassiererin, wegen der regenbogenfarbenen Tunnel schräg angeschaut worden zu sein, ist das Kreisen um sich selbst mitunter präsenter als realpolitische Bedrohungen, die nicht unmittelbar die eigene Lebenswelt belangen. Plötzlich sind alle betroffen und zwar vorrangig im eigenen Leben und ganz individuell: Jüdinnen ebenso wie Cis-Männer, Trans-Frauen, PoC, Rich Kids etc. Es werden fleißig Fingernägel lackiert, Beinhaare sprießen gelassen, es wird über Trigger-Warnungen in Märchenbüchern diskutiert oder an der Petition für mehr veganes Mensa-Essen gebastelt – wehret der bürgerlichen Normalität!

Solche und ähnliche Beispiele stürzen das linke Aktivist_innen-Herz in Ambivalenzen. Gesellschaftliche Machtverhältnisse und damit verbundene Erfahrungen struktureller sowie häufig ganz konkreter Gewalt zu identifizieren, zu problematisieren und zu attackieren steht im Zentrum linker Politiken und zeichnet diese aus. Dass dies auch die Reflexion eigener Betroffenheiten einschließt, versteht sich von selbst und war stets tragendes Element politischer Kämpfe. Ob in den proletarischen Arbeiter_innenaufständen im Zuge der Industrialisierung oder der zweiten Frauenbewegung: Das Potenzial des Verweises auf das Politische im Privaten hat die politische Linke für sich erkannt und produktiv gemacht (vgl. Pateman 1989 zur feministischen Bewegung). Jene Demaskierung der Auswirkung von Missständen auf die individuelle Subjektivität zeigt nicht bloß deskriptiv gesellschaftliche Realitäten auf, die entweder exkludierend oder inkludierend, verletzend oder bestärkend wirken. Sie vermag darüber hinaus, diese Realitäten zu transformieren, wenn etwa aus eigener Betroffenheit heraus politisches Engagement erwächst. So fand beispielsweise die feministische Beschäftigung mit strukturellen Sexismus-Erfahrungen auch institutionell Eingang in der Etablierung geschlechtersensibler Mädchenarbeit, als deren Grundprinzip Parteilichkeit bis heute leitend ist (vgl. Kagerbauer 2014). In jüngster Zeit zeugen vor allem antirassistische Initiativen von Geflüchteten für Geflüchtete von der Sinnhaftigkeit, die eigenen Erfahrungen gesellschaftlicher Repression zum Gegenstand sowie Ausgangspunkt politischen Handelns zu machen.[2] Insbesondere hebt sich die linke Reflexion eigener Betroffenheit in ihrer differenzierten Analyse des Zusammenhangs zwischen Biografie und Machtverhältnissen vom mittlerweile beinahe Klischee gewordenen besorgten Bürger rechter Couleur ab. Dieser klagt zwar ebenso sein Leid, vermag jenes aber nicht auf dessen gesellschaftliche Ursachen zurückzuverfolgen, sondern versucht, sich ihm mit Vorliebe im Ressentiment gegen Fremdgruppen projektiv zu entledigen (vgl. z. B. Brunner 2016). Gerade jene Ähnlichkeit in der Affektmobilisierung macht eine linke Standortbestimmung und die Analyse problematischer identitätspolitischer Verstrickungen notwendig, um nicht einen rechtspopulären Wutbürger_innen-Habitus Einzug in linke Politiken halten zu lassen.

Denn oft schleicht sich auch in linke Zusammenhänge eine problematische Tendenz, welche das politische Potenzial von Betroffenheitspolitiken zu unterminieren droht: Dann nämlich, wenn das Verhältnis von Privatem und Politischem einseitig wird und das politische Engagement nunmehr der Zurschaustellung eigener Bedürftigkeit und Verletzung dient. Die eingangs erwähnten Beispiele illustrieren eine solche Dynamik und können letztlich zur aktivistischen Kapitulation führen. Wenn politisches Handeln beschränkt wird auf nächtliches Verfassen von Twitter-Posts darüber, wie gesellschaftliche Machtverhältnisse eine_n mal wieder fertig gemacht haben, dann läuft etwas schief. Besonders grotesk nimmt sich das aus, wenn solche pseudoreflexiven Schleifen nicht bloß eigene Diskriminierungserfahrungen einschließen, sondern darüber hinaus die schwere Bürde der Reflexion selbst zum Kernpunkt des Leidens wird. Etwa, wenn die Erkenntnis, als Mann selbst sexistisch zu agieren, in tiefe Trauer stürzt, Mitgefühl scheinbar erforderlich macht und mal wieder die einen oder anderen Male Tears getrocknet werden müssen. Linke Zusammenhänge sind dafür auf eine besondere Weise anfällig, haben sie sich doch programmatisch der Decouvrierung des Leidens an Gesellschaft verschrieben. Der zunächst positive Anspruch, die Alltäglichkeit struktureller Gewalt über die Reflexion der eigenen Eingebundenheit und Betroffenheit sichtbar zu machen und sie damit dort zu verorten, wo sie hingehört – nämlich mitten ins Leben – verkümmert in bestimmten linken Zusammenhängen zur mimosenhaften Betrauerung der eigenen Einzigartigkeit. Das schafft eine psychische Enklave, die über den Rückzug auf marginalisierte Positionen gesellschaftliche Beschädigungen und Vereinnahmungen antizipiert und so abschwächt. Es geht dann nicht mehr oder höchstens am Rande um das große Ganze, sondern brav nach neoliberaler Manier um das isolierte Selbst, das über die Betroffenheit zum ganz Eigenen gemacht und individualisiert wird (vgl. Ehrenberg 2015). Nur über das Leiden kann noch gerettet werden, was schon längst verloren ist: die phantasmatische Hoffnung, dass die eigene Subjektstruktur doch nicht ganz so sehr von Gesellschaft durchdrungen ist, sondern ihr selbstbestimmt und echt gegenübersteht. Eine solche Haltung entlarvt sich aber gerade über ihre Beteuerungen widerspruchsloser Authentizität: »Die Unwahrheit steckt im Substrat von Echtheit selber, dem Individuum« (Adorno 1951, S. 174). Die mit sich selbst Identischen erkaufen sich ihre Individualität mit einer Blindheit gegenüber inneren Widersprüchen, dank der sie ihre Erkenntnis über eigene Durchdringungen von Gesellschaftlichem im Zaum halten. Die Inszenierung des Leidens fungiert als Immunisierung gegen das eigentliche Elend: die eigene Vergesellschaftung.

Zudem lockt die entlastende Abwehr eigener gesellschaftlicher Verstrickungen mit Selbstaufwertung: die Vergewisserung als etwas ganz Besonderes. Unberührt von jeder Ähnlichkeit wird das Selbst in idiosynkratischer Abschottung vermeintlich gegen die Vereinnahmung durchs Gesellschaftliche bewahrt – und ist damit bereits Teil derselben, die eigentlich abgewehrt werden sollte. Psychoanalytisch betrachtet versichert sich so das Subjekt seiner Eigenständigkeit in einer Abwehrbewegung gegen die vom Leben in der Gemeinschaft geforderten Triebverzichte – das klassische Dilemma des »Unbehagens in der Kultur«. Freud (1930) nannte diese mikroaggressiven Durchbrüche in einer Gruppe von Gleichen den »Narzissmus der kleinen Differenzen«. In Anlehnung an Crawley, der vom Narzissmus der kleinen Unterschiede sprach, fasst Freud hierunter »eine bequeme und relativ harmlose Befriedigung der Aggressionsneigung, durch die Mitgliedern der Gemeinschaft das Zusammenhalten erleichtert wird.« (ebd., S. 243) Es komme zu einer Entladung aggressiver Impulse aus einem »Bodensatz von ablehnenden, feindseligen Gefühlen« (Freud 1921, S. 95), die sich in jeder zwischenmenschlichen Beziehung zwangsläufig finden. In »Massenpsychologie und Ich-Analyse« konkretisiert Freud diese Dynamik als »Ausdruck einer Selbstliebe, eines Narzissmus [...], der seine Selbstbehauptung anstrebt und sich so benimmt, als ob das Vorkommen einer Abweichung von seinen individuellen Ausbildungen eine Kritik derselben und eine Aufforderung, sie umzugestalten, mit sich brächte.« (ebd., S. 96). Kurz: Es ist die Angst vor Selbstaufgabe, die zu einer Fetischisierung von Differenz führt. Besonders perfide zeigt sich diese Dynamik im Phänomen linker Betroffenheitsbekundungen: wo die Aufwertung über eine abweichende politische Haltung nicht möglich ist, sondern ganz im Gegenteil das Differente normal geworden ist. Das Credo der gelebten Vielfalt macht die offene Selbstaufwertung übers Anderssein in linken Zusammenhängen schlicht unmöglich. Es bleibt die Flucht ins Leiden, im Opferstatus gefeit zu sein vor der eigenen Aggression. Im Leiden, dessen individuelle Erfahrung einem nun wirklich niemand nehmen kann, ist Selbstbeweihräucherung als etwas ganz Besonderes wieder möglich. Die Aggressionsneigung wird bei den Anderen aus den eigenen Reihen verortet, was in der – aus anderen Gründen absolut wichtigen – Forderung nach Safe Spaces, Awareness-Teams oder Trigger Warnings für jede denkbare Form von Verletzbarkeiten verschoben zutage tritt. Von den Genoss_innen wird darüber eine Befriedigung der narzisstischen Lust verlangt, anders zu sein.

Jenes Heraufbeschwören authentischer Besonderheiten ist es auch, was Adorno (1951) als Ausdruck eines bürgerlichen Naturbegriffs kritisiert: »Die Entdeckung der Echtheit als letzten Bollwerks der individualistischen Ethik ist ein Reflex der industriellen Massenproduktion.« (ebd., S. 177). In der immergleichen Besonderheit tritt ein universalistischer Partikularismus zutage, der eine narrative Leere zeitigt. All die unterschiedslosen Rufe nach Unterschieden verhallen im Wald der unverbundenen Masse aus Vereinzelten und Beschädigten. Und hierin liegt die Crux, wenn Betroffenheiten zum politischen Programm gemacht werden. Das Damoklesschwert potenzieller Verletzbarkeiten führt zu einem Rückzug aufs Eigene, einem beredten Schweigen von sich misstrauisch beäugenden Genoss_innen. Das hat auch Konsequenzen fürs politische Handeln. In der Inszenierung der ureigenen Betroffenheitsposition zeigt sich eine Angst vor gemeinschaftlicher Übereinstimmung trotz Unterschiedlichkeit; denn das würde ja bedeuten, den Fetisch der Differenz zumindest ein Stück weit aufgeben zu müssen, deren narzisstischen Gewinn einzubüßen. Der Vereinzelung übers Leiden folgt eine soziale Fragmentierung, die Solidarität schwierig macht; etwa, wenn die queere Polit-Gruppe sich nicht auf einer Demo zur Abschaffung des § 219a blicken lassen will, weil sie nicht neben dem profeministischen Männerverein die Fahnen schwenken will. Mit ihrer Tendenz, alles als absolute Differenz zu setzen, tragen Betroffenheitspolitiken letztlich zur Stabilisierung bestehender Herrschaftsstrukturen bei: »Die Harmonie des Unversöhnlichen kommt dem Fortbestand der schlechten Totalität zugute.« (Adorno 1951, S. 208) Ein solidarisches Miteinander ist unter dem Gegeneinander von Betroffenheiten nunmehr rudimentär als ein Ruf nach Akzeptanz des Unversöhnlichen möglich. Die Grundannahmen linker Politiken begünstigen dies, schaffen sie in ihrer Beschäftigung mit Herrschaftsmechanismen – glücklicherweise! – ein Klima der Wertschätzung von Differenzen und Suche nach Verletzungen durch Normen. Zugespitzt formuliert kann sich die politische Linke unter diesen Vorzeichen nur noch als eine Gemeinschaft der Unterdrückten, Ausgeschlossenen verstehen. Sie schafft mit ihrem politischen Anspruch einen Fokus auf Beschädigungen. Wie alles Gesellschaftliche wirkt dieser Fokus freilich auf die Subjektstrukturen der an ihr Teilhabenden.

Um jene Wirkmechanismen offenzulegen, lohnt eine Bezugnahme auf die Konzeption erster und zweiter Natur in der Kritischen Theorie. Adorno (1942) knüpft mit seinem Verständnis von innerer Natur als die Summe aller Triebregungen – auch der unbewussten und unliebsamen – an den Freudschen Triebbegriff an. Die »erste Natur«, bei Freud der Trieb, ist nicht misszuverstehen als vorsozialer Kern oder etwas ursprünglich Archaisches, das von Gesellschaft zunächst nicht betroffen ist. Sondern vielmehr vereinen sich in der inneren Natur des Triebes Natürlichkeit im Sinne körperlich-sinnlicher Bedürfnisse und Sozialität über die gesellschaftliche Vermittlung derselben: »Die ›erste Natur‹ wird so schon immer nachträglich zweite Natur gewesen sein, der Trieb selbst ist bereits gesellschaftlich und nicht, wie häufig missverstanden, eine angeborene und unveränderliche Potenz.« (Berendsen et al. 2017, S. 240). Die zweite, gesellschaftlich geformte, Natur ist der ersten als zu vergesellschaftende inhärent. Nun ist die äußere Natur als konkrete Lebenswelt von ihrer politischen Aufladung nicht zu trennen. Das, was einem naturhaft gegenübertritt, ist von Anfang an politisch, etwa der Hunger, der immer noch existiert in einer Welt, in der er längst überflüssig geworden ist. Damit ist auch die innere Natur, die die äußere Natur als Summe aller Umwelteindrücke bedingt, politisch geprägt. Das Politische strukturiert insofern gewissermaßen das Subjekt. Eine politische Linke, die Betroffenheiten und Differenzen in den Mittelpunkt ihres Weltverständnisses rückt, evoziert auch die Ausbildung einer *spezifischen* inneren Natur der an ihr Beteiligten, die in der Folge zwangsläufig als von einer beschädigten ausgeht. Die Identität der Einzelnen mit sich selbst besteht konsequenterweise in ihrem Leiden. Und mit diesem Fokus auf die Lebensnot haben linke Betroffenheitspolitiken zumindest mehr erkannt als die bürgerliche Ideologie. Nur täuschen sie mit ihrer Vereinzelung von Leiden am Besonderen über den allgemeinen Kern der Betroffenheit von bürgerlich-kapitalistischen Herrschaftsformen hinweg und verschleiern damit ihre kritischen Einsichten gegen sich selbst. Widersprüchlichkeit wird nunmehr im Verhältnis zu äußeren Differenzen vorgestellt, während die Ambivalenzen in der eigenen, inneren Natur ausgeblendet werden.

Linke Betroffenheitspolitiken übersehen bisweilen also, dass in der inneren Natur als einer beschädigten auch etwas Geteiltes liegt: die leidvolle Erfahrung der Zurichtung durch normative Zuschreibungen der Gesellschaft, das Unbehagen in der Kultur. Nicht nur Frauen leiden etwa unter dem Patriarchat, auch Männer müssen sich innerlich zurichten, um zum zweckgerichteten, identischen Ich zu werden, das in der männlich dominierten Gesellschaft verlangt wird. Bei aller Fokussierung auf individuelles Leid machen Betroffenheitspolitiken auf einer strukturellen Ebene eigentlich genau jene gemeinsamen Erfahrungen zum politischen Programm. Im Chor der Leidenden harmonieren die in ihrer Individualität Missverstandenen doch wieder recht einstimmig. Das führt zum paradoxen Effekt einer Replikation, einer Vervielfältigung von Betroffenheiten, wo jedes Gleiche eigentlich tunlichst vermieden wird. Ebenso wie der nerdigste Tumblr-Post nach dem hundertsten Teilen doch nicht mehr so nerdig ist, weil er damit aus der klandestinen Versenkung der Eingeweihten gehoben wird, schafft auch die Massenproduktion von Betroffenheiten einen bunten Einklang. In der Tendenz zur Nachahmung liegt vielleicht gerade der Ausweg aus dem hier analysierten Dilemma. In der »Dialektik der Aufklärung« haben Horkheimer und Adorno (1969) Mimesis als eine »organische Anschmiegung« (ebd., S. 205) an die äußere Natur begriffen, um den Schrecken vor ihr zu mindern, indem man sich mit ihr gemein macht, sich von ihr erfassen und bewegen lässt. Gebrochen wurde diese ursprüngliche Anschmiegung als selbsterhaltende Funktion, indem die Übermacht äußerer Natur im Prozess der Zivilisation mit immer ausgefeilteren Techniken der Naturbeherrschung tabuisiert wurde. In der Unmittelbarkeit der mimetischen Erfahrung, in ihrer Nähe zum tabuisierten Schrecken vor der äußeren Natur, liegt die Gefahr der Gewahrwerdung, dass auch die technisch-rationale Vernunft der Aufklärung ihr Versprechen nicht einlöste, die Natur zu beherrschen, ihr den Schrecken zu nehmen. Als etwas ursprünglich Vertrautes schlummern die mimetischen Züge weiter in den Subjekten, als drohende Anstößigkeit tabuisiert. Trotz aller Versagung brechen sie sich aber Bahn, in unmittelbaren Regungen, Gestik und Mimik; freilich ungebeten. Archaische Mimesis »fordert die Wut heraus, weil sie angesichts der neuen Produktionsverhältnisse die alte Angst zur Schau trägt, die man, um in ihnen zu überleben, selbst vergessen musste.« (ebd., S. 207). In ihr spricht »die eigene Wut im Zivilisierten«, das Unbehagen in der Kultur über die Vereinnahmung durchs Gesellschaftliche. Adorno hat vor allem in der »Ästhetischen Theorie« dem Begriff der Mimesis zentrale Bedeutung eingeräumt. Stark vereinfacht ist Mimesis ein Modus des Bezugs zur Wirklichkeit über den Nachhall jenes ursprünglichen Schreckens vor der äußeren Natur. Damit entlarvt die mimetische Erfahrung das Bestehende als Sediment unmöglicher Naturbeherrschung, das diese Unmöglichkeit verleugnet. In der Artikulation von Betroffenheiten steckt etwas von der unmittelbaren Erfahrung, dass das Versprechen der Herrschaft von Vernunft über Natur – Kultur über den Trieb – nicht vollständig eingelöst wurde. Das Hinzutretende der lebendigen Erfahrung der »Nichtidentität in der Identität« (Hogh & König 2011, S. 437) ermöglicht eine Form der Erkenntnis über bestehende Verhältnisse und deren objektive Irrationalität, in der Mimesis und Rationalität sich wechselseitig zueinander verhalten.

Der mimetischen Erfahrung haftet ein kollektives Moment an. In ihr scheint das Beschädigende der äußeren Natur auf, die wir als Gesellschaft alle gemeinsam konkret erfahren und die gleichzeitig unsere innere Natur different strukturiert – auch, indem sie uns tatsächlich ganz unterschiedlich von Diskriminierung betroffen macht. Die in der mimetischen Erfahrung zum Ausdruck kommende unmittelbare Verknüpfung innerer und äußerer Natur, und der Schrecken vor Überwältigung durch sie, ist eine geteilte Erfahrung, sie geht uns alle an. Im Beklagen eigener Betroffenheiten – so abstrus sie auch manchmal erscheinen mögen – schlummert ein mimetisches Potenzial: subjektiv empfundenes Unbehagen, auch über schräge Blicke für männliche lackierte Fingernägel oder mangelhafte Content Warnings, verschalt ein viel tieferes. Das falsche Versprechen der Befreiung vom Schrecken vor sowohl innerer wie äußerer Natur durch Gesellschaft ist unerkannt mit gemeint. Jene kleinen, alltäglichen Erschütterungen bergen potenziell die Einsicht in den strukturellen Zusammenhang individuellen Unbehagens mit der geteilten Erfahrung der Triebzurichtung, die der Preis für das falsche Versprechen der Naturbeherrschung durch die rettende Gesellschaft ist. Das Versprechen verkennt nämlich, dass Gesellschaft uns selbst als äußere Natur gegenübertritt und darüber hinaus unsere eigene, innere Natur strukturiert. Eine Konsequenz der Verleugnung dieses Umstandes sind Rassismus, Antisemitismus, Klassismus, Sexismus und andere Diskriminierungsformen; denn irgendwo muss die direkt vor der Haustür und in der eigenen Subjektivität lauernde Gefahr ja hin verbannt werden. Den mimetischen Moment eigener Betroffenheit zuzulassen, auch wenn das bedeutet auf Selbstaufwertung durch den Status des Besonderen zu verzichten, würde der Vereinzelung entgegenwirken und die Möglichkeit einer Solidarität im Leiden am Bestehenden eröffnen und als solche politisch wirksam werden. Es geht eben genau darum: Leiden beredt werden zu lassen und es nicht im Sumpf der eigenen Einzigartigkeit verhallen zu lassen und damit zu Apologet_innen des Bestehenden zu werden. Es sollte vielmehr darum gehen, Gesellschaft als den totalen Zusammenhang zu erkennen, der sie ist, obwohl sie uns als einzelne und vereinzelnde Erfahrungen gegenübertritt. Einer solchen Haltung mangelt es einer Politik, die sich auf Betroffenheiten als rein individuelle Erfahrung fokussiert. Sie verschanzt sich in eine Komfortzone von dissoziierten Betroffenheiten, wo stattdessen die gemeinsame Auseinandersetzung mit ganz realen Bedrohungen im Angesicht einer erstarkenden Rechten dringend geboten wäre. Von Nazis und ihren immer erfolgreicheren Versuchen, breite Teile der Bevölkerung für sich einzunehmen, sind wir als Linke nämlich wirklich betroffen – und damit auch verletzbar; wenn auch in völlig unterschiedlichem Maße. Die nötige Einsicht, dass sich politische Kämpfe in der Regel nicht im Safe Space ausfechten lassen, sondern in der unmittelbaren Auseinandersetzung mit dem Unerträglichen, erfordert deshalb den Mut, in die Konfrontation zu gehen, sich vulnerabel zu zeigen. Dafür bedarf es einer Besinnung auf den universalistischen Moment des Betroffenseins – und damit ist nicht aufgeklärte Rationalität, sondern die lebendige Erfahrung gemeint: Mimesis statt Mimimi.

Verwendete Literatur

Adorno, Theodor W.: »Thesen über Bedürfnis«, in: GS Bd. 8, »Soziologische Schriften I.«, Frankfurt a. M. 1942, S. 392–396.

Adorno, Theodor W.: »Minima Moralia. Reflexionen aus dem beschädigten Leben«, in: GS Bd. 4, Frankfurt a. M. 1951.

Adorno, Theodor W. / Horkheimer, Max: »Dialektik der Aufklärung«, in: GS Bd. 3, Frankfurt a. M. 1969.

Berendsen, Eva / Erkens, János / Uhlig, Tom D.: »Natürliche Feind*innen: Über die Verschränkungen von Sexismus und Antisemitismus«, in: Mendel, Meron / Messerschmidt, Astrid (Hg.): »Fragiler Konsens. Antisemitismuskritische Bildung in der Migrationsgesellschaft«, Frankfurt / New York 2017, S. 223–247.

Brunner, Markus: »Vom Ressentiment zum Massenwahn. Eine Einführung in die Sozialpsychologie des Antisemitismus und die Grenzen psychoanalytischer Erkenntnis«, in: Busch, Charlotte / Gehrlein, Martin / Uhlig, Tom D. (Hg.): »Schiefheilungen. Zeitgenössische Betrachtungen über Antisemitismus«, Wiesbaden 2016. S. 13–35.

Ehrenberg, Alain: »Das erschöpfte Selbst. Depression und Gesellschaft in der Gegenwart«, Frankfurt / New York 2015.

Freud, Sigmund: »Massenpsychologie und Ich-Analyse«, in: StA Bd. IX, Frankfurt a. M. 1921, S. 61–133.

Freud, Sigmund: »Das Unbehagen in der Kultur«, in: StA Bd. IX, Frankfurt a. M. 1930, S. 191–285.

Hogh, Philipp / König, Julia: »Bestimmte Unbestimmbarkeit. Über die zweite Natur in der ersten und die erste Natur in der zweiten«, in: Deutsche Zeitschrift für Philosophie, Band 59, Heft 3, Berlin 2011, S. 419–438.

Kagerbauer, Linda: »Verständigung als Politikum! Anforderungen und Herausforderungen an einen Dialog der Generationen in der feministischen Mädchenarbeit«, in: Kauffenstein, Evelyn / Vollmer-Schubert, Brigitte (Hg.): »Mädchenarbeit im Wandel. Bleibt alles anders?«, Weinheim und Basel 2014, S. 54–68.

Pateman, Carole: »The Disorder of Women«, Cambridge 1989.

Anmerkungen

1 Vgl. Grunert, Johannes: »Der Abend, an dem der Rechtsstaat aufgab«, in: Zeit Online, 28.08.2018. Online abrufbar unter: https://www.zeit.de/gesellschaft/zeitgeschehen/2018-08/chemnitz-rechte-demonstration-ausschreitungen-polizei [letzter Zugriff am 01.10.2018].

2 Besonders öffentlichkeitswirksam war aktuell die antirassistische »We'll-come-united«-Großdemonstration mit rund 25.000 Menschen in Hamburg, die einem Aufruf von Initiativen Geflüchteter folgte. Vgl. Jakob, Christian, »Die Stunde der Zivilgesellschaft«, in: Taz Online, 30.09.2018. Online abrufbar unter: https://www.taz.de/Archiv-Suche/!5536606&s=/ [letzter Zugriff am 01.10.2018].

TYPISCH RECHTS WAR TYPISCH LINKS

Wie sich die Rechte aus dem Fundus klassischer Aktionsformen bedient

Andreas Rüttenauer

Berlin, Ende August 2018. Ein Mann geht vor dem Brandenburger Tor auf und ab. Er lächelt und freut sich vor allem, wenn er von Touristen gebeten wird, sich fotografieren zu lassen. Er ist ein gefragtes Motiv. Das liegt an der von Hand beschrifteten Papptafel, die er in die Höhe hält: »Merkel abschaffen!«, steht darauf. Der Mann ist Mitte 60. Wie er heißt, mag er nicht sagen. Dass ihm Spaß macht, was er da tut, das sagt er schon. Und dass er nicht zum ersten Mal vor dem Brandenburger Tor seine Ein-Mann-Demo macht, auch das bringt er stolz hervor. Ein paar Tage zuvor haben Nazi-Hooligans Menschen durch Chemnitz gejagt, die ihnen nicht deutsch genug aussahen. Endlich tue sich was, sagt der Mann dazu und grinst. Warum steht er hier? »Das war mal so eine spontane Idee von mir«, sagt er. Ein Sponti in Berlin. Es gab Zeiten, da hat man sich etwas anderes darunter vorgestellt.

Berlin, August 2016. Etwa 15 junge Männer klettern auf das Brandenburger Tor. Oben angekommen schwenken sie die gelb-schwarze Fahne der Identitären Bewegung (IB). Sie bringen ein riesiges Transparent an. »Sichere Grenzen – sichere Zukunft«, steht darauf. »Als das Banner dann hing, fielen auch etliche Passanten in den Applaus unserer Aktivisten ein«, sagt dazu Hannes Krünägel, einer der rechten Aktivisten in einem Interview mit der Wochenzeitung Junge Freiheit. Die spitzbübische Freude über die Aktion ist jeder seiner Äußerungen in dem

Interview anzusehen. Die IB hat nicht nur das Brandenburger Tor besetzt, sondern auch eine bewährte Protestform okkupiert. Aktivist*innen von Greenpeace waren zuvor schon des Öfteren auf das Tor gestiegen, um ihren auf Transparenten angebrachten Anliegen einen ganz besonderen Ausdruck zu verleihen. »Natürlich nehmen wir uns Anleihen an so erfolgreiche Organisationen wie Greenpeace«, sagt Krünägel dazu und fühlt sich pudelwohl in der Rolle des kreativen Protestlers.

Berlin, 2. Mai 2008. Auch an diesem Tag ist die junge Rechte geklettert. Von einem Sims der Berliner Humboldt-Universität wurde ein Transparent heruntergelassen. »68er Kongress – Die letzte Schlacht ist schon verloren«, stand darauf. Im Universitätsgebäude fand an diesem Tag ein Kongress des Studierendenverbands Die Linke-SDS zum Thema »40 Jahre 68 – Die letzte Schlacht gewinnen wir« statt. Bevor die ersten Kongressteilnehmer eintreffen, werden Plakate, die auf die Veranstaltung hinweisen, überklebt. Die rechten Aktivisten bringen Aufkleber an Glastüren an, hängen Plakate aus den Fenstern. Darauf steht: »68er Ikonen: Ho Tschi Minh. 1 Million Tote für die gute Sache! Die letzte Schlacht gewinnen wir!« oder »68er Ikonen: Mao Tse Tung. 50 Millionen Tote für die gute Sache! Die letzte Schlacht gewinnen wir.« Immer wieder läuft ein Mann durchs Bild, dessen Rittergut in Schnellroda sich später zur Pilgerstätte der Neuen Rechten entwickeln wird. Es ist Götz Kubitschek. Mit seinem gezwungen gut gelaunten Rechtsaktivismus gelingt es ihm und seinen Mitstreitern zum ersten Mal, die Aufmerksamkeit eines breiten Publikums zu gewinnen. Die »Konservativ-subversive Aktion«, wie sich die rechten Polit-Spontis nannten, hatte das Spielfeld der politischen Auseinandersetzung im öffentlichen Raum betreten. Bei ihren Aktionen haben sie immer auch auf ihre Website www.ungebeten.de verwiesen. Diese ist bis heute aktiv. Wer auf den Link klickt, landet bei der Edition Antaios, dem Verlag, der aus Schnellroda rechte Systemkritiker mit ideologischem Rüstzeug ausstattet.

Dort trifft sich schon seit Jahren die Elite der Neuen Rechten, um ihre ganz eigenen Kongresse zu veranstalten. Abgeschottet auf dem Land in Sachsen-Anhalt oder an anderen Orten der Republik, meist tief im Verborgenen, um linkem Gegenprotest erst gar nicht begegnen zu müssen, treffen sie sich, um unter Großthemen wie »Die Zukunft Europas und der Nationalstaat« ihre ideologischen Waffen zu schärfen. Wo bis vor wenigen Jahren nur ein paar einschlägig bekannte Burschenschaftler ihre autoritären Ideen ventiliert haben, versammeln sich heute regelmäßig über 100 Teilnehmer zum systemkritischen Dialog. Ein Kongress als Ideenwerkstatt für die Systemkritik – es ist noch nicht lange her, da hat man bei derartigen Veranstaltungen eher an Tunix gedacht, jenen legendären Kongress im Jahr 1978, der als Geburtsstunde der Alternativbewegung gilt.

Die ersten Ideen für eine Tageszeitung anderer Art wurden auf diesem Kongress in Berlin vorgestellt. Bald erschien die Taz täglich – als Gegenprogramm zu dem, was Linke in jenen Jahren gerne »bürgerliche Presse« nannten. In dieser hatten Themen wie Umwelt, Frauen, Frieden, Nachhaltigkeit oder APO in den Augen der Aktivist*innen für das, was damals gerne Gegenöffentlichkeit genannt wurde, zu wenig Platz. Von linker Seite wurden vor allem Leerstellen in der Berichterstattung kritisiert und eine allzu staatsnahe Kommentierung der Ereignisse. Das Wort »Fake News« wurde noch nicht benutzt. Es gab also kein Vertrauen in die herkömmliche Presse – in die Boulevard-Presse schon gar nicht.

Die Bilder aus APO-Zeiten, als Studierende und diejenigen, die an deren Seite kämpften, mit fast aller Gewalt, die ihnen zur Verfügung stand, versucht haben, die Auslieferung der Bild-Zeitung zu verhindern, zeigt, dass die linke Medienkritik in pure Aggression umschlagen konnte. Es ist gewiss kein Zufall, dass heute Medienkritik ein zentraler Bestandteil rechter Agitation ist. Mit dem Etablieren von Wörtern wie »Lügenpresse« oder dem Schlagwort vom »zwangsfinanzierten

Propagandafunk«, mit dem der öffentlich-rechtliche Rundfunk verunglimpft wird, haben es rechte Scharfmacher geschafft, eine Stimmung zu erzeugen, die im Chemnitzer Spätsommer 2018 zu Jagdszenen geführt hat, in den Medienvertreter, die von Nazi-Hooligans verfolgt wurden, zu Recht Angst um ihre Gesundheit haben mussten. Dass ausgerechnet nach den Ereignissen von Chemnitz, bei denen Nazis Menschen jagten, die in ihren Augen nicht deutsch genug aussahen, Zweifel darüber, was in der Stadt geschehen ist, vom Bundesamt für Verfassungsschutz, dem Bundesinnenministerium sowie dem Ministerpräsidenten des Freistaats Sachsen Michael Kretschmer geschürt wurden, ist wohl der größte Erfolg der rechten Medienkritik in der jüngsten Vergangenheit.

Geäußert wird die Medienkritik in eigenen Publikationen und Foren. Längst gibt es explizit rechte Verlage, die zwar immer wieder auf ihre Seriosität verweisen, aber doch genüsslich die Opferrolle einnehmen, wenn es bei den großen Buchmessen in Frankfurt und Leipzig zu Protestaktionen von Aktivisten oder anderen Verlagen kommt. Wer sich über die Kongresse informieren will, die längst auch zu Rüstveranstaltungen der neurechten Szene geworden sind und bei denen sich die scheinbürgerlichen Parlamentarier der sogenannten Alternative für Deutschland mit den radikalen Protagonisten der Identitären Bewegung vernetzen, ist auf rechte Publikationen angewiesen. Die rechte Gegenöffentlichkeit verwehrt sich oft den Zutritt zu den traditionellen Medien. Die rechte Gemeinde kann sich auf Portalen wie www.sezession.de informieren. Mehr als klammheimlich freut sich die Szene dann, wenn in der traditionellen bürgerlichen Presse Berichte von handverlesenen Journalisten erscheinen, die Homestories liefern, in denen sie Götz Kubitschek als konservativen Familienvater schildern.

In den Texten erfährt man, dass der Mann seine Gattin siezt, dass es zum Abendessen selbst gebackenes Brot gibt, und liest von den Ziegen, um die sich auf dem Hof gekümmert wird. Damit keiner erfährt, wie es wirklich aussieht auf dem Hof, dürfen die Medien, die diese Hausbesuche machen, nur Fotos verwenden, die die Familie Kubitschek selbst freigegeben hat. So soll das Bild eines alternativen, konservativen Lebensentwurfs gezeichnet werden. Längst ist es nicht nur der Name der Partei, die neurechte Inhalte in die Parlamente trägt, mit dem sich die Szene als alternativ bezeichnet. Auch die Rechte predigt alternative Lebensformen. Es bilden sich Dorfgemeinschaften auf dem Land, die von der Volksgesundheit schwadronieren, während sie Biolebensmittel anbauen.

Anfang Oktober 2018 hat der Berliner Landesverband der Partei Bündnis90/Die Grünen sein 40. Jubiläum gefeiert. Angefangen hat die Partei unter dem Namen Alternative Liste. Bei der Wahl 1979 kam die junge Vereinigung auf 3,7 Prozent bei der Abgeordnetenhauswahl in Berlin. Der Begriff »Alternative« war reserviert für den Zusammenschluss von linken Systemkritiker*innen und Umweltaktivist*innen. Alternativen Lebensmodellen wurde in Wohngemeinschaften gefrönt, Bioläden, in denen es neben Schrot und Korn auch jede Menge politische Publikationen gab, und die ersten Biobauernhöfe bildeten den Anfang dessen, was man bald als Alternativwirtschaft bezeichnet hat. Dass der Begriff der Alternative dereinst von rechts gekapert werden könnte, war gewiss unvorstellbar in jener Zeit. Auch wenn sich die Alternativszene längst von ihren K-Gruppenwurzeln getrennt hat, war sie in ihrer Selbstwahrnehmung doch immer links. Und auch wenn man wusste, dass sich weiß Gott nicht alle die Waren aus dem Bioladen leisten konnten, so wurde an den WG-Tischen der Altalternativen munter weiter über die Gerechtigkeit der Welt diskutiert.

Welch wichtigen Einfluss das gemeinsame Wohnen nebst alltäglichem Politisieren haben kann, haben mittlerweile auch die strammsten Nazis verstanden. Um das Jahr 2012 herum war in Berlin immer wieder von einer braunen Straße die Rede. Den hatte sich die Brückenstraße im Ostberliner Stadtteil Schöneweide redlich verdient. Dort gab es eine Szenekneipe, in der Nazis ihre Versammlungen abhalten konnten und Rechtsrockgruppen bei deren Auftritten zujubelten. Sebastian Schmidtke, der Chef der Berliner NPD, betrieb einen Laden für Neonazidevotionalien und ein rechter Buchladen war auch um die Ecke. Etliche WGs, in denen zum Beispiel auch die Mitglieder der Rechtsrockband Dark7side wohnten, sorgten dafür, dass in der Brückenstraße ein regelrechtes Wohlfühlambiente für Nazis entstehen konnte. Was die Alternativen der Post-APO-Zeit in vielen Vierteln westdeutscher Großstädte vorgemacht haben, hatte Nachahmer in der extremen Rechten gefunden. Der Kiez wurde politisiert und zum Rückzugsort für Nazis.

Öffentlicher Druck im Nachgang zu der Blockade einer Nazi-Demo am 1. Mai 2013 in Schöneweide hat die Vermieter letztlich dazu bewogen, die Mietverträge für die Nazi-Geschäfte zu kündigen. Die Szene verlor einen Anker. Anderswo hatten die Nazis da schon wieder Anker geworfen. Wer 2018 etwa in Dortmund in den Stadtteil Dorstfeld kam, der konnte nicht übersehen, dass Nazis alles dafür tun, den Stadtteil als den ihren zu markieren. Der Schriftzug »Nazi Kiez« fand sich – mal groß, mal klein – auf den Gebäuden, in denen sich nicht selten rechte WGs gegründet hatten, die Ausgangspunkt so manch recht spontanen Aufmarschs durch das Viertel waren.

Auch einen Begriff wie »Hausprojekt« hätten lange Zeit wohl die wenigsten mit der rechten Szene in Verbindung gebracht. Auch hier ist eine Lebensform okkupiert worden, die zugleich auch Aktionsform ist. Heute wird das Begegnungszentrum, das die Rechtsaktivisten in Halle an der Saale zur Koordination ihrer Aktivitäten betreibt, gemeinhin als Hausprojekt bezeichnet. Den Identitären ist es gelungen, den Begriff umzudeuten. In dem Haus, das ein Förderer der Identitären und Gönner des neurechten Ideologieproduzenten des Instituts für Staatspolitik, das in Schnellroda angesiedelt ist, für gut 300.000 Euro gekauft hat, dient als Zentrum der sogenannten Ein-Prozent-Bewegung. Ein Prozent für unser Land nennt sich eine Aktionsplattform, die an rassistische Ressentiments in der Bevölkerung anknüpfen möchte. Sie geht davon aus, dass das System der Bundesrepublik ins Wanken gerate, wenn sich ein Prozent der Einwohner aktiv gegen die Regierung stellen würden. Als Nichtregierungsorganisation für Deutschland sehen die Nazi-Aktivisten ihre Bewegung. Und wenn sie auf einem ihrer Kongresse über diese Bewegung sprechen, dann wird gerne der Vergleich zu Greenpeace bemüht. Man will größer sein als diese Ober-Umwelt-NGO, deren Hand zu publikumswirksamen Aktionsformen die Identitären schon zu ihrer Banneraktion am Brandenburger Tor inspiriert hat. Ziel der von den Identitären getragenen Ein-Prozent-Idee, die in einem braunen Netzwerk, das von der AfD über Jürgen Elsässers Rechtsnachrichtenmagazin Compact bis zum oben erwähnten Institut für Staatspolitik reicht, organisiert sind, ist der Kampf gegen das System.

Ehemals von Linken besetzte Begriffe haben längst eine rechte Umdeutung erfahren. Auch der Kampf gegen das System wird längst von rechts geführt. Der Kampf gegen die Ungerechtigkeiten des Kapitalismus spielt bei der Umdeutung des Systembegriffs durch die Rechten naturgemäß keine Rolle. Der Kampf richtet sich gegen eine behauptete Meinungsdiktatur einer angeblich staatlich gleichgeschalteten Medienlandschaft, gegen das gefürchtete Horrorszenario einer Umvolkung durch gezielte Förderung der Einwanderung muslimischer Migrant*innen oder ganz allgemein der immer wieder bemühten »Merkeldiktatur«. Der Protest gegen das System findet nicht nur in einer längst etablierten rechten Medienlandschaft statt, sondern wird auf die Straße getragen.

So sind auch die klassischen Aktionsformen, die Linke über Jahrzehnte auf die Straße gebracht haben, rechts umgedeutet worden. Ihren Hass auf das System bringen die rechten Protestler dabei nicht allein durch das klassische Instrument der Demo zum Ausdruck. Bei Pegida wird zwar so gehetzt, dass sich der härteste Nazi bei den Veranstaltungen wohl fühlen muss, indes wird die Demonstration als ein

Spaziergang bezeichnet. Der Drang, eine Aktionsform möglichst originell zu benennen, hat seine Vorbilder ebenfalls in der linken Protestszene, bei denen etwa ein Sit-in neben dem Inhalt, den es zu transportieren galt, immer auch einen performativen Charakter hatte. Auch die Trauermärsche von Chemnitz oder Köthen in der zweiten Jahreshälfte 2018, bei denen die biederen Bürgernazis mit den brutalsten Nazi-Hooligans Seit an Seit marschieren, sind in diesem Zusammenhang zu sehen. Längst wissen die rechten Aktivisten, welche Freiheiten das Demonstrationsrecht auch ihnen bietet. Sie melden sogenannte Trauerkundgebungen so spontan an, dass sich kaum Gegenprotest formieren kann. Auch die Demo ist also rechts geworden und zieht Menschen an, die sich bei den großen Demos gegen den NATO-Doppelbeschluss in den 1980ern oder für einen Atomausstieg noch angewidert abgewendet hätten.

Der einsame Demonstrant, der im August 2018 mitten in Berlin für die Abschaffung Angela Merkels demonstriert hat, ist mit der Zeit also gut ausgestattet worden mit dem Rüstzeug eines Aktivisten. Dass es lange vor allem Linke waren, die so agiert haben, wird er wissen. Es dürfte ihn mit schier spitzbübischer Freude erfüllen. In diesen Tagen sind es die Rechten, die agieren. Sie haben gelernt. Die Linken sind dabei Hassfiguren und Vorbilder in einem. Auch das Akzeptieren dieser nun wahrlich nicht gewollten Rolle macht das Reagieren auf das neurechte Selbstbewusstsein so schwierig.

Der Einzug der AfD in den Bundestag und alle Landesparlamente in der Bundesrepublik hat darüber hinaus dazu geführt, dass viele rechte Aktivisten zu Jobs in Fraktionen und bei Abgeordneten gekommen sind, die es ihnen ermöglichen, ihre außerparlamentarischen Aktionen zu professionalisieren. In mindestens 44 Abgeordnetenbüros des Deutschen Bundestags sitzen mittlerweile Akteure, die dem Spektrum der Neuen Rechten zuzuordnen sind. Aus den Abgeordnetenbüros heraus wird der heiße Draht zu Pegida, zu Kubitscheks sogenanntem Rittergut und den rechten bis rechtsradikalen Publikationen wie

Compact gepflegt. Aus dem Parlament heraus wird zum Widerstand gegen die bestehende Rechtsordnung aufgerufen. Wie sich außerparlamentarischer Widerstand gegen die herrschende Politik aus dem Parlament heraus organisieren lässt, haben die Grünen seit ihrem ersten Einzug in den Bundestag im Jahr 1983 immer wieder gezeigt. Die Symbole etwa der Anti-Atomkraft-Bewegung waren mit einem Mal im sogenannten Hohen Haus präsent und Experten, die aufgrund ihrer politischen Einstellung zuvor nicht präsent waren, wurden nun zu Anhörungen in die Ausschüsse eingeladen. Das Spiel, welches die Grünen zu Beginn ihres parlamentarischen Erfolgs beherrschten – mit strickenden Abgeordneten und AtomkraftNeinDanke-Stickern – findet nun Nachahmer von rechts außen.

Als am 9. November 2018 in Berlin dem 80. Jahrestag der Reichspogromnacht gedacht wurde, präsentierte sich Andreas Wild, für die AfD ins Berliner Abgeordnetenhaus gewählt und seit 2017 fraktionslos, mit einer blauen Kornblume am Revers bei den Gedenkfeierlichkeiten. Die Kornblume diente Nationalsozialisten in Österreich als Erkennungszeichen, nachdem die NSDAP 1933 verboten worden war. Als Wild am Holocaust-Mahnmal bei der Veranstaltung nach vorne tritt, um wie die anderen Teilnehmer der Veranstaltung Namen aus dem Buch der Opfer der Schoah vorzulesen, stellt sich ihm Lea Rosh in den Weg – die Publizistin, die das Mahnmal einst initiiert hatte. Wild las am Ende nicht. Auch der Berliner AfD-Fraktionschef Georg Pazderski durfte nicht lesen. Ein Erfolg? Gewiss. Aber war es auch ein Misserfolg für die rechten Provokateure? Die haben sich schnell in die Opferrolle begeben und unter ihresgleichen die Aktion ausgeschlachtet.

Diese Episode zeigt, wie schwer es ist, der neuen Rechten habhaft zu werden. Dass es ihr immer wieder relativ leicht gelingt zu provozieren, zeigt, wie weit außerhalb eines immer noch großen antirechten Konsenses sie steht. Sie zeigt auch, dass es notwendig ist, auf die Provokationen zu reagieren. Dass so wie in oben beschriebenem Fall der Fokus der Berichterstattung vom Gedenken an die Opfer der Schoah auf das Verhalten von rechten Provokateuren gerichtet wird, macht jede auch noch so kritische Berichterstattung dennoch auch zu einem Erfolg für die Provokateure. So fühlen sich die rechten Spontis bestätigt, auch wenn sie mit einer schmissigen Rede im Bundestag zerlegt, wenn sie wie in obigem Fall abgewiesen oder auf der Straße blockiert werden. Es gilt, sie weiter zu zerlegen, ihnen die Tür zu weisen und sie zu blockieren, auch wenn man dabei immer einen Teil der Aufmerksamkeit auch den Rechten schenkt.

AUFSTIEG VON RECHTS

Welche Schuld trägt links?

Hadija Haruna-Oelker

2012 bewegen sich Menschen in Clubs zum Platz-eins-Hit »Karl-Marx-Stadt« der Band Kraftklub. Verlierergefühle werden weggetanzt, während die Tagesthemen über die Hintergründe der Morde des Nationalsozialistischen Untergrunds berichten und ein Jahr später der Prozess gegen Beate Zschäpe beginnt. 2013 ist das Jahr, in dem die AfD sich gründet. Wieder ein Jahr später folgen Bilder der ersten Pegida-Demonstrationen aus Sachsen. Sie tragen die Rassismen der bürgerlichen Mitte auf die Straße. Was ist passiert in Deutschland?

Wohlstand durch Arbeit, Aufstieg durch Bildung. Diese Jahre geltende, identitätsstiftende und milieuübergreifende Erzählung hat sich als Versprechen für viele nicht erfüllt. Der Sozialwissenschaftler und Journalist Sebastian Friedrich begründet den Aufstieg der AfD mit einer multiplen Krise: der des Konservatismus und Kapitals, der Repräsentationskrise und der des Sozialen. Sie paart sich mit ökonomischen und sozialen Unsicherheiten, einem Gefälle zwischen Stadt, Land und einer Linken (gemeint sind alle Parteien links von Union und FDP), die nicht aus dem Schatten ihrer Vorgänger des Dritten Wegs herausgekommen ist, also der Neuausrichtung der Sozialdemokraten Europas in den 1990er-Jahren.

Lange hatte so der Politikbetrieb der Mitte funktioniert. Rückblickend gesehen verloren nicht nur die Parteien, sondern auch die Gewerkschaften und politischen Vereine ihren bindenden Charakter. Die

Grundlage des diskursiven Erfolges der AfD schufen Thilo Sarrazins Bestseller »Deutschland schafft sich ab« (2010) und andere Werke dieses Schlages. Sogenannte Wutbürger*innen fühlen sich seitdem ermutigt, in den sozialen Medien »endlich einmal etwas zu sagen«, was die Hemmschwellen senkte unter der Pegida-Fahne auf die Straße zu gehen. Eine Studie der Uni Bremen und Zürich[1] von 2017 zeigt, dass AfD-Wähler*innen mehrheitlich keine Modernisierungsverlierer*innen sind, sondern in einigen Regionen seit den 1990er Jahren eine Tradition rechten Wählens besteht. Das Besondere an der AfD: Sie wurde von konservativ-wirtschaftsliberalen Professoren gegründet, was ein Signal an das bisher unverbundene und politisch unwirksame Spektrum weit rechts sendete, sich zu vernetzen. So kann die AfD als Sammelbecken der unterschiedlichen rechten Akteur*innen verstanden werden, das bei der Formierung der Rechten eine entscheidende Rolle spielt. Sie ist ihr Ausdruck und Motor zugleich.

Dass sich die sogenannte Demokratiekrise politisch rechts ausdrückt, ist nicht nur in Deutschland so. Dem Ansatz von deregulierter Politik zugunsten des globalisierten Kapitals inklusive Freihandelsabkommen, offener Grenzen für Kapital und einem Platz für Hochqualifizierte und in Teilen Migrant*innen für den Niedriglohnsektor und Care-Arbeit steht eine Politik Trumps, Le Pens und Höckes gegenüber. Deren Ziel: Protektionismus, Re-Nationalisierung und »unser Land first«. AfD-Wähler*innen kommen aus allen Milieus und politischen Richtungen. Sie haben mit den Parteien der Mitte gebrochen. Ihr Protest wanderte zum Teil von links nach rechts. Wie nah sich die Anhänger der Linkspartei und der AfD durch eine strukturelle Nähe sind, erklärt unter anderem eine repräsentative Umfrage des Instituts für Demoskopie in Allensbach von 2016. Darin nennt jede*r dritte AfD-Wähler*in (31 Prozent) die LINKE als zweitliebste Partei. Auch umgekehrt finden sich bei den Linksparteiwähler*innen mehr Sympathie und weniger Ablehnung für die AfD als bei anderen Parteien.[2]

Es gibt Stimmen, die den linken Parteien an dieser Entwicklung die Schuld geben, weil sie es nicht geschafft hätten, in einer Koalition zueinander zu finden, die Große Koalition zum Dauerzustand geworden sei und die Wähler*innen nach politischen Alternativen suchten. Das rechte Projekt stößt in dieses Vakuum und an dieser Entwicklung zeigt sich praktisch, was der marxistische Philosoph Antonio Gramsci theoretisch beschreibt. Dass es, um politisch handlungsfähig zu werden, einen Kollektivwillen, organisierende Kräfte, Disziplin, eine gemeinschaftsstiftende Identität und politische Vorgehensweise braucht. Nicht ohne Grund gilt die AfD vielen Analyst*innen nicht nur als ein politisches Phänomen, sondern als ein kulturelles Projekt. Es stehe dem offenen, kosmopolitischen Milieu einer Hyperkultur als ein geschlossener Kulturessentialismus gegenüber, bei dem nicht das Individuum, sondern das Kollektiv zähle, erklärt der Kultursoziologe Andreas Reckwitz von der Europa-Universität Viadrina Frankfurt (Oder).[3] Wenig dynamische und traditionsbewusste Gemeinschaften schafften das Feld für eine rechte kulturelle Gegenhegemonie. Kein Kampf der Kulturen nach Huntington, sondern der Widerstreit zwischen diesen zwei Kulturalisierungsprozessen.

Gewinnt rechts, weil links versagt? Aus analytischer Sicht ist die politische Linke nicht erst seit dem Erstarken der AfD in die Krise geraten. Der einstige Konsens innerhalb der verschiedenen Gruppierungen und Flügel in Sachen Antifaschismus, Ablehnung von Kapitalismus und Krieg ist vielerorts aufgekündigt worden. In den Hintergrund gerückt sind Fragen wie die einer Verbesserung der materiellen Lebensbedingungen von Lohnabhängigen, ein höherer Mindestlohn, Rückbau der Leiharbeit zugunsten unbefristeter Arbeitsplätze und mehr Geld für Arbeitslose und Rentner finanziert über höhere Steuern auf Kapitalerträge, Vermögen, Erbschaften und hohe Gehälter. Nicht nur in Deutschland diskutiert die Linke über Klassenpolitik auf der einen und Antirassismus, Feminismus und LGBTQI*-Aktivismus (vereint unter dem Schlagwort Identitätspolitik) auf der anderen Seite. Den Auftakt zur Diskussion machte unter anderem 2016 ein Beitrag des US-amerikanischen Politikwissenschaftlers Mark Lilla in der New York Times. Er hatte ein Ende der identitätspolitischen Ausrichtung der US-Linken gefordert, weil sie in ihrer intellektuellen Blase vor allem die heterosexuellen weißen Menschen vom Land vergessen hätte. Es gibt inzwischen viele linke Stimmen in Deutschland, die diese Ansicht teilen.

Als eine verkürzte Argumentation kritisiert die Soziologin Vanessa E. Thompson die Tendenz, diese Pole gegeneinander auszuspielen, und bezeichnet die Debatte als Falle. So bestünden die Deklassierten nicht nur aus weißen deutschen Arbeitern, prekär Beschäftigten und sogenannten Abgehängten. Ein Großteil von ihnen seien Menschen in marginalisierten Positionen: (Post-)Migrant*innen, Schwarze Menschen und People of Color, alleinerziehende Frauen und Menschen aus der LGBTQI*-Community.

So haben Rassismus und Sexismus auch eine ökonomische Funktion. Nicht ohne Grund lockerten Mitte-Links-Parteien Einwanderungsbeschränkungen, liberalisierten das Staatsbürgerschaftsrecht und befassten sich aus Überzeugung mit der Austarierung ihrer genderpolitischen Positionierung. Und bis zur großen Debatte um Geflüchtete ab 2015 fiel es der Linkspartei in der Opposition leicht, mehr Rechte für Einwander*innen, weniger Migrationssteuerung und eine großzügigere Auslegung des Asylrechts zu fordern. Das änderte sich, als ausgerechnet die Gegenseite durch Angela Merkel, ihre No-Border-Wünsche unter der Schlagzeile »Wir schaffen das« formulierte. Und damit, wie viele Kommentatoren es später beschrieben, die Kanzlerin und die CDU nach links verschoben.

So lassen sich Wähler*innenschaften heute nicht mehr einheitlich verorten und in weiten Teilen Europas werden ihre Entscheidungen maßgeblich durch das Thema Migration beeinflusst und bestimmt. Eigentlich müssten der internationalistischen Linkspartei nationalistische Ansätze fremd sein. Aber was bedeutet ihr Internationalismus im seit

2015 alles überlagernden Politikfeld der Einwanderung, wenn universalistische Prinzipien und Minderheitenrechte gegeneinander in Stellung gebracht werden? »Wer Gastrecht missbraucht, der hat Gastrecht dann eben auch verwirkt«, kommentierte LINKE-Fraktionschefin Sahra Wagenknecht die Übergriffe in der Kölner Silvesternacht 2015.

So haben sich in der Linkspartei die Befürworter*innen und Mitglieder über die Jahre tatsächlich verändert. Die Arbeiterschicht wurde durch eine neue Koalition aus akademisch gebildeten Menschen der Mittelschicht, eine multiethnische Arbeiterklasse in den westlichen Großstädten, LGBTQI*-Gruppen, der Jugend und Menschen mit Migrationsgeschichte erweitert. Vielen ist der Sozialliberalismus und Internationalismus gemein und sie wählen links aus konkreten sozial-materiellen Interessen. Doch gibt es auch Strömungen in der Linken, denen eine begrenzte Offenheit und nationalstaatliche Souveränität wichtig sind und denen rechtspopulistische Ansätze plausibel erscheinen, um die eigene soziale und ökonomische Lage zu deuten. Wie bei allen gesellschaftlichen Gruppen sind auch dort strukturkonservative bis rassistische Einstellungen vorhanden. »Die Menschen stehen wirtschaftlich links, sehen die Einwanderung kritisch und sind gleichzeitig für die Homoehe«, schreibt Claus Ludwig, Sprecher des Ortsverbands der LINKEN Köln-Kalk und Mitautor des Buches »Brandstifter – AfD. Pegida. Islamhass. Analysen und Gegenstrategien« (2017). Und hinterfragt gleichzeitig die These von Klassengegensätzen zwischen innerlinken Protagonisten, die er als »arrogante bürgerliche Linksliberale bar jeder Sorgen« gegenüber »rechts abgebogenen, unterdrückten Sozialrebellen, welche die AfD unterstützen« zitiert.[4] Nach Autor Jay Öderland haben letztere die Linkspartei zuvor nicht wegen, sondern trotz ihrer gesellschaftspolitischen Inhalte – aus Protest – gewählt. Nicht um ein Wahlprogramm umzusetzen, sondern um Denkzettel zu verteilen. Als AfD-Wähler*innen wären sie jetzt dort angekommen, wo sie sich wohler fühlten: ganz weit rechts.[5]

Jede Bewegung tendiere dazu, ihre Wahrnehmung der Welt hegemonial zu machen, erklärte der Soziologe Didier Eribon bei der Veranstaltung »Streitraum: Grenzen der Herkunft, Grenzen der Scham« in der Berliner Schaubühne 2016. Er fragte: »Warum sollten wir zwischen verschiedenen Kämpfen gegen verschiedene Formen der Unterdrückung wählen müssen?« Vor der Linkspartei sprach er sich kurz darauf gegen linken Populismus aus, weil dieser nach rechts einen Raum öffne, der nicht mehr kontrollierbar sei. Thompson vermutet in Anlehnung an die Kulturwissenschaftlerin Peggy Piesche hinter der Tendenz, die Pole soziale Frage und Identität gegeneinander auszuspielen, hierarchisierende Gedanken von »nicht zu schnell zu viel Freiheit für die Marginalisierten«.

Thompson verhandelt die Gegenüberstellung in Anlehnung an das Konzept »white reconstructions« des US-amerikanischen Soziologen und Bürgerrechtlers W. E. B. Du Bois. Gemeint ist damit die Zentrierung von weißen, hetero-sexistischen männlichen Positionen und Erfahrungen und dem gleichzeitigen Unsichtbarmachen der Positionen Schwarzer Menschen, People of Color, Migrant*innen und LGBTQI*-Personen, die von kapitalistischer Ausbeutung und überproportional von Armut, Unterdrückung und struktureller Gewalt betroffen seien. In Du Bois' Werk »Black Reconstruction« von 1935 über den US-amerikanischen Bürgerkrieg wird unter anderem die (Un)Möglichkeit der Solidarität zwischen ehemals versklavten Menschen und armen, weißen Arbeitern hinterfragt. So bestand nach Du Bois nach dem Bürgerkrieg die Möglichkeit für eine anti-rassistische, demokratische Gegenposition, jedoch hätten sich die weißen Arbeiter zum großen Teil an weißen Strukturen anstelle von Allianzen mit den ehemals Versklavten und People of Color orientiert. Und den Kampf um eine klassenbasierte Politik zugunsten eines weißen, sozialpsychologischen Lohnes (white wages) abgelehnt und ihre eigene kapitalistische Ausbeutung durch das Abwerten der Schwarzen Arbeiter kompensiert. Im Sinne Du Bois' diente ihnen ihr Weißsein als »öffentlicher und psychologischer Lohn«, der ihnen einen wertvollen sozialen Status verschaffte (white supremacy).

Das nachhaltige Wirken von Du Bois' Gedanken zeigte sich in den USA zuletzt in den Debatten um die Rolle der weißen Arbeiterklasse bei den Wahlen 2016. Thompson, die im Bereich des sogenannten Racial Capitalism forscht, koppelt die Wages of Whiteness nun als mögliches Erklärungsmuster an die Dynamiken in der Linken in Deutschland. Die Tatsache im Blick, dass die Geschichte der USA nicht einfach mit dem deutschen Kontext und seiner Kolonialgeschichte gleichgesetzt werden kann und dort nicht nur weiße Menschen aus prekären Milieus die AfD wählen.

»Doch kann eine Reaktualisierung von Du Bois Konzeption hilfreich sein, um das derzeitige Erstarken von Rassismus auch als Krise von Weißsein zu verstehen. Globalisierungs- und Ökonomisierungsprozesse befördern nicht nur ökonomische Prekarisierung, sondern auch die Einschränkung von nicht-monetärem, sozialpsychologischem Lohn, das weiße Milieus zuvor erhalten haben und erwarten. Rechtsextreme und weiße Identitäts-Politik versprechen eine Aufbesserung dieses Lohns«, sagt Thompson.[6]

Mit dem wachsenden Erfolg von rechts, immer schrilleren Debatten über politische Korrektheit und der wachsenden Bedeutung von Religionen hat Identitätspolitik inzwischen verheerende Wirkung. Über Jahrhunderte erkämpfte Rechte werden aufgeben, Menschenrechte ausgehebelt. In der praktischen Politik geht es um so genannte Masterpläne, Migration, Ankerzentren und mögliche Abschottungspraktiken. Wer gehört zum »Wir« der deutschen Gesellschaft und wer nicht, wird nach den rassistisch motivierten Hetzjagden in Chemnitz und in der Causa Mesut Özil diskutiert, bei der sich Diskussionen um ein Foto von Özil mit dem türkischen Präsidenten Recep Erdoğan mit rassistischen Anfeindungen paarten. Dazwischen formt sich seit längerem ein Sprach-Denk-Komplex, der die normative und moralische Gefühlslage verschiebt. Inzwischen müssen sich Seenotretter*innen vor Gericht rechtfertigen und in Zeitungen wird Pro und Contra diskutiert, ob man Geflüchtete auf dem Meer retten soll. Die Normalisierung des Bösen geschehe schleichend und werde irgendwann alltäglich, beschreibt die Sozialwissenschaftlerin Naika Foroutan das subtile Geschehen.

So wirbelt die dominierende Geflüchteten-Debatte den politischen Betrieb weiter auf. Vielen gilt sie als Katalysator der Entwicklungen, nicht als ihre Ursache. Im internen Streit der Linkspartei haben sich im April 2018 prominente Stimmen mit einem »Thesenpapier zu einer human und sozial regulierenden linken Einwanderungspolitik« zu Wort gemeldet.[7] Es sollte den Ausgleich zwischen den polarisierenden Positionen um die Parteispitze Katja Kipping und Sahra Wagenknecht schaffen. Die Unterzeichner*innen distanzieren sich im Papier von offenen Grenzen. Es brauche realistische Zwischen- und Übergangslösungen und die Einwanderungs- und Flüchtlingspolitik solle auseinandergehalten werden. Das Thema Abschiebung wird im Papier umgangen. Im September startete Wagenknecht ihre Sammlungsbewegung #Aufstehen, die bewusst auf das Etikett »links« verzichtet und Wähler zurückgewinnen will, die aus Wut die AfD wählen. Nicht nur in der Flüchtlings- und Sozialpolitik wollen Wagenknecht und ihre Unterstützer*innen neue Akzente setzen, sondern auch im Verhältnis zu Russland. Das zum Milieu der Neuen Rechten gehörende Online-Portal »Blaue Narzisse« feierte die Ziele der Bewegung unter der Überschrift »Sahra, wir lieben dich!« aus strategischen Gründen, weil das Programm zum Teil die Position der AfD unterstütze, die zur Staatspolitik gemacht werden solle. So ist die Nähe des #Aufstehen-Programms in der nationalen Frage zur Meinung der AfD unübersehbar und die Geschichte zeigt, dass es immer wieder Politiker*innen und Protestparteien gegeben hat, die von links nach rechts gewandert sind.

Wie also aus linkspolitischer Sicht dem wieder erstarkenden Neorassismus von rechts den Boden entziehen, während der Konflikt zwischen Weltoffenheit und Nationalismus die Linke spaltet? Kann die Linke kurz- und mittelfristig etwas daran ändern, dass vielleicht 20 Prozent der Menschen in Deutschland für rechte und rechtspopulistische Positionen empfänglich sind, oder sollte sie nicht besser um die verbleibenden 80 Prozent kämpfen und dabei die rechten Treiber*innen entlarven, ihre Vordenker*innen, Strategien, ihre Geldquellen?

Die Vorstellung, dass sich mit dem Aufbau einer starken Linken das Problem des Rechtspopulismus lösen wird, ist für viele illusorisch. Im Gegenteil: Die historische Erfahrung zeigt nach Ӧderland[8], dass rechte Bündnisbewegungen vor allem dann stabil seien, wenn die Angst vor einem wachsenden Einfluss der Linken ihre Fraktionen aus Lohnabhängigen, Mittelstand und Eliten zusammenschweiße. Ebenso wie der historische Faschismus sei auch der heutige Rechtspopulismus in vielerlei Hinsicht ein Anti-Bündnis: Gegen Multi-Kulti, gegen Feminismus, gegen links. Doch ein innerlinker Rechtsruck hätte fatale Folgen und das nicht nur für Migrant*innen und ihre Nachkommen und dürfte schon deshalb nicht in ihrem Sinne sein.

Thompson und Friedrich plädieren neben Politikwissenschaftler Aram Ziai dafür, dass eine linke Politik marginalisierte Identitäten und soziale Gerechtigkeit nicht als konkurrierend oder voneinander abgelöst versteht. Auch die von queeren Schwarzen Frauen gegründete transnationale US-Bewegung »Black Lives Matter« und viele andere intersektionale Bewegungen vereinen Themen wie Migrant*innenrechte, Abschiebung, Privatisierung, Gentrifizierung, häusliche und sexuelle Gewalt, Ableismus, Wohnungslosigkeit, gesundheitliche Versorgung, Kämpfe um Bildung sowie für ökologische, soziale und ökonomische Gerechtigkeit. Zeitgleich ist es wichtig, diese Allianzen auch in Bezug auf Antisemitismuskritik zu stärken, was das Potential intersektionaler Solidaritäten weiter ausbauen würde. Von dieser Politik der Allianzen könnte die dominante Linke in Deutschland lernen. Nach Thompson sollte der Fokus auf den Erfahrungen derjenigen Menschen liegen, die gesellschaftlich am verletzlichsten sind und für die die Folgen des sogenannten Gendered Racial Capitalism am größten seien: also mittellose

Trans*Frauen of Color und geflüchtete Frauen*. Denn die Frage nach Identitäten sei immer auch mit Klassenpolitik verbunden, und der Argumentation von Angela Davis folgend stellten vor allem Geflüchteten-Bewegungen den Dreh- und Angelpunkt sozialer und politischer Gerechtigkeit dar, weil sie alle Aspekte und Grundrechte des Menschseins umfassten: das Recht auf Bildung, Zugang zu medizinischer Versorgung, selbstbestimmtes Wohnen, das Recht auf eine angemessene Unterkunft und das Recht auf Arbeit.

Den ideologischen Rahmen der Rechten verlassen und die sozialen Verhältnisse zum Ausgangspunkt einer »neuen Klassenpolitik« machen, fordert Friedrich. Sie soll klären, wie die unterschiedlichen Formen der Ausbeutung die unterschiedlichen Menschen betreffen. Dabei sollte es nach Thompson nicht darum gehen, die Gleichheitsforderungen, Verrechtlichung der Antidiskriminierung und die Herrschaftskritik Schwarzer und PoC-Kollektive für den stärker werdenden gesellschaftlichen Rassismus verantwortlich zu machen, sondern den Blick auf die Folgen des neoliberalen Kapitalismus, seine vergeschlechtlichte und rassifizierende Dimension und das Erstarken weißer, männlicher Identitätspolitik zu lenken.

Und so bewegten sich fünf Jahre nach dem Charthit von Kraftclub wieder Menschen zur Musik der Band. In Chemnitz unter dem Hashtag #wirsindmehr waren sie auf den Karl-Marx-Platz gekommen, um als Antwort auf die rassistischen Vorfälle dort bei einem Großkonzert gegen rechts zu demonstrieren. Ein gemeinsamer Widerstand scheint gefragt. Doch müsste dieser vermeintlich kulturelle oder geschlechtliche Grenzziehungen überwinden und ein linkes Projekt den Kampf für eine offene, antirassistische, antisexistische Gesellschaft mit dem Kampf für eine soziale und ökonomisch sichere Existenz für alle verbinden. Er müsste sich für soziale Gerechtigkeit stark machen, ohne die Errungenschaften der letzten Jahre dafür aufzugeben.

Anmerkungen

1 Schwander, Hanna / Manow, Philipp: »It's not the economy, stupid! Explaining the electoral success of the German right-wing populist AfD«, in: Center for Comparative and International Studies (CIS), 09.2017. Online abrufbar unter: https://www.researchgate.net/publication/320290374_It's_not_the_economy_stupid_Explaining_the_electoral_success_of_the_German_right-wing_populist_AfD_Explaining_the_electoral_success_of_the_German_right-wing_populist_AfDy [letzter Zugriff: 13.03.2019].
2 Wehner, Markus: »Wähler von Linkspartei und AfD stehen sich nah«, in: faz.net, 17.09.2016. Online abrufbar unter: http://www.faz.net/aktuell/politik/inland/umfrage-waehler-von-linkspartei-und-afd-stehen-sich-nahe-14439928.html [letzter Zugriff: 13.03.2019].
3 Rekwitz, Andreas: »Zwischen Hyperkultur und Kulturessenzialismus«, auf: bpb.de, 16.01.2017. Online abrufbar unter: http://www.bpb.de/politik/extremismus/rechtspopulismus/240826/zwischen-hyperkultur-und-kulturessenzialismus [letzter Zugriff: 13.03.2019].
4 Claus, Ludwig: »Zur (inner)linken Debatte um Migration und die AfD-Wählerschaft«, in: sozialismus.info, 02.11.2017. Online abrufbar unter: https://www.sozialismus.info/2017/11/zur-innerlinken-debatte-um-migration-und-die-afd-waehlerschaft/ [letzter Zugriff: 13.3.2019].
5 Öderland, Jay: »Kein Kraut gewachsen: Was die Linke gegen den Erfolg der AfD ausrichten kann – und was nicht«, in: Lower class magazine, 06.09.2016. Online abrufbar unter: https://lowerclassmag.com/2016/09/06/kein-kraut-gewachsen-was-die-linke-gegen-den-erfolg-der-afd-ausrichten-kann-und-was-nicht/ [letzter Zugriff: 13.03.2019].
6 Aus dem Vortrag: »White Reconstructions im gegenwärtigen Deutschland«, gehalten im Rahmen der Veranstaltung »Das wird man doch wohl noch sagen dürfen! Zum Stand der Anti-Political Correctness Bewegung in Deutschland.«, Dezember 2017 in Berlin. https://www.gender.hu-berlin.de/de/veranstaltungen/archiv/events/171207-ztg-kolloq-anti-pc-bewegung [letzter Zugriff: 13.03.2019].
7 Bimboes, Detlev / Braun, Constantin: »De Masi, Fabio und andere, Thesenpapier: Linke Einwanderungspolitik«, in: fabio-de-masi.de, 27.04.2018. Online abrufbar unter: https://www.fabio-de-masi.de/de/article/1923.thesenpapier-linke-einwanderungspolitik.html [letzter Zugriff: 13.03.2019].
8 Öderland, Jay: »Kein Kraut gewachsen: Was die Linke gegen den Erfolg der AfD ausrichten kann – und was nicht«, in: Lower class magazine, 06.09.2016. Online abrufbar unter: https://lowerclassmag.com/2016/09/06/kein-kraut-gewachsen-was-die-linke-gegen-den-erfolg-der-afd-ausrichten-kann-und-was-nicht/ [letzter Zugriff: 13.03.2019].

II. VERSTRICKUNGEN

TRIGGERWARNUNG!*

Critical Whiteness und das Ende antirassistischer Bewegung

Massimo Perinelli

↘ wenig zum Konzept Trigger-/Inhaltswarnung

Die antirassistische Bewegung befindet sich intellektuell, konzeptionell und politisch in einer tiefen Krise. Und das, obwohl eine bis dato nie gekannte Anzahl von Menschen solidarische Arbeit leistet und dafür auch in überwältigend großen Zahlen auf die Straße geht. Die Demonstration »#unteilbar« im Oktober 2018 in Berlin war mit ihrer Viertelmillion Teilnehmenden das dafür eindrucksvollste Zeichen, aber auch die Parade »We'll come united«, die maßgeblich von Refugees initiiert wurde, brach in Hamburg mit über 30.000 Menschen alle bis dahin bekannten Größenordnungen migrantischer Selbstorganisierung. Dennoch gelingt es im Gegensatz zu den 1990er und den frühen 2000er Jahren nicht mehr, unter der Perspektive von Antirassismus eine umfassende Gesellschaftskritik zu formulieren oder die bewegungspolitische Linke für ein entsprechendes Transformationsprojekt zu versammeln. Damals konnten unter dem Eindruck von Wiedervereinigung und rassistischen Pogromen neue antirassistische Praktiken und Theorien weite Teile der verschiedenen zivilgesellschaftlichen Strömungen erfassen und mobilisieren, indem sie die Kämpfe der Migration hervorhoben und das darin eingeschriebene demokratische Moment sichtbar machten, woraus etwa die bis heute aktive Initiative »Kein Mensch ist

* Der vorliegende Text ist eine überarbeitete Fassung meines Artikels, der in der Ausgabe »Weißabgleich« der Phase 2, Nr. 51, 2015 erschienen ist.

illegal« hervorgegangen ist. Heute steht der Komplex Antirassismus in der veränderten globalen Situation der letzten zehn Jahre und den sich in der Folge gewandelten Rassismen vor ungelösten Problemen. Er konnte vor allem keine Antworten auf die neuen rassistischen Spaltungen finden, die sich durch den antimuslimischen Rassismus und die rassifizierte Sicherheitspolitik im Prozess der europäischen Integration auftaten. Die Austeritätspolitik als ein Krieg gegen die Armen, der sich in Deutschland in der permanenten Verschärfung des Hartz-IV-Regimes ausdrückt, das von der Rot-Grün-Regierung in der Jahrtausendwende durchgesetzt wurde, kassierte darüber hinaus alle Vorstellungen, wie Exklusion, Ausbeutung und Diskriminierung im etablierten politischen Bereich abgebaut oder gar überwunden werden könnte. Die Vision einer gerechten Gesellschaft für alle scheint immer unvorstellbarer, immer undenkbarer zu werden.

In dieser sowohl theoretischen, politischen wie sinnlichen Leerstelle konnten sich Theoreme entfalten, die aus akademischen Debatten um Postkolonialismus, Intersektionalität und Gender-Studies stammen und sich vor allem auf US-amerikanische Texte der 1970er Jahre beziehen, also aus einer Zeit, in der die Civil-Rights-Bewegung entscheidende Niederlagen hinnehmen musste und in Folge dogmatische Konzepte die Linke, die Frauenbewegung und die Black-Power-Bewegung durchdrangen. Der politische Effekt dieser Debatten waren in erster Linie identitäre Selbst- und Fremdzuordnungen entlang einer Achse der Unterdrückung, denen entsprechend der jeweiligen Positionierung mehr oder weniger Deutungshoheit zugesprochen wurde. Dieses Phänomen ist indes nicht neu. Vielmehr begegnet uns in der Geschichte das Element der autoritären Formierung von (revolutionären) Bewegungen oft. Der Blick in die Geschichte lohnt sich.

Bewegungen und ihre autoritäre Formierung in der Geschichte

Als die Phase der revolutionären Erhebungen in Deutschland gegen Krieg, Kaiser und Kapitalismus 1918 bis 1921 mit ihrer militärischen Niederschlagung endete, spalteten sich viele linksoppositionelle Teile von der KPD ab, von der sie zunehmend bekämpft wurden. Diese Konterrevolution oder Bolschewisierung der kommunistischen Partei säuberte ab 1923 im Namen der Einheitsfront die eigenen Reihen von Rätekommunist*innen, anderen sogenannten Linksabweichler*innen und grundsätzlich von interner Kritik.

Mitte der 1960er Jahre ergriff ein fundamentaloppositioneller Impuls die Generation der Nachkriegskinder, der sich weltweit in Revolten gegen die bestehenden politischen, ökonomischen wie auch kulturellen Verhältnisse übertrug. Darin vollzog sich eine Abkehr von den verschiedenen westlichen KPs und ihrer Orientierung an der Sowjetunion. In diesem historischen Momentum spielte es eine untergeordnete Rolle, aus welcher Position heraus man sprach; vielmehr wurde die Bewegung von einem revolutionären Begehren getragen, das die angestrebten, indes noch unbekannten Verhältnisse, als erreichbar und unmittelbar als erlebbar antizipierte. Nicht »Wer sind wir?«, sondern »Wer wollen wir sein?« wurde zum visionären Impuls dieser kurzen aber dennoch prägenden Zeit. Ende der 1960er Jahre und spätestens im Übergang zu den 1970er Jahren erschöpfte sich dieser Antrieb – durch blutige Gegenangriffe gleichsam gelähmt und ernüchtert. Die Stunde der Funktionäre diverser maoistischer K-Gruppen hatte geschlagen, sie versuchten, die Bewegungen über deren Zenit hinaus zu stabilisieren und abzusichern. In ihrer zunehmenden Bedeutungslosigkeit verkehrten viele Linke die Dynamik von Bewegung und Organisation und machten erstere von letzterer abhängig. Die vielen Splittergruppen bekämpften sich aufs Schärfste.

Ende der 1970er Jahre verabschiedeten sich die prekarisierten Massenarbeiter*innen in den Industriezentren Norditaliens und Nordeuropas mit der Idee der Autonomie von den autoritären K-Gruppen und Parteien. In Westeuropa formte sich die Bewegung der Autonomen, die versuchte, sich gleichzeitig mit den strukturellen Bedingungen und der eigenen Person politisch ins Verhältnis zu setzen und die eigenen Utopien in befreiten Räumen wie besetzten Häusern oder Zentren umzusetzen. Dieser operaistische Impuls, der in den militanten Auseinandersetzungen migrantischer Massenarbeiter*innen geboren wurde und der nicht die Organisationseinheit hervorhob, sondern auf die vielfältigen Kämpfe der Unzufriedenen setzte, hatte seinen Zenit mit der deutschen Wiedervereinigung und den sich verschärfenden Angriffen überschritten, die im nationalen Taumel erfolgten.

Ein Zerfallsprodukt der autonomen Bewegung zu Beginn der 1990er Jahre waren die Antideutschen. Hervorgegangen aus einer dringend notwendigen kritischen Debatte um linken Befreiungsnationalismus völkischer Provenienz sowie antisemitisch gefärbtem Antizionismus, wurden alle Deutschen zu einem Vernichtungskollektiv erklärt, das abgeschafft gehöre. Das Verhältnis zum Staat Israel wurde zur Gretchenfrage ganzer postautonomer und antifaschistischer Szenen in verschiedenen Städten, die sich in der Folge erst zerlegten und dann bitter bekämpften. In dieser zum Teil vorhandenen Reduzierung gesellschaftlicher Widersprüche wurden bestimmte linke Aktionsfelder von antideutschen Gruppen denunziert und angegriffen; Teile der Antideutschen wurden explizit antilinks.

Bestimmte Strömungen des Queerfeminismus seit den 1990ern verfuhren ähnlich mit der Reduzierung und Verallgemeinerung heterosexueller Praktiken als bloßer Gewalt. Das führte dazu, dass (Hetero-) Sexualität im linken Milieu als Feld politischer Transformation aufgegeben, der politischen Auseinandersetzung entzogen und damit zur Sache des Privaten wurde. Nur in Begriffen des Verbrechens konnte über Sexismus geredet werden. Sexualität wurde stattdessen in unterschiedliche sexuelle Identitäten aufgeteilt, in einer permanent wachsenden Buchstabenschlange der partikularen Begehrensformen trennscharf eingeordnet und verlor damit ihre in der Geschichte immer wieder erkämpfte Fähigkeit zur heterotopischen Aufhebung geschlechtlicher Normierung. Gerade in diesem Bereich wurden Mechanismen entwickelt, die strukturidentisch im Critical Whiteness wiederauftauchen. Auch hier wurde der Gewaltbegriff totalisiert, das Definitionsrecht bis ins Diffuse erweitert und das Sanktionsrecht verallgemeinert.

Critical Whiteness stieß nun in die Leerstelle, die die antirassistische Bewegung der späten 1990er und 2000er Jahre hinterlassen hatte. Ende der 1990er Jahre gab es Grenzcamps, Debatten, Interventionen und Wissensproduktionen, die eine ganze Linke versammeln konnten und – zumindest sehr oft – die antirassistische Arbeitsteilung von paternalistischer Betreuung, politischer Intervention, migrantischer Selbstorganisierung und handfestem Antifaschismus zu überwinden vermochten. Es gelang, im Feld des Antirassismus gesamtgesellschaftliche Verhältnisse zu thematisieren und ausgehend vom Kampf gegen rassistische Stratifizierung Klassenverhältnisse ebenso wie Geschlechterverhältnisse radikal in Frage zu stellen.

Angesichts der neuen Weltlage seit 9/11 mit seinen islamistischen Anschlägen und Dauerkriegen in der arabischen Welt hat sich der Rassismus weltweit global verändert. Für Deutschland bedeutet dies, dass es nicht mehr primär um die soziale Subordinierung der Migrant*innen zur Sicherung der ökonomischen Stellung der Mehrheitsgesellschaft geht. Es brauchte nicht mehr den migrantischen Massenarbeiter am Fließband und die migrantische Care-Arbeiterin in den Reproduktionsberufen, um der Mehrheit der Deutschen einen Klassenaufstieg zu ermöglichen. Auch wenn diese Ausbeutungsstruktur bis heute eine

Funktion des Rassismus geblieben ist, trat nun ein neues, vor allem identitätsstiftendes Element hinzu. Der antimuslimische Rassismus evozierte einen Riss durch die migrantischen Communities; Spanier*innen, Griech*innen, Italiener*innen, Portugies*innen standen plötzlich auf der einen, Menschen aus der Türkei, dem Maghreb, Syrien, Afghanistan oder dem Irak auf der anderen Seite. Aus den ehemaligen »Kanaken« wurden nun plötzlich einerseits Europäer*innen und andererseits Muslime und Muslimas – prekarisierte Underclass blieben hingegen beide Seiten nach wie vor. Vor dieser Herausforderung geriet der bewegungspolitische Antirassismus der Generation Rostock, der sich mit Wiedervereinigung, Nationalismus und rassistischer Gewalt auseinandergesetzt hatte, in eine tiefe Krise. Es tat sich eine politische und theoretische Leerstelle auf, die bis heute kaum geschlossen werden konnte, auch wenn Aufbrüche wie die Mobilisierung rund um den NSU-Komplex oder manche Mieter*innennetzwerke immer noch Ansätze allgemeiner Bewegungsmomente generieren konnten. Dennoch entglitten der antirassistischen Bewegung allgemein die gesellschaftlichen Prozesse. Und genau in dem Moment des Bewegungsverlustes tauchten erneut autoritäre und identitäre Konzepte auf, die wie schon so oft in der Geschichte über Ausschlüsse und Drohungen Bedeutung erlangten. Dies vergegenwärtigen wir zurzeit im deutschen Kontext mit dem Phänomen Critical Whiteness.

Konzepte und Praktiken von Critical Whiteness

Die aktuellen Auseinandersetzungen zu dem Thema Critical Whiteness sind indes unbefriedigend, denn entweder verfolgen sie eine Kritik an den politischen Formen, die die Konzepte dieses Ansatzes außer Acht lassen, oder sie arbeiten sich an den theoretischen Konzepten ab, ohne sich für das reale politische Handeln zu interessieren.

Die Beschäftigung mit den CW-Theoremen verdeutlicht auf den ersten Blick zunächst ihr Potenzial, Differenzen zwischen verschiedenen gesellschaftlichen Positionen und Akteur*innen sichtbar werden zu lassen. So kann die normative Zugehörigkeit zu den Profiteur*innen von Rassismus nun selber als ein Konstrukt analysiert werden. Weißsein als unsichtbare Norm wird in seiner Gemachtheit sichtbar und darüber angreifbar. Dass die Feststellung von Ungleichheit nicht nur deskriptiv bleiben muss, sondern auch die Bedingung ihrer Aufhebung transportieren kann, zeigte sich in der historischen Situation der 1960er Jahre in den USA. Sich selbst so bezeichnende »Third World Women« wollten nicht nur ihren weißen »Schwestern« klarmachen, dass dem gemeinsamen Kampf gegen das Patriarchat noch ein veritables rassistisches Ausbeutungsverhältnis zwischen den Frauen selber vorgelagert sei. Sie machten auch darauf aufmerksam, dass die Begriffe von Schwarz und Weiß jene Frauen ausblenden, die entweder als US-amerikanische Latinas oder aber als Frauen aus der globalen Peripherie gegen ihre spezifischen Ausbeutungsverhältnisse kämpften. Der damals vorgeschlagene Begriff der »Third World Women« oder auch der sich durchsetzende Begriff »People of Color« bedeutete eine Erweiterung antirassistischer Theorien und Praktiken, eine Ausweitung der politischen Subjekte im Kampf gegen Unterdrückung. Er globalisierte die noch junge Wahrnehmung eines bedeutenden Herrschaftsverhältnisses zu einer Zeit, als mit dem Begriff »Rassismus« erst sehr wenige Linke operierten und dynamisierte sowohl die (männlich-dominierte) Black Power Bewegung als auch die (weiß-geprägte) Frauenbewegung in den USA.

Die Bezugnahme auf diese Intervention, für die Gruppen wie das »Combahee River Collective« in den 1970er Jahren stehen, ist für die deutschen Verhältnisse indes nicht stimmig, weil sie die Kämpfe gegen Rassismus nicht ausweitet wie in den USA, sondern im Gegenteil den Widerstand einer Mehrzahl von Nicht-Deutschen unsichtbar werden lässt. Whiteness – so macht auch Noel Ignatiev deutlich – ist insbesondere für die spezifischen US-Verhältnisse der korrekte Begriff, wo aufgrund der Kolonialgeschichte und einer historisch auf Sklaverei beruhenden Ökonomie Schwarze seit mehr als 300 Jahren am unteren Ende der sozialen Stufenleiter stehen. Deutschland hat jedoch eine andere Geschichte des Rassismus. Ohne das an dieser Stelle in angemessener Komplexität ausformulieren zu können, bleibt festzuhalten, dass in Deutschland ein völkischer Nationalismus herrschte und herrscht, der ebenso gegen den Erbfeind Frankreich in die Völkerschlacht zog, wie er Vernichtungsprojekte gegen die »slawische Rasse« durchführte, ebenso wie Genozide gegen die angestammten Bevölkerungen in den kurzlebigen Kolonien in Ostafrika und im heutigen Namibia am Anfang des 20. Jahrhunderts. Ihm ist ein eliminatorischer Antiziganismus und ein eliminatorischer Antisemitismus zu eigen, der Millionen von Menschen industriell ermordete; und er ist in jüngerer Zeit vor allem durch die rassistische Ausbeutung und Entrechtung von vornehmlich aus dem südlichen Europa eingewanderten Migrant*innen geprägt. Ebenso erduldeten auch schwarze Deutsche hierzulande rassistische Erfahrungen, gerade weil sie in der rassistischen Aufteilung der Gesellschaft bestimmten stereotypen kulturellen Bereichen zugeordnet wurden und werden. Doch nehmen schwarze Deutsche andere gesellschaftliche Positionen ein als die im untersten Segment der Industrie, Dienstleistung und Landwirtschaft arbeitenden Afro-Amerikaner*innen in den USA.

Hierzulande wurde diese Arbeit von den Fremd- und Zwangsarbeiter*-innen im Nationalsozialismus und nach dem Krieg von den sogenannten Gastarbeiter*innen aus Portugal, Spanien, Italien, Griechenland, Jugoslawien und der Türkei verrichtet. Sie sind es auch, die hier in den letzten vier Jahrzehnten am Fließband standen, den Müll entsorgten und die Klos putzten. Dies ist ein fundamentaler Unterschied zu der Situation in der ehemaligen Sklavereigesellschaft USA, wo Schwarze seit 150 Jahren zwar rein rechtlich dieselben Bürger*innenrechte besitzen wie weiße Amerikaner*innen, sie indes permanent strukturell und umfassend entrechtet wurden und werden, weil sie schwarz sind. Der dauernde Bezug der deutschen Critical-Whiteness-Gemeinde auf Aktivist*innen aus den USA, zum Beispiel Audre Lordes Aufenthalt in Berlin 1984, die ihre deutschen Schwestern bezüglich deren Vorstellung einer universellen Sisterhood treffend kritisierte, oder der Bezug auf die Schriften von Toni Morrison oder bell hooks sowie die Selbsteinordnung in Narrative der Diaspora macht unsichtbar, dass in den frühen 1970er Jahren hierzulande vor allem die sogenannten Gastarbeiter*innen kämpften und bluteten, sowohl in den Fabriken wie auch außerhalb. Die migrantischen Kämpfe in der BRD artikulierten dabei bereits dieselbe Kritik, wie sie frühe schwarze Feministinnen in den USA von Sojourner Truth bis Angela Davis gegenüber ihrem weißen Gegenüber formulierten: es gilt, die rassistische Spaltung zu erkennen und zu überwinden! Im Gegensatz zu den US-amerikanischen Poetinnen werden die eingewanderten proletarischen Frauen und Männer allerdings von der deutschen bürgerlichen Frauenbewegung, von der Linken im Allgemeinen wie auch von den Anhänger*innen von Critical Whiteness hinlänglich ignoriert.

Die aktuelle Fokussierung auf den historischen Kontext in den USA der späten 1970er und 1980er Jahre durch hiesige Vertreter*innen von Critical Whiteness ist ein Fehlimport, der aus einer klassenblinden diskurstheoretischen Beschäftigung mit weißer Herrschaft in Amerika herrührt und daher die Geschichte der kanakischen Kämpfe im postnazistischen Deutschland nicht in den Blick bekommt. Die daraus formulierte Trennung in und Hierarchisierung von Rassismus und Migrantismus, BPoC und Migrant*innen, die Bezugnahme auf das Combahee River Collective von 1974 unter gleichzeitiger Ausblendung des Streiks der migrantischen Arbeiterinnen in Pierburg/Neuss von 1973, ist akademisch elitär und vergrößert im Effekt die gesellschaftlichen Spaltungslinien.

Der Verweis auf rassistisch stratifizierte Menschen jenseits der Schwarz-Weiß-Dichotomie, wie sie der ursprüngliche Begriff PoC zu fassen suchte, war eine notwendige Kritik und eine wirksame Erweiterung der antirassistischen Kämpfe in den USA gewesen. In Deutschland bedeutet es hingegen eine Einengung, weil der Begriff sich nicht auf die Kämpfe der kanakisierten Migrant*innen bezieht und diese damit unsichtbar macht und ausschließt. Vielmehr wird die Rückkehr des rassifizierten Phänotyps bewirkt, der zwischen »Schwarzköpfen« und »schwarzer Haut« eine Spaltung evoziert. Auch wenn immer wieder beteuert wird, dass PoC sei, wer von Rassismus betroffen ist und sich selber dazurechne, zeigen Exklusionsmechanismen innerhalb dieser Szene, dass es mitunter um eine Hierarchisierung innerhalb der von Rassismus betroffenen Communities geht.

Elahe Haschemi Yekani erinnert in ihrer kritischen Diskussion zur deutschen Rezeption US-amerikanischer Theorien schwarzer Feministinnen, dass Intersektionalismus eigentlich angetreten war, Identitätskategorien zu veruneindeutigen, statt sie festzuschreiben und gegeneinander auszuspielen. Am deutlichsten zeigt sich die gefährliche Hierarchisierung und elitäre Ignoranz deutscher Provenienz gegenüber den kanakisierten Migrant*innen im Schweigen vieler Critical Whiteness-Gruppen nach dem Bekanntwerden der umfangreichsten rassistischen Mord- und Anschlagserie gegen die Söhne und Töchter der sogenannten Gastarbeiter*innengeneration durch die Nazizelle NSU, unterstützt von Ermittlungsbehörden, legitimiert von der deutschen Öffentlichkeit. In der Logik von Critical Whiteness, nach der Antirassist*innen vor allem weiß und ebenso rassistisch wie Nazis seien, ist es indes folgerichtig, antirassistische Plena zu sprengen, rassistische Morde aber schweigend zu übergehen.

Sprache, Privilegien und Awareness

In Critical Whiteness erscheint Herrschaft zwar strukturell, wirkt aber vor allem als individueller Kommunikationsakt. Der diskurstheoretische Reduktionismus, dass »weiße Räume« und konkrete Dominanzverhältnisse durch institutionalisierte Benennungspraxis verändert werden könnten, blendet die gesellschaftlichen Mechanismen von Rassismus aus, vor allem die Tatsache, dass Rassismus eine strukturierende Funktion für Ausbeutung besitzt. Diese Funktion wird mit der Betonung individueller Verhaltenskodizes indes unsichtbar gemacht. Was bleibt ist eine überall zu beobachtende neoliberale Innerlichkeit, die von gesellschaftlicher Veränderung nichts mehr wissen will, sondern nur noch von Ausgrenzung spricht, weil sie das Individuum gar nicht mehr als gesellschaftlich stratifiziert denken kann, sondern nur noch als individuell positioniert. Die penetrante Frage »Wo bin ich rassistisch, wo bin ich weiß, wo werde ich übersehen, wo bin ich privilegiert, wo bin ich traumatisiert, wie rede ich, wie wird mit mir geredet, wie bewege ich mich, wie wirke ich auf jemand anderes, wie fühle ich mich gegenüber den anderen?« bedeutet eine permanente Selbstergründung und -optimierung, die das Universelle nicht mehr zu denken vermag.

Rassismus ist jedoch weniger ein verinnerlichtes falsches Denken oder ein angeborenes Merkmal, das von einer Sprachpolizei eingehegt werden muss, sondern hat die strukturierende Funktion, Menschen im sozialen Raum zu verteilen und auf spezifischen Positionen zu fixieren. Das heißt, Rassismus ist kein identitäres Projekt, auch wenn es Identitäten produziert, sondern eine Funktion zur ungerechten Verteilung von Rechten und Reichtümern. Es geht weniger um Zugehörigkeiten und entsprechende Privilegien, sondern um ungleiche Rechte, die zu diesen Verhältnissen führen. Privilegien – zum Beispiel das Wahlrecht – sind überdies oft bitter erkämpfte Rechte, die eigentlich für alle gelten sollen. Eine antirassistische Perspektive hat daher im besten Falle das Erkämpfen von Rechten für alle im Blick und nicht die Durchsetzung von Repression für alle, wie es in den autoritären Awareness-Politiken von Critical Whiteness zu beobachten ist. Entmutigung oder Discomfort der Mehrheitsgesellschaft führt nicht zum Empowerment der Marginalisierten. Vielmehr braucht es eine politische Intervention, die nicht den Privilegierten das Privileg neidet, sondern es sich durch die Schaffung solidarischer Bündnisse selbst aneignet, auch gegen den Widerstand der Bevorzugten. Statt eines Rückzugs in die Gruppe vermeintlich Gleicher, verbunden mit dem Wunsch, ein immer präsentes Aufpasserteam möge jeden Schmerz ins Außen verbannen, könnte eine Orientierung auf das Kollektive im Unsortierten stehen, die das Gemeinsame an eigenen Überlegungen misst und herstellt. Dies wäre das genaue Gegenteil eines Awareness-Konzepts, in das die Regression und die Ohnmacht konstituierend eingeschrieben sind.

Schulden aus der Vergangenheit und Wechsel auf die Zukunft

Dieser Text plädiert für eine migrantische Perspektive, die sowohl ein Interesse an praktischer Intervention als auch an theoretischer Reflexion hat und in der es mit Blick auf eine andere Zukunft um den Kampf für gesellschaftliche Rechte geht statt um postpolitische Lagerbildung. Die Geschichte der Migration zeigt, dass Rassismus immer wieder überwunden werden konnte, indem Menschen Verhältnisse in einer transzendierenden Weise vorweggenommen hatten, die es noch gar nicht gab. Die eigenen aufgezwungenen Identitätsgrenzen zu überschreiten wie auch die Grenzen des Gegenübers, sind darin konstitutive Elemente, wenn es gilt, ein Terrain zu beschreiten, das noch inexistent ist, aber in diesen Momenten hergestellt werden kann. Menschen sind in ihren Identitäten nie identisch und genau aus diesen Widersprüchen heraus werden sie fähig, sich zu emanzipieren. Es geht nicht (immer nur) um die perfide Verschleierung von Machtverhältnissen, sondern um Veränderung dieser Verhältnisse, um die Schaffung von heterotopischen Orten, an denen normative Zuschreibungen – wenn auch nur temporär – ihre Gültigkeit verlieren. Diese Orte brauchen wir, denn dort gewinnen wir ein Bild von etwas, für das es sich lohnt zu kämpfen. Dass es solche Orte nicht geben kann und nicht geben darf in der Meinung vieler Critical Whiteness-Aktivist*innen, dass im Gegenteil Räume von einer selbsternannten Avantgarde permanent kontrolliert werden müssen, ist nicht nur arrogant, sondern dystopisch, traurig, hoffnungslos und vor allem bedrohlich – denn es bedeutet in der Konsequenz das Aufgeben von Kämpfen um universelle Befreiung für das repressive Versprechen auf Harmonie in der eigenen partikularen Entität.

Wir können uns nur über Glück und Befreiung vergesellschaften und nicht über das Verbrechen. Das heißt, dass Begegnung, Kommunikation und gemeinsames Handeln den Raum für Veränderungen öffnen muss, statt ihn in Vorwegnahme möglicher Verletzungen an den vermeintlichen oder realen Sicherheitsbedürfnissen verletzter oder traumatisierter Menschen auszurichten und hermetisch abzudichten. Das ist nicht leicht und auch kein Plädoyer für Härte oder Ignoranz gegenüber realen Unterdrückungserfahrungen, sondern ein Vorschlag ihrer Transzendierung – die einzige Möglichkeit der Überwindung rassistischer Spaltungen in der Gesellschaft. Dieses »wir« soll dabei weder gegeben noch voluntaristisch erscheinen. Abgrenzungslinien haben ihre Begründung und sind oft wichtig. Dieses »wir« kann sich nur in konkreten Kämpfen ausbilden, es ist ein solidarisches, kein identitäres Wir. Solidarität ist ein gegenseitiger Affekt, es kann sie nur zwischen Ungleichen geben, niemals unter Gleichen. Was fehlt, ist eine Vorstellung solidarischer Bündnisse, die auf gegenseitige Kritik, unterschiedliche Erfahrungen und gemeinsam beschlossene Lebensweisen begründet sind. Es ist dies eine Politik und eine Haltung, die auf ein besseres Leben in der Zukunft ausgerichtet sind. Das ist das Gegenteil einer auf Schulden aus der Vergangenheit abgesicherten politischen Moral. Vielmehr ist dieser Kampf ein Wechsel auf die Zukunft, der potentiell alle miteinschließt – selbst die traurigen Gestalten mit ihren schönen Privilegien.

ES GIBT DOCH EIN RICHTIG ODER FALSCH?!

Antideutsche und andere Dogmaten

Saba-Nur Cheema

Zivilgesellschaftliche Akteurinnen[1] in der Arbeit und im Engagement für Demokratie haben es immer öfter mit einem seltsamen dogmatischen Gegenwind von Links zu tun. Sei es bei der Planung der nächsten Podiumsdiskussion oder Konferenz, sei es beim Verfassen einer Pressemitteilung oder eines Aufsatzes: Die Frage nach den richtigen Referentinnen und Kooperationen sowie der richtigen Wortwahl scheint zeitweilig dringlicher, weil man einen Shitstorm fürchtet oder vermeiden möchte, dass Veranstaltungen nach Kritik und Vorwürfen kurzfristig abgesagt werden müssen. Das Problem rührt daher, dass selbsternannte Wächterinnen on- und offline sich das Recht nehmen, öffentlich Kritik zu äußern. Das kann auch mal notwendig und hilfreich sein, nur ist die Art und Weise der Kritik ziemlich unlinks im Sinne von unsolidarisch und gelegentlich diffamierend und dogmatisch. Schnell werden Personen und Einrichtungen aus Wissenschaft und Zivilgesellschaft tabuisiert, landen auf der Sperrliste und wer auch immer auf dieser Welt mit ihnen spricht oder arbeitet, gehört ebenfalls verdammt: eine simple, öde und problematische Kontaktschuldthese.

Welche Kriterien zeigen an, dass jemand auf der falschen Seite zu stehen scheint? Ganz einfach: schnell nochmal googeln, ob die Person sich schon mal pro-BDS[2] geäußert hat, denn das wäre ein No-go-Kriterium. Oder ob die Person den Islam oder das Kopftuch heftig kritisiert, auch das wäre ein Ausschlusskriterium. Oder ob sie die Black-Lives-Matter-

Bewegung – die sich gegen Gewalt gegen Schwarze einsetzt – für ihre Eindimensionalität kritisiert oder ob die Person #metoo lächerlich fand, weil mit einem Hashtag sexualisierte Gewalt nicht bekämpft werden könne. Wahlweise kann es ganze Einrichtungen betreffen: Weil die Leiterin einer Einrichtung die Bezeichnung »Farbige« in einem Einladungstext verwendete, weil eine Gegnerin der Queer-Theorien auf dem Podium einer Kultureinrichtung saß oder weil eine Einrichtung mit einem muslimischen Verein, der mal unter Verdacht stand, islamistisch zu sein, arbeitete – so können neben Einzelpersonen auch Einrichtungen verdammt und verurteilt werden. Nach dieser Logik sollen Kontroversen nicht stattfinden, denn am besten hängen alle in ihrer eigenen Bubble ab, laden am End zwecks Selbstvergewisserung nur Personen ein, die sie toll finden, mit denen sie politisch d'accord sind, um sich gegenseitig auf die Schulter klopfen zu können für eine weitere solidarische Aktion, die sie auf die Beine gestellt haben.

Nun, aus der eigenen Bubble blickend, sind es zunächst sogenannte antideutsche Stimmen gewesen, die antirassistische Arbeit kritisch prüften. Ziemlich deutlich ist antideutsche Kritik in der Linken notwendig und gewinnbringend. Zum Beispiel, wenn sie aufzeigen, dass zwischen Antizionismus und Antisemitismus nicht zu differenzieren ist oder bei Islam-Debatten zwischen Religionskritik und Rassismus für die notwendige Differenz plädieren – denn nicht jede Kritik am Islam ist gleich rassistisch. Oder aber wenn sie falsches Verständnis für einen arabischen Fußballspieler monieren, der den Fußballverein verlässt, weil ein israelischer Spieler unter Vertrag genommen wurde.[3] Nicht nur aus dieser Ecke ist die Kritik an linker Identitätspolitik treffend, dass die Gruppenzugehörigkeit von Einzelpersonen die Legitimität ihrer politischen Standpunkte bestimmt und dadurch beispielsweise antisemitische, sexistische oder homophobe Positionen und Aussagen entschuldigt. Doch manchmal schießt die antideutsche Kritik über ihr Ziel hinaus, indem die Kritik der anderen belächelt wird, um nur die eigene weißmännliche Position zu verteidigen. Daher geht es hier zunächst um die Überantideutschen, die sich zunehmend dem Rechtskonservatismus nähern, bevor es abschließend selbstkritisch um Leerstellen der eigenen Antirassismus-Bubble geht.

Die Ich-weiß-alles-besser-Antideutschen ...

... wissen vor allem eins: Wie überall und alles auf der Welt irgendwie einer Verschwörungstheorie gleicht und daher etwas mit Antisemitismus zu tun haben könnte, um nicht zu sagen: muss. Wer sind sie eigentlich? Kurzer Flashback zur Förderung des Allgemeinverständnisses: Es gibt anscheinend keine Selbstbezeichnung, es wird wohl aber unter antideutscher Bewegung eine Gruppe innerhalb der deutschen Linken verstanden, bei der folgende Themen eine Rolle spiel(t)en: Antisemitismus, das Verhältnis zu den deutschen Verbrechen im Nationalsozialismus, DDR und die Wiedervereinigung sowie Israel. Während Linkssein in Deutschland insbesondere bis zum Sechs-Tage-Krieg 1967 pro-israelisch war, änderte sich dies, nachdem Israel sich erfolgreich militärisch verteidigt hatte. Für einige in der Linken bedeutete dies, Israel nun als Aggressor und Besatzungsmacht zu sehen, und man identifizierte sich in Folge mit dem palästinensischen Kampf gegen Israel, der als antiimperialistischer Befreiungskampf galt. Diese dogmatische Unterstützung der Palästinenserinnen wurde von einem Antizionismus mit fließendem Übergang zum Antisemitismus begleitet. Ein zweites wichtiges Ereignis sind der Mauerfall und die Wiedervereinigung, in der einige junge Deutsche die Gefahr vor einem erstarkenden Deutschland und die Auferstehung eines »Vierten Reiches« sahen. Zudem kam es in den 1990ern zu rassistischen Anschlägen gegen Migrantinnen in Hoyerswerda, Rostock, Mölln, Lübeck und Solingen. Für Antideutsche waren der erstarkende Nationalismus, offen zutage tretender Rassismus sowie die Geschichtsvergessenheit und Schuldabwehr der nationalsozialistischen Verbrechen Gründe, um auf die Straße zu gehen und »Nie wieder Deutschland!« oder »Halt's Maul, Deutschland« in Schulen, Universitäten und anderswo zu skandieren.

Gut, so entstanden aus einer antinationalistischen und Antisemitismus bekämpfenden Haltung heraus antideutsche Richtungen, die sich heute auf unterschiedliche Weise in Zeitschriften wie Bahamas, Konkret oder Jungle World artikulieren. Es war und ist die Angst vor einem Nazi-Backlash in Deutschland, das die Shoah nicht aufarbeitet und vergisst, dass sich Antisemitismus insbesondere durch die Umwegkommunikation »Israelkritik« ungebremst und unwidersprochen verbreitet. Einigen, den Überantideutschen, fehlt allerdings das richtige Maß der Kritik: Für viele gelten Israelis oft pauschal in paternalistischer Manier als Opfer, sie sehen sich ungefragt als deren Sprachrohr, erleben gelegentlich Momente der Überidentifikation mit Israel und einige wären bestimmt selbst gerne jüdisch und israelisch. Sie kommen nicht damit klar, was ihre (Ur-)Großeltern taten und fordern auf dogmatische Weise bedingungslose, also No-matter-what-happens-Solidarität mit Israel, denn hierin sehen sie ihre Verantwortung als Nachkommen der deutschen Täterinnen. Geschmacklos witzeln sie auch mal über das »Plattmachen von Gaza« und wünschen damit Palästinenserinnen den Tod.[4] Stimmen von jüdischen Israelis, die allzu oft für hiesige, antisemitische und antiisraelische Diskurse instrumentalisiert werden – wie beispielsweise Moshe Zuckermann oder Uri Avnery, die den Rechtsruck in Israel oder die Politik Israels den Palästinenserinnen gegenüber kritisieren oder Überlebende der Shoah wie Esther Bejarano, Kinder von Shoah-Opfern wie Rolf Verleger, ehemaliges Mitglied des Zentralrats der Juden in Deutschland, die sich für friedliche Lösungen mit Palästinenserinnen einsetzen – werden als »Alibi-Juden« oder »linke Antisemiten« beschimpft.[5] Außerdem werden Personen, die die Boykottbewegung BDS befürworten, die Israel kritisieren, die solidarisch mit Palästinenserinnen und/oder aus religiösen Gründen (auch noch!) kopftuchtragende Musliminnen sind, und diejenigen, die Antisemitismus nur von rechts als größte Gefahr sehen und dadurch den muslimischen Judenhass bagatellisieren – als höchst problematisch eingestuft. Über all diese Aspekte kann ordentlich und konstruktiv gestritten werden, es muss auch keinen Konsens geben, solange die Absage an Antisemitismus der Grundkonsens bleibt, denn Dissense müssen ausgehalten werden – alles, was eben innerhalb der Linken möglich sein muss, anstelle eines langweiligen dogmatischen Schwarz-Weiß-Denkens. Es ist leichter, Personen per se zu verurteilen, wenn sie mit den »Falschen« reden oder posieren, sie aus Diskussionen auszuschließen, nur weil einem selbst die streitbare Meinung nicht passt. Aber man muss nicht gleich durchdrehen, wenn Kritik an Israel geäußert wird und man muss auch nicht Musliminnen und Antirassistinnen für dumm erklären und dazu ellenlange Blogartikel verfassen, die nur das beschreiben, was die selbst eingestellte Filterbrille sehen möchte. Das alles macht man übrigens gerne unter Pseudonym, versteckt hinter irgendwelchen ominösen Kollektiven, und in Interviews bleibt man lieber anonym. Da haben wohl einige immer noch »Angst vorm Schwarzen Mann«?

Das Flirten mit Rechts

Früher antideutsch, heute rechts: Schulterschluss mit rechts von links, auch das hat es schon oft gegeben und aus der antideutschen Szene tönen immer öfter rechtskonservative Positionen. Aktuell gibt es schon die nächsten Kandidatinnen mit einer offenen Flanke nach rechts: Nämlich jene, die bei einer Kundgebung des Bündnisses »Berlin gegen Islamismus«[6] neben zahlreichen AfD-Politikerinnen und Mitgliedern der

Identitären Bewegung auftreten oder auf ihren Online-Auftritten die AfD »objektiv als einzige Stimme der Restvernunft im Deutschen Bundestag, zuweilen gar als parlamentarischer Arm materialistischer Ideologiekritik« bezeichnen.[7] Diese vermeintlich logische Volte wird mit der von AfD-Mann Alexander Gauland erklärten Solidarität mit Israel anlässlich der Bundestagsdebatte zum 70. Gründungsjubiläum Israels begründet. Dieser klang mal anders: Gauland stellte einen Tag nach der Bundestagswahl 2017 – danach wurde er eines Besseren gebrieft – noch in Frage, ob das Existenzrecht Israels deutsche Staatsräson sei.[8] Bündnisse mit und Zugeständnisse zu einer Partei, die eine offensive rassistische Agenda hat, und mindestens Sympathien für Ideologien von Nazis zeigt, ist alles andere als links. Dass Rechtspopulistinnen durch eine oberflächliche Solidarität mit Israel sich als schützende Partei für jüdisches Leben stilisieren, ist ein Trugschluss: Mehrere AfDlerinnen verklicken sich anscheinend immer nur dann, wenn es sich um antisemitische Posts handelt, wie beispielsweise der AfDler Marius Radtke, der auf seiner Facebook-Seite einen antisemitischen und den Holocaust verharmlosenden Artikel teilte, oder der AfDler Hans Peter Stauch, der mit dem Teilen des Videos »Die Macht der Rothschilds« antisemitische Verschwörungstheorien über die jüdische Familie verbreitete.[9] Insbesondere aus deutschjüdischer Sicht wird der Trugschluss angezeigt, zuletzt mit der aktivistischen Reaktion »AfNee! Diese Alternative ist nicht koscher!« auf die nicht nennenswerte Gründung der »Juden in der AfD« im Sommer 2018. Apropos Paternalismus: Diese Reaktion von repräsentativen deutschjüdischen Einrichtungen und Personen wurde aus antideutschen Ecken als Antwort hilfloser Betroffener dargestellt, die ja nicht anders könnten, als so eine Erklärung zu verfassen, da sie auf »das Wohlwollen der demokratischen Mehrheit angewiesen« seien, die gerade gegen die AfD ist.[10] Ergo, wenn die AfD irgendwann ein paar mehr Prozente zu verzeichnen hat, wählen automatisch mehr Jüdinnen die AfD, weil das ja am ehesten die Partei ist, die ihnen zusagt.

Jüdinnen, die Jüdinnen bei der AfD kritisieren, und Israelis, die die Politik Israels kritisieren – das überflüssige Konzept der Kronzeugenschaft wird (glücklicherweise!) bei vielen Antideutschen nicht anerkannt,[11] aber hört, hört: Musliminnen, die den Islam kritisieren, das ist eine Ausnahme, das funzt! Die muslimischen Kronzeuginnen mit dem Insiderblick wissen natürlich, was Sache ist – denn sie kommen aus der ominösen muslimischen Community und sprechen endlich mal Tacheles. Dass muslimische Islamkritikerinnen bei der muslimischen Community und bei antirassistischen Bündnissen eher unbeliebt sind, führe sie aus Verzweiflung dazu, Einladungen seitens rechtskonservativer Gruppen und Parteien anzunehmen, denn es will ihnen ja sonst niemand zuhören – außer, naja, massenweise Main- und Sidestream-Medien. En vogue ist die Feindschaft gegen (antisemitische) Musliminnen und das muslimische Kopftuch, die die Fusion zwischen Überantideutschen und rechten Akteurinnen besonders geschmeidig macht. Tatsächlich ist neben dem Antisemitismus von rechts der Judenhass von muslimischer und/oder migrantischer Seite ein immer größer werdendes Problem in Europa. Dass der Antisemitismus von Musliminnen und Migrantinnen von den meisten Parteien kaum benannt und unzureichend thematisiert wird, sollte aber für linkspolitisches Handeln nicht bedeuten, die AfD für ihren trügerischen Einsatz gegen Antisemitismus zu loben, der insbesondere über Muslim- und Migrantinnenfeindlichkeit artikuliert wird. Es ist ein Fehler der großen Parteien und anderer, den dogmatischen Szenen, den Judenhass in muslimisch-migrantischen Milieus zu leugnen oder aus Angst vor dem Rassismusvorwurf nicht zu thematisieren. Das Thema den Rechten – oder Rechts-Antideutschen – zu überlassen, ist fatal.

Die Anderen (Dogmatikerinnen) …

… sind wiederum diejenigen, die per se nicht darüber sprechen möchten, wie groß, klein, tief oder fatal beispielsweise das muslimisch-migrantische Antisemitismusproblem ist. Antirassistinnen, glühende Verteidigerinnen der postkolonialen Theorien, einige People of Color. Zweifelsohne ist die Antirassismusarbeit, das Aufzeigen der Nach- und Auswirkungen des europäischen Kolonialismus sowie der Kampf gegen die strukturelle Benachteiligung von marginalisierten Gruppen eine Aufgabe der linkspolitischen Kritik. Jedoch äußern sich auch hier vereinzelt sowie in Gruppen dogmatische Haltungen. Beispielsweise bei jenen, die jegliche Kritik an Missständen in Staaten des globalen Südens mit den Folgen des Kolonialismus erklären, und anderen, die jegliche Kritik am Islam oder muslimischen Leben als rassistisch decodieren; oder anderen, die Genugtuung empfinden, wenn sie die Ausschlussregeln ihrer Safe Spaces erklären, oder jenen, die Weißen ständig ihre Privilegien vorhalten; und dann noch bei denjenigen, die Intersektionaliät als größte Errungenschaft des 20. Jahrhunderts feiern. Es handelt sich hierbei oft um weiße Menschen, die Critical-Whiteness-Seminare besucht haben und die Selbstreflexion und die Erkenntnisse über die bestehenden Missstände als schmerzlich empfinden, was folgt ist eine Überidentifikation mit den Opfern, um diesen Schmerz ertragen zu können. Sie wissen, dass sie keine Dreadlocks oder Hennabemalung tragen dürfen, sie sind tendenziell paternalistisch und sprechen für alle (pass the mic!), empfinden jegliche Kritik am muslimischen Kopftuch als freiheitsraubend und gegen das Selbstbestimmungsrecht der Frauen gerichtet; sie ermahnen andere, wenn sie die falschen Begriffe für die Bezeichnung von Minderheiten verwenden, sie nehmen sich das Recht, Menschen auszuschließen, wenn sie die potentielle Betroffenheit in

Not-Safe Spaces (er)spüren. Es geht aber auch um die real betroffenen Personen, BIPOC (»Black, Indigenous, People of Color«), die den Kampf gegen White Supremacy zwar als oberstes Ziel erachten, aber erstmal alles und alle mit ihrer persönlichen Betroffenheit kontern. Es sind diejenigen, die tatsächlich von Rassismus und anderem Hass betroffen sind und strukturelle Benachteiligungen erleben. Es sind diejenigen, die anders als der Großteil der Linken nicht zum mächtigeren weißdeutschen »Wir« zählen, sondern als »die Anderen« gelten. Selbstkritisch muss gesagt werden: Auch hier neigen einige zur Überidentifikation mit einem privilegierten Kollektivleid.

Antischwarzer, antimuslimischer und antiziganistischer Rassismus, Missstände, Ungerechtigkeit und Benachteiligungen müssen benannt und bekämpft werden. Fragwürdig sind hier der dogmatische Ton und der durch Betroffenheit emotionalisierte moralische Appell, die das Schwarz-Weiß-Denken fördern. Dass bei den Forderungen und Kämpfen eine elitäre Sprache verwendet wird, die vor Dos and Don'ts strotzt und die nur Kennerinnen verstehen, ist eine weitere Baustelle. Die eigentliche Basis, die sich gar nicht als BIPOC begreift, bekommt von Diskussionen über N- und Z-Worte nicht viel mit und setzt sich mit anderen rechtlichen und ökonomischen Fragen auseinander. Sie werden in den Kämpfen zwar nicht immer ganz vergessen – doch wenn Rassismus am Ende nur noch über die Frage »Woher kommst Du?« erklärt wird, dann wird das Ausmaß des strukturellen und institutionellen Rassismus bagatellisiert.

BDS und andere besonders dumme Sachen

Was viele aus dieser – ziemlich ungreifbaren und heterogenen – Bewegung immer noch nicht verstanden haben, ist der Weg zur Erlangung des Halal-Siegels, um in Deutschland richtig links zu sein. Es geht um die Gretchenfrage »Wie hältst du's mit Israel?« und nun ja, immer öfter auch BDS. Der Irrweg vieler Linker, die Boykottbewegungen gegen Israel zu unterstützen und sich mit Palästinenserinnen, die per se als Unterdrückte gelten, zu identifizieren, irritiert. Begründet wird dies unter anderem mit der antiimperialistischen Haltung, die Israel »Siedlungskolonialismus« vorwirft und durch das angeblich verschwörerische Bündnis mit der Weltmacht USA die neokoloniale Ära etabliert sieht; auch wird Israel (wie kein anderes Land) für die Benachteiligung von Minderheiten (den arabischen Israelis) angeprangert und die Solidarität mit palästinensischen Friedensbewegungen bedingungslos unterstützt. Ob da auch mal das Existenzrecht von Israel infrage gestellt wird, bleibt eine unbeachtete Frage. Besonders bitter ist das, wenn international und auch in solchen Kreisen sehr anerkannte Wissenschaftlerinnen, wie beispielsweise die Ikone der postkolonialen Theorien Gayatri Chakravorty Spivak Israel als Kolonialstaat definiert und »in Palästina« eine heutige »Version des territorialen Imperialismus und Staatsterrorismus alter Prägung« am Werke sieht sowie Verständnis für Selbstmordattentate zeigt.[12] Eine einseitige und geschichtsrelativierende Interpretation der Situation in Israel und jener der Palästinenserinnen ist weit verbreitet. Dabei wird nicht mal ein Gedanke darauf verwendet, dass die Gründung des Staates Israel ein Effekt der Shoah war. Die Siedlungspolitik der aktuellen israelischen Regierung muss man nicht gutheißen, um zumindest das als Tatsache zu akzeptieren – und damit als grundlegenden Unterschied zu jeder Form von »territorialem Imperialismus«. Klar, eine grundsätzliche Gemeinsamkeit in der linken Gesellschaftskritik ist die kompromisslose Absage an den Imperialismus. Aber Israel imperiale Bestreben oder Kolonialismus vorzuwerfen, ist mindestens genauso absurd, wie Reverse Racism.

Ähnlich wie andere Dogmatikerinnen werden von diesen Vertreterinnen Kronzeugenschaften nur selektiv anerkannt: »Jüdische Israelis unterstützen doch auch BDS! Und es gibt doch so viele Israelis, die Israel und die Siedlungspolitik kritisieren.« Ah ja. Aber muslimische Islamkritikerinnen sind Nestbeschmutzerinnen und die schwarze Frau, die nichts gegen die H&M-Werbung hatte, welche einen kleinen schwarzen Jungen im Pulli mit der Aufschrift »Coolest Monkey in the Jungle« zeigte – diese Frau ist eine Verräterin?

Viel gestritten wurde in den letzten Monaten über Personen aus dem Organisationskreis des feministischen Protestbündnisses in den USA, des sogenannten Women's March, der zum ersten Mal am Tag nach der Amtseinführung von US-Präsident Donald Trump stattfand. Während inzwischen deutlich geworden ist, dass es bei diesem mehrere problematische und antisemitische Äußerungen über Israel und Jüdinnen gab, bleibt ein Irrtum bestehen: Ein Bündnis mit einem inklusiven Ansatz, der allen Marginalisierten eine Stimme gibt, scheitert beim Thema Antisemitismus.[13] Ganz undogmatisch, also untypisch flexibel, werden von einigen aus dem Bündnis ausgerechnet Männer gelobt, die für islamistische und antisemitische Positionen stehen. Gelobt werden sie für ihr Engagement für Schwarze und Musliminnen. Genau hier wird es widersprüchlich und absurd. Ein inklusiv gedachtes Bündnis darf den Hass gegen eine Gruppe nicht zulassen. Dann wäre man wenigstens konsequent. Denn zu anderen Fragen gibt es klare Haltungen: wann Kritik am Islam nur noch Rassismus ist oder wann Polizeikontrollen nur noch rassistischen Prinzipien folgen. Schwammig und letztlich unsolidarisch wird es interessanterweise immer dann, wenn es um Jüdinnen geht. Umgekehrt wird es wieder dogmatisch: Die Dämonisierung

Israels und die Unterstützung von Boykottbewegungen gilt ausnahmslos.

Zurück und abschließend wieder zu Deutschland: Natürlich sind auch hier Selbstkritik und Selbstreflexion Teil von linkspolitischem Handeln. Dass beispielsweise DEUTSCHE BIPOC einen biografisch anderen Zugang zur Erinnerung an die Shoah haben, sollte in ihrem Kampf nach Zugehörigkeit und Anerkennung in der – nicht nur postkolonialen! – sondern auch postnazistischen deutschen Gesellschaft dringend mitreflektiert werden. Ob sie sich nun BIPOC, Neue Deutsche, Deutschplus oder Postmigrantinnen nennen: Antisemitismus nur in der Aufzählung von gruppenbezogenen Menschenfeindlichkeiten zu nennen, reicht nicht aus. Es geht auch darum, die Anfälligkeit für antisemitische Verschwörungstheorien und die Überidentifizierung mit der unterdrückten Palästinenserin zu hinterfragen.

Über Schwarz-Weiß-Denken, dogmatische Verhaltensweisen und überspitzte Haltungen kann noch seitenlang diskutiert werden. Es bleibt zu erinnern, dass solidarisches Streiten und Kritisieren im linken Lager möglich sein muss. Die vorsichtige Ein- und Ausladepolitik kann in bestimmtem Maße natürlich weiterhin auf der Agenda stehen. Im Kampf gegen völkische Ideologien und für die demokratische Pluralität muss aber noch viel gestritten werden. Nur wird Kritik von den Adressierten erst dann ernst genommen, wenn sie konstruktiv ist. Auf die Leerstellen der Expertinnen für den *anderen* Kampf hinzuweisen, muss nicht auf diffamierende Weise geschehen. Das können aber nur diejenigen gut, die genuin an einer Veränderung und Verbesserung der gesellschaftlichen Stimmung interessiert sind.

Anmerkungen

1 Aus Gründen der Lesbarkeit wird bei Personenbezeichnungen die weibliche Form gewählt, es ist jedoch immer die männliche Form mitgemeint.
2 Das heißt pro der internationalen Bewegung Boycott, Divestment and Sanctions (kurz: BDS), die Israel wirtschaftlich, kulturell und politisch isolieren will.
3 »Ägyptischer Moderator: Liverpool-Star Salah kann nicht mit Israeli spielen«, in: mena-watch, 05.01.2019. Online abrufbar unter: https://www.mena-watch.com/aegyptischer-moderator-liverpool-star-salah-kann-nicht-mit-israeli-spielen/ [letzter Zugriff: 05.01.19].
4 Post der Königlich Bayerischen Antifa am 14.11.2018 auf Facebook. Online abrufbar unter: https://www.facebook.com/koeniglichbayerischeantifa/posts/nein-vernichtungs fantasien-sind-keine-israelsolidaritaet-mit-dem-slogan-transform/1315767411894391/ [letzter Zugriff: 03.01.19].
5 Stock, Christian: »Die Ideologisierung der Angst« https://jungle.world/artikel/2003/23/die-ideologisierung-der-angst; — »Kein Raum für Antisemitismus« auf: NachDenkSeiten, o. D. Online abrufbar unter: https://www.nachdenkseiten.de/up load/pdf/161110_Freiburg_Kein_Raum_fuer_Antisemitismus.pdf — Kalbe, Uwe, »Zeit der Verleumder«, in: Neues Deutschland, 08.02.2018. Online abrufbar unter: https://www.neues-deutschland.de/artikel/1078911.antisemitismus-und-linke-zeit-der-verleumder.html [letzter Zugriff auf alle: 02.01.2019].
6 Anlässlich des ersten Jahrestages des islamistischen Anschlags auf dem Weihnachtsmarkt am Breitscheidplatz: Gürgen, Malene: »Mit der AfD gegen Islamismus«, in: Taz online, 20.12.2017. Online abrufbar unter: http://www.taz.de/!5469470/ [letzter Zugriff: 02.01.2019].
7 Post von Thomas Maul am 09.05.18 auf Facebook. Online abrufbar unter: https://de-de.facebook.com/664646443561152/posts/immer-wieder-erscheint-die-afd-objektiv-als-einzige-stimme-der-restvernunft-im-d/2406724599353319/.
8 Peters, Benedikt: »AfD streitet über Haltung zu Israel«, in: Süddeutsche Zeitung, 25.09.17. Online abrufbar unter: https://www.sueddeutsche.de/politik/bundes tagswahl-afd-streitet-ueber-haltung-zu-israel-1.3682734 [letzter Zugriff: 02.01.2019].
9 Chronik antisemitischer Vorfälle 2018. Online abrufbar unter: https://www.amadeu-antonio-stiftung.de/die-stiftung-aktiv/themen/gegen-as/antisemitismus-heute/chro nik-antisemitischer-vorfaelle-2018/ [letzter Zugriff: 02.01.2019] Den Post von Hans Peter Stauch erklärten Expertinnen als eindeutig antisemitisch, dazu: Korf, Katja: »Neue Antisemitismus-Vorwürfe gegen AfD-Landtagsabgeordneten«, in: Schwäbische, 11.09.18. Online abrufbar unter: https://www.schwaebische.de/sueden/baden-wuerttemberg_artikel,-neue-antisemitismus-vorw%C3%BCrfe-gegen-afd-landtagsab geordneten-_arid,10931097.html.

10 Schneider, David: »Kein Recht auf extreme Meinungen. Zur Kampagne gegen zwei Dutzend Juden in der AfD«, in: Bahamas [80/2018]. Online abrufbar unter: http://redaktion-bahamas.org/artikel/2018/80-kein-recht-auf-extreme-meinungen/ [letzter Zugriff: 02.01.2019].

11 Wobei: Jüdinnen in der Initiative »Juden in der AfD« werden von der AfD und von Rechts wohl eher als Kronzeuginnen gesehen.

12 Spivak, Gayatri Chakravorty: »Wer hört die Subalterne? Rück- und Ausblick«, in: Luxemburg, Dezember 2014. Online abrufbar unter: https://www.zeitschrift-luxemburg.de/wer-hoert-die-subalterne-rueck-und-ausblick/ [letzter Zugriff: 03.01.19].

13 Stockman, Farah: »Women's March Roiled by Accusations of Anti-Semitism«, in: The New York Times, 23.12.2018. Online abrufbar unter: https://www.nytimes.com/2018/12/23/us/womens-march-anti-semitism.html [letzter Zugriff: 03.01.2019].

ALLES NUR GEKLAUT

WTF ist eigentlich Cultural Appropriation?

Deborah Krieg

Vier Szenen und drei Fragen auf der Suche nach einer Antwort:
1. Ein hölzerner Totempfahl auf einem Spielplatz
2. Eine Buddha-Figur als Dekoration
3. Ein Tribal-Tattoo am Oberkörper
4. Ein*e Weiße*r mit Dreadlocks

Definition

Ist das kulturelle Aneignung?
Antwortmöglichkeiten:
☐ nein ☐ ja ☐ manchmal ☐ kommt drauf an

Am Anfang steht die Frage: Was meint kulturelle Aneignung?

Wenn eine Gruppe von Menschen Elemente der Kultur einer anderen Gruppe (Kleidung, Musik und Tanz, Schmuck, Symbole ...) übernimmt oder kopiert, fällt das allein noch nicht unter den Begriff der Cultural Appropriation. Die Übernahme wird dann feindlich und zur kulturellen Aneignung, wenn sie historische Ausbeutungsbeziehungen, Machtgefälle und Übergriffe fortschreibt. Eine Vereinnahmung findet statt, wenn zum Beispiel die Anerkennung von Urheberschaft und Leistung oder eine angemessene Beteiligung an Erfolgen und Profiten versagt bleibt. Wenn Sinn und Bedeutung – auch trotz Protesten – ignoriert oder entstellt werden.

Missachtung, Umdeutung, Deformation und Ausbeutung

Totempfahl: Der Fall des Totempfahls ist relativ unschwer als eine weitverbreitete Praxis kultureller Aneignung zu dechiffrieren. Gerahmt von Tipi-Freizeitdörfern, Powwows in Deutschland, Tschechien und Polen, untermalt von »Indianer«-Kostümen an Fasching oder Wild-West-Fantasien quer durch Literatur, bildende Künste und Medien. Die ursprüngliche, politische und soziale Bedeutung des Pfahls als Identitätszeichen spielt keine Rolle oder wird von Zuschreibungen überlagert.

Der historische Hintergrund wird ausgeblendet. Eine Vielzahl unterschiedlicher Menschen, Gruppen, Kulturen und Lebensweisen wurde zu »Indianern« homogenisiert und zur Verfügung gestellt: Dasein, Besitz und (Be)Deutung wurden geraubt, wurden und werden (aus)sortiert und angepasst, zivilisiert und diszipliniert, in Form gebracht. Die kulturellen Zeichen, Ideen, Wissen und Praxen von verfolgten, ausgebeuteten und ermordeten Menschen wurden in ihrer realen Ausformung im Zuge von Assimilationspolitik und Verfolgung abgewertet, unterdrückt oder ausgelöscht. Erst im Zuge der Debatten um ein drittes Geschlecht zum Beispiel wurde erinnert, dass die koloniale Mission vielen Gesellschaften eine geschlechtliche Dualität erst aufgezwungen hatte. Gleichzeitig wurden in der Kommunikation und Erzählung über jene Anderen ihre Kulturen umgeformt, neu gedeutet, folklorisiert, infantilisiert, romantisiert oder exotisiert. Ein Aneignungsprozess ohne Rücksicht oder moralische Bedenken. Dazu gehören nicht nur scheinbar harmlose, aber wirkmächtige Erzählungen wie die von Karl May, sondern auch Pathologisierungen und Essentialisierungen bei der Erklärung sozialer Probleme in den Reservaten der Vergangenheit und Gegenwart.

Der Totempfahl als Spielgerät missachtet den Hintergrund von Gewalt durch koloniale Expansion und Mission – sonst könnte er so nicht funktionieren.

Buddha-Figur: Nicht viele Symbole der fünf Weltreligionen haben es geschafft, in diesem Maß zu einem kontextunabhängigen Dekorationsobjekt und zur Massenware zu werden, der auch keine andere als eine dekorative Funktion zugewiesen wird. Trotz einer langen Tradition von Austausch und Beschäftigung mit dem Buddhismus im »Westen« ist das Wissen darüber bei den meisten eher emotional und sehr diffus. Das Bild von Langmut, Körperbeherrschung und Friedfertigkeit, besonders in Person von buddhistischen Mönchen, lässt sich vielfach selbst durch die Berichterstattung über die Rolle von Mönchen bei der Verfolgung der Rohingya beispielsweise nicht irritieren. New-Age-Lebensgefühl und esoterische Zugriffe haben einen prägenden Einfluss auf die schmückenden Anwendungen, die Buddha-Statuen zum Verkaufsschlager in Baumärken, Gartencentern und Deko-Läden machen. Auch hier gibt es wenig Bezug zu buddhistischen Lehren und Praxen. Die positiv konnotierte Aneignung liegt heute vermutlich stärker in Akteur*innen Hollywoods als in Asien begründet.

Tribal-Tattoo: Begriff und Formen des Tribal-Tattoos bedienen sich bei uralten Traditionen aus unterschiedlichsten Kontexten, sie homogenisieren, verflachen und deformieren vielfältige Praxen, vornehmlich von den polynesischen Inseln. Die Renaissance kultureller Handlungen, welche langen Prozessen der Marginalisierung unterworfen waren, als Teil von Selbstbewusstsein und Widerstand gegen institutionelle Rahmenbedingungen und Machthierarchien ging bei den Tribal-Tattoos in den 1990er Jahren in einen echten Boom dominanzgesellschaftlicher Reproduktion über. Auch hier hat die ursprüngliche Bedeutung für ihre Träger*innen sowie deren gewaltvolle Erfahrungen und Geschichte(n) seit der kolonialen Expansion für die meisten gegenwärtigen Rezipienten keinerlei Bedeutung.

Weiße Dreadlocks: Black is beautiful: Die Reklamation Schwarzer Haare ist Teil einer langen Emanzipationsgeschichte, die immer wieder von kulturellen Aneignungen begleitet oder überlagert wurde. Dazu gehören Afro, Dreadlocks oder Cornrows. Die weiße Hoheit über marginalisierte Körper wirkt tief. Der 1940 erstmals durchgeführte und 2010 wiederholte »Doll Test« belegt, wie tief rassistische Stereotype wirken und auch von Betroffenen internalisiert werden. Unabhängig von ihrer eigenen gesellschaftlichen Positionierung, fanden Kinder weiße Puppen mehrheitlich schön, nett und gut. Die Schwarze Puppe wurde hingegen als schlecht, böse und hässlich ausgedeutet. Das Infragestellen weißer Schönheitsideale ist also mehr als ein rein symbolischer Akt, auch aktive Selbstbehauptung und Heilungsprozess. Die politische Kategorie des Schwarzseins beziehungsweise des Nicht-weiß-Seins wird zu einem wesentlichen Teil über die Haare definiert und verhandelt. Zur Abwertung von außen kommen unendlich viele Formen der Selbstverleugnung und -verstümmelung hinzu. Versuche, den Makel zu lindern oder loszuwerden, werden wiederum kommerzialisiert und befördern die weitere (Selbst)Ausbeutung. Traurige Bekanntheit hat eine Werbekampagne von Nivea 2011 in den USA erlangt, in der unter dem Slogan »Re-civilize yourself« Pflegeprodukte angeboten wurden, deren Effektivität dadurch bebildert wurde, dass ein kurzhaariger Schwarzer einen bärtigen Kopf mit Afro von sich schleudert. Wenn nun also weiße Menschen Dreadlocks tragen, tragen sie sowohl den »Makel« als auch das Widerstandssymbol gegen rassistische, unveränderbare Fremdbestimmung und Abwertung. Einen Makel, den sie freiwillig an-, aber auch wieder ablegen können.

In allen gezeigten Fällen ist also von kultureller Aneignung im Sinne einer historischen und gegenwärtigen Macht- und Ausbeutungsverhältnissen gegenüber unsensiblen Vereinnahmung auszugehen. Die Frage, die zu häufig sehr emotional geführten Debatten führt, ist hier vielmehr diejenige nach der (Un)Angemessenheit solcher Praxen und die Frage danach, wer die Deutungshoheit darüber innehaben soll.

Ein hierfür oft ins Feld geführtes Kriterium ist das der handlungsleitenden Motivation. Aus welcher Haltung heraus findet die kulturelle Aneignung statt?

Bewertung

Warum verwenden Menschen kulturelle Elemente, die möglicherweise Teil kolonialer Ausbeutungs- und Gewaltgeschichte sind? Was motiviert sie?

Antwortmöglichkeiten:

- ☐ Weil sie keine Ahnung davon haben und es einfach schön finden.
- ☐ Weil sie damit etwas Positives verbinden (Kraft und Stärke, Naturverbundenheit und Freiheit, Spiritualität…).
- ☐ Weil es »in« ist und sie es übertrieben finden oder es ihnen egal ist, wenn sich andere missachtet oder ausgebeutet fühlen.
- ☐ Weil sie sich mit den Betroffenen verbunden fühlen und sich solidarisch zeigen möchten.

Zwischen (Des)Interesse, (Über)Affirmation, Paternalismus und Solidarität

Totempfahl: Zum Beispiel die Elterninitiative Kunterbunt. Die Kinder spielen gerne »Indianer«, klettern viel und sind bei jedem Wetter draußen. Die Elterninitiative hat deshalb Geld gesammelt und in einem einjährigen Projekt gemeinsam mit den Kindern mit viel Liebe zum Detail einen Abenteuerspielplatz gestaltet und aufgebaut. Hölzerne Tipis und ein Totempfahl bilden das Herz der Anlage. Hier ist eine kleine Werkstatt untergebracht, in der Pfeil und Bogen hergestellt werden können, es gibt ein Lagerfeuer mit Kochmöglichkeit, viele Klettermöglichkeiten und Verstecke. Naturnahes und umweltbewusstes Spielen und Lernen war den Eltern besonders wichtig.

Buddha-Figur: Zum Beispiel Michael und Tanja F.: Vor drei Jahren haben sie sich ihren Traum vom eigenen Wellness-Resort erfüllt und eröffneten den »Temple of Spa«. Das Entree des Spa wurde mit viel Liebe dekoriert. Bambusgrün, Beige und ein warmes Grau sind die dominierenden Farben, ein Indoor-Brunnen ist Teil eines ausgefeilten Klangkonzeptes, eine Sitzlandschaft im Zentrum lädt zum Verweilen ein. In ihrer Mitte ist eine steinerne Buddha-Figur platziert. Sie kommuniziert meditative Ruhe und Gelassenheit. Die Gäste sollen sich von Beginn an wohl und entspannt fühlen. »Der Raum gleicht einer respektvollen Umarmung«, beschreibt es der Architekt.

Tribal-Tattoo: Zum Beispiel Sanne F.: Ihren Oberkörper ziert ein kleines Kunstwerk. Vor einigen Jahren schon wagte sie den wohl überlegten Schritt und ließ sich tätowieren: »Ein Tattoo? Ja, aber welches? Schließlich bleibt es einem für immer. Etwas Ornamentales eignet sich da besser als etwas Figuratives. Denn wer weiß schon, wie man in zehn Jahren über Drachen, Sternchen, Blumen oder Engelsflügel denkt? Tribals sind beliebt und können trotzdem individuell gestaltet werden. Es sollte schließlich kein Mainstream-Arschgeweih, sondern sowohl ästhetisch als auch stilvoll werden. Überzeugt hat dann der Hinweis, dass es auch kosmetisch nützliche Aspekte dabei gibt. Die Linienführung kann nämlich so gesetzt werden, dass sie den Körper positiv formt und – ganz dezent natürlich – die erotische Ausstrahlung unterstützt. Die Entscheidung liegt jetzt 15 Jahre zurück – ohne einen Tag der Reue!«

Weiße Dreadlocks: Zum Beispiel Johannes K.: Er trägt seit vielen Jahren Dreads. Mittlerweile sind sie gut 30 cm lang. »Kaum ein Vorurteil wurde ausgelassen. Verfilzte Haare? Schmutzig und ungepflegt –von wegen. Gerade blonde Dreads brauchen sehr viel Pflege. Hippie, Assi, linke Socke, nur am Ausschlafen und ewig bekifft. Kaum jemand ohne eine klare Vorstellung darüber, wie und warum eine andere Frisur besser wäre. Für die Liebe, für die Karriere, bei der Wohnungssuche ... Dreadlocks sind also eine bewusste und durchaus aufwändige Entscheidung. Sie sprechen zu ihrer Umgebung, man setzt sich aus – Verstecken ist unmöglich. Also keine Frisur, sondern ein Statement. Ein echtes Lebensgefühl!«

Die Motivationen hinter Formen von Cultural Appropriation sind vermutlich so heterogen wie die Personen, die sie ausüben.

Viele Menschen reagieren emotional, empört und mit großer Abwehr auf die Vorhaltung kultureller Aneignung. Emanzipatorischen Argumenten werden hegemoniale Ansprüche unterstellt.

Immer wieder wird konstatiert, in dem Vorwurf stecke eine »Re-Essentialisierung«, dass Menschen damit auf eine Andersartigkeit, die Zugehörigkeit zu einer homogenen Kultur und einer gemeinsamen historischen Erfahrung festgeschrieben und damit vereinheitlicht würden.

So gäbe es in einigen Fällen also wenig Unterschied zu den gleichzeitig verurteilten, ethnopluralistischen Kultur-Modellen. Im Versuch, sich gegen Diskriminierung zu stellen, würden selbst gruppenspezifische Diskriminierungen vorgenommen, wenn zum Beispiel Weißen per se das legitime Tragen von Dreadlocks abgesprochen wird. In einigen Fällen werden dann sogar Analogien gezogen, zur NS-Zeit, zur Stasi oder zu rechtsextremen Ideologien, es wird vor Sprachpolizei und Kulturwächtern gewarnt. Der Vorwurf kultureller Aneignung viktimisiert also unschuldige, interessierte, weltoffene Menschen und etabliert neue Gewaltverhältnisse?

Handlung

Wenn ich weiß, dass eine Handlung vermutlich im Kontext Kultureller Aneignung steht, tue ich es dann trotzdem?

Antwortmöglichkeiten:
☐ nein ☐ ja ☐ manchmal ☐ kommt drauf an

Die Kritik an kultureller Aneignung ist sowohl Teil von Kritik an gesellschaftlichen Machtverhältnissen als auch von emanzipatorischen Strategien Betroffener im Umgang mit Alltagsdiskriminierung und Mikroaggressionen.

Aber sind diese konstruktiv, subversiv oder regressiv? Ändern Forderungen nach der Einstellung bestimmter Handlungen gesellschaftliche Realitäten wirklich oder eskalieren sie und ziehen Gräben, wo Brücken notwendig wären? Findet ein Kampf an den falschen Fronten statt und wird nicht den erklärten Widersachern in die Hände gespielt, denen es nur darum geht ihre Privilegien zu verteidigen? Ist es klug als

Marginalisierte (potentielle) Alliierte zu verprellen oder wichtig paternalistische Haltungen zu markieren, die letztlich bestehende Verhältnisse reproduzieren? Und ist kulturelle Aneignung gleich kulturelle Aneignung, oder sollten nicht Unterscheidungen gemacht werden, kommt es nicht immer auf den Kontext an? Muss man weiße Fragilität vielleicht doch als Verletzungsgeschehen ernst nehmen, oder ist es eben doch nur eine perfide Strategie der Schuldabwehr, der Zwilling selbstgefälliger Aufgeklärtheit »farbenblinder« Antirassist*innen?

Und warum haben eigentlich rechtspopulistische Gegenanklagen eine so große Konjunktur und erfreuen sich einer wachsenden Beliebtheit? Die Empörung über Korrekturen durch BIPOC (Black and Indigenous People / Person(s) of Color) sind häufig durchaus massentaugliche Versuche einer Täter-Opfer-Umkehr, der sich auch Menschen bedienen, die sich selbst sonst durchaus als rassismuskritisch verstehen. Geraten sie nicht in massive Koalitionsverunsicherungen, wenn sie pauschale Kritik an Identitätspolitiken üben?

Man könnte ein wenig polemisch formulieren: Wir befinden uns in einer Auseinandersetzung mit einer jahrhundertlangen Dominanzkultur, deren Gewaltausübung so etabliert ist, dass sie (meist) unhinterfragt Deutungshoheit darüber behält, was normal ist und was nicht, was zivilisiert und was wild (was Glaube und was Aberglaube, was Kultur und was Folklore ...), also was an- und was unangemessen ist. Eine Dominanzkultur, deren Normkonzepte unser aller Wahrnehmung gestalten, unsere Körper, unsere Beziehungen und unser Wohlgefühl. Und nun – ohne groß Konsequenzen androhen oder umsetzen zu können – wollen marginalisierte Stimmen plötzlich bestimmen, was geht und was nicht?! Kommt klar drauf!

Kulturelle Aneignungen sind kritikwürdige Verhaltensweisen. Wenn ihnen von Betroffenen ausschließlich mit verzeihendem Verständnis und Langmut begegnet wird, wenn sie hauptsächlich durch die Brille der Anerkennung der großen Anstrengungsleistung Privilegierter bei ihren Bemühungen um Neupositionierung gesehen werden und jede*r selbsternannte*r Allierte*r im Schongang begleitet und betreut wird, mutiert Ohnmacht zu Absolution. Dann wird eine Kritik an kulturellen Aneignungen zur Entschuldigung für das Entdecken und Benennen problematischer Praxen und Onkel Toms Hütte zum Open House vergemeinschaftet.

Wenn aber stattdessen zum Beispiel junge weiße Männer augenrollend den (alten) weißen Mann zum Antitypen erklären und jedes Argument mit einer erläuternden Selbstpositionierung beginnen (»Ich selbst spreche aus einer privilegierten, weißen Position …«), verkommt Kritik dann nicht zum bloßen Ritual von Überaffirmation und Selbstvergewisserungsprozessen derjenigen, die »auf der richtigen Seite« agieren? Wenn mit Verweis auf kulturelle Aneignungen Ausschlüsse oder gar die Pathologisierung Einzelner begründet werden, wenn die Markierung kultureller Aneignungen ausschließlich im Duktus der Überführung und Verurteilung vorgenommen wird, werden dann nicht sehr persönliche Bewältigungsstrategien universalisiert?

Man könnte also zum Schluss kommen, dass die Ungleichzeitigkeit von Selbstverständnissen, und (Selbst)Reflexionsvermögen, von Eigen- und Fremdwahrnehmung, Ansprüchen und Verstrickungen Teil einer (notwendigen) Auseinandersetzung mit realen, gesellschaftlichen Verhältnissen ist. Dass es eben keinen einfachen, eindeutigen, bindenden und bleibenden Verhaltenskodex geben kann. Dass ein solcher vielmehr einen unverzeihlichen Stillstand propagieren würde.

Auch die Erkenntnis oder eben das Abstreiten kultureller Aneignung als historische und gegenwärtige Praxis bietet kein einfaches, duales System der Welterklärung. Es bleibt den Einzelnen letztlich nicht erspart, immer wieder neu zu hinterfragen und selbst zu entscheiden, welche Handlungen beibehalten und welche abgelegt werden oder für welche Veränderungen oder Konservation man zu streiten bereit ist. Und dann die Konsequenzen zu (er)tragen. Aktives (Ver)Lernen ist Anstrengung.

ALLES RICHTIG GEMACHT, UND MIT STERNCHEN

Der Bilderbuchfeminismus von #MeToo zwischen Populismus, aktivistischen Reflexen und neurechtem Punk

Eva Berendsen

Kill your darlings
Altes publizistisches Sprichwort

Kurz vor Weihnachten, Breaking News: Mehrere US-amerikanische Radiosender wollen den Saisonschlager »Baby it's cold outside« nicht mehr spielen. Ein Duett aus den Vierzigern. Es geht so: Er will sie überreden, die Nacht bei ihm zu verbringen. Sie ziert sich, er drängt sich auf. Sie singt immer wieder: »Nein, nein, nein«. Er: »Liebling, es ist kalt da draußen«. Sie erkundigt sich skeptisch, was in dem Drink sei, den er ihr anbietet. Er zieht an ihrem Mantel, drückt sie ins Sofa. Baby it's cold outside. Aus heutiger Sicht, sagt ein Moderator eines Senders aus Cleveland, wirke die Botschaft des Songs doch manipulativ und falsch. Die Reaktionen auf die redaktionelle Entscheidung fallen erwartungsgemäß aus: Applaus und Genugtuung auf der einen Seite. Auf der anderen Häme und Gezeter: Die lustfeindliche Meinungsdiktatur namens MeToo habe auch noch das stimmungsvolle Weihnachtsfest auf dem Gewissen.

Am Ende eines langen Jahres der Debatte um sexualisierte Gewalt, die mit dem Vergewaltigungsvorwurf gegen den Hollywood-Produzenten Harvey Weinstein ausgelöst wurde und kurze Zeit später über den Hashtag MeToo in den sozialen Netzwerken eine unvergleichliche

Dynamik entfaltete, nach einem Jahr, in dem MeToo-sei-Dank so ziemlich alles gesagt, geschrieben und gesprochen wurde, was man über das Geflecht aus Sex, Macht und sexualisierter Gewalt sagen, schreiben und in Mikrophone sprechen kann (nein, Sie haben natürlich recht: Es ist nie genug!), hat die Euphorie über das aufklärerische Potential der Kampagne ihren Zenit längst überschritten: Es wird sich missverstanden und gestritten, was das Zeug hält. Rechte mit Linken und die wieder mit Libertären und umgekehrt. Feministinnen gegen Feministinnen gegen Queertheoretiker*innen. Frauen gegen Frauen. Und Männer auch. Über MeToo zu schreiben? Ein ambivalenzbeschwingter Tanz auf dem Vulkan. Denn MeToo hat so viel richtig gemacht, dass es weh tut.

Es ist die Stärke von MeToo, dass alles auf den Tisch kam, was mit Sexismus, sexualisierter Gewalt und sexueller Belästigung zu tun hat. Die Millionen Geschichten über Vergewaltigung, Nötigung und Übergriffe, des Belästigens, Begrapschens, Begaffens, die für Mädchen und Frauen unterschiedlich intensiv, aber doch zum Alltag gehören, künden davon, wie ihre Integrität, das Sicherheitsgefühl und das Selbstverständnis, da draußen, in einer von Männern dominierten Welt unterwegs zu sein, massiv beeinträchtigt sind. Baby, it's cold outside! Und dabei handelt es sich eben nicht um Geschichten aus den Vierzigern, sondern verblüffenderweise um geteilte Erfahrungen aus einer Zeit, in der – auch dank der erfolgreichen Kämpfe der feministischen Bewegung – die sexuelle Selbstbestimmung der Frau genauso zum Grundkonsens westlicher Demokratien gehört wie das Recht auf Bildungs- und Chancengleichheit.

Nein, ein plumpes Kompliment und schlechter Sex sind nicht dasselbe wie Vergewaltigung. Aber ja, auch plumpe Komplimente und schlechter Sex kamen im Rahmen von MeToo zur Sprache und warfen die Frage auf, warum Frauen plumpe Komplimente auch in der heutigen Zeit notorisch weglächeln und die eigenen Grenzen immer wieder überschreiten lassen, warum sie nicht einfach zusammenpacken, wenn's keinen Spaß macht und der Typ nicht gut riecht und schlecht küsst und allgemein unangenehm wird. Die Zweifel, das Unvermögen, für die eigene Lust und Unlust einzutreten, ist nach wie vor eine politische Frage, die auf den Tisch gehört.

Dass alles auf den Tisch kam, wird MeToo zur Schwäche in einer Zeit, in der in der Aufmerksamkeitsökonomie der sozialen Medien Befindlichkeiten und Betroffenheiten Followerpower versprechen. Inzwischen ist schwer auszumachen, ob der Tweet über eine mikroaggressive Alltagspraxis noch als Beitrag zum Verständnis der Bandbreite sexualisierter Gewalt gelesen werden kann – oder ob es nicht eher um ein Dazugehören zu einer Opfergemeinschaft geht, in der die Guten fein säuberlich von den Bösen, die Engel von den Teufeln unterschieden werden. Wer schon nicht mit einer eigenen Vergewaltigung punkten kann, mag ja ein Bild von der Auslage des Playboys am Bahnhofkiosk posten: #MeToo. So lieferte MeToo die eine oder andere Steilvorlage für den beschleunigten Umlauf von Ressentiments, die rechte, reaktionäre und konservative Kreise sowie die sogenannte Mitte der Gesellschaft gegen den als monolithischen Block imaginierten Feminismus in Stellung bringen – das betrifft etwa die Vorverurteilungen beziehungsweise das Outing mutmaßlicher Täter in aller Öffentlichkeit, was auch von einer Reihe Feminist*innen als unverhältnismäßige Selbstjustiz kritisiert wurde. Das betrifft auch manch verblüffend offen zur Schau gestellte weibliche Hilflosigkeit, was wiederum vor allem Männer für ihre Verächtlichmachung zu nutzen wussten: »Natürlich ist sexuelle Nötigung böse, aber wenn Du jemanden am Telefon hast, der zu masturbieren scheint, dann kannst du natürlich immer, du weißt schon, auflegen«, witzelte der Autor Andrew Sullivan (2018) im New York Magazine auf Basis eines Witzes von Comedy-Star Dave Chapelle. Kann man und sollte man, Jungs, aber wer hat euch gefragt? Man kann dem Peiniger sogar eine ganze Armada feministischer Racheengel im Stil von Stieg Larssons eigenwilliger Hacker-Protagonistin Lisbeth Salander vorbeischicken. Man kann auch, wie die französische »Skandal«-Autorin Virginie Despentes, sich in dem ihr eigenen drastischen Vokabular darüber wundern, dass – *Content Note* Gewalt gegen Männer – »es noch keinen Gegenstand gibt, den du dir in die Möse stecken kannst, wenn du ausgehst, und der den Schwanz des ersten Arschlochs zerfetzt, der da einzudringen versucht.« Aber es gibt ja auch noch keine funktionstüchtige Pille für den Mann. Und keine Frauenquote. Man kann es auch etwas gesellschaftsanalytischer angehen, wieder mit Despentes, die mit Blick auf die Erfahrung in Folge ihrer Vergewaltigung schreibt: »Ich bin nicht wütend auf mich, dass ich nicht gewagt habe, einen der Kerle umzubringen. Ich bin wütend auf eine Gesellschaft, die mich erzogen hat, ohne mir je beizubringen, einen Mann zu verletzen, der mir mit Gewalt die Beine spreizt, während die gleiche Gesellschaft mir eingetrichtert hat, dass das ein Verbrechen sei, von dem ich mich nicht mehr erholen dürfe.« (Despentes 2018, S. 50).

Man kann sagen, dass MeToo die ganze Misere des heterosexuellen Regimes, an deren Herstellung Frauen wie Männer aktiv beteiligt sind, ungeschönt ans Tageslicht brachte. »Die heterosexuelle Ästhetik will mir die sexuellen Unterschiede als natürliche Gegebenheiten verkaufen, sie will den Mann auf die Rolle des Aggressors und die Frau auf die des Opfers festschreiben«, heißt es in einem Debattenbeitrag des Queertheoretikers Paul B. Preciado (2018). In diesem geschlechtlichen Ancien Régime würden RoboCops (Männer) und Außerirdische (Frauen) aufeinandertreffen in einem seit Ewigkeiten eingeübten Theater aus Beherrschen und Beherrschtwerden, Verführen und Verführtwerden. Wie ermüdend, wie grotesk und brutal sich dieses Theater ausnimmt, in dem Frauen ihre zugewiesene Rolle als passive Opfer und Männer als aktive Täter immer wieder neu performen – auch davon handelt MeToo, man könnte sagen: auf fast schon erschöpfende Weise. Kein Wunder, dass viele Feministinnen, vor allem Lesben und Queers, sich langsam genervt aus der Debatte verabschieden. »Have fun«, adressiert Transmann Preciado an die unverbesserliche Hetero-Gemeinde, »aber lasst uns nach unserer eigenen Politik des Begehrens vögeln, ohne Mann und Frau, ohne Penis und Vagina, ohne Axt und Gewehr.« Vermutlich sind die schönen, queeren Begehrenswelten in echt nicht immer ganz so herrschaftsfrei, wie sie hier verkauft werden. Aber geschenkt.

Trotzdem zieht der Vorwurf, MeToo würde Frauen auf ihre Rolle als Opfer festnageln, nur mittelmäßig, denn: Gute Opfer schweigen (Despentes). Sie erzählen nicht ihre Leidensgeschichten der Presse oder – wie die Psychologieprofessorin Christine Blasey Ford bei ihrer Aussage gegen den republikanischen Richter Brett Kavanaugh – dem Justizausschuss des US-Senats und einer breiten Öffentlichkeit. Sie teilen sie nicht mit aller Welt in 280 Zeichen auf Twitter. Wer Hashtag-Aktivismus für Pipifax erklärt, hat seine Dynamik, sein Potential und seine demokratietheoretische Relevanz nicht begriffen – ohne Social Media und die Memefabrik der Alt-Right wäre Donald Trump nicht Präsident. Ohne die hartnäckigen Kämpfe von in den sozialen Medien aktiven Frauen und Women of Color, die sich von regelmäßigen Shitstorms in ihrem Tun nicht entmutigen lassen, hätten die rechtsoffenen, antifeministischen Kerle aus den Untiefen der Blogger- und Trollszenen ihre misogyne Dystopie längst wahr machen können: »Es gibt keine Mädchen im Internet.« (zitiert nach Nagle 2018, S. 137). Wer moniert, MeToo würde sich in überkommener differenzfeministischer Tradition auf die Belange von Cis-Frauen konzentrieren und jene von queeren und anderen Gendern vernachlässigen, hat die flammende Rede von Natalie Portman nicht gehört, in der die Schauspielerin forderte, dass nicht nur Frauen, sondern auch LGBTIQ-Personen und Menschen mit Beeinträchtigungen mehr Sichtbarkeit in Filmen bekommen müssten. Selbst der Vorwurf, die Debatte sei klassistisch und elitär, verfängt nicht mehr so richtig, seitdem Hollywood-Schauspielerinnen vorbildlich ihre Privilegien gecheckt und solidarische, intersektionale Allianzen mit Landarbeiterinnen in Kalifornien geschmiedet haben, um gemeinsam sexualisierte Gewalt gegen Angestellte, Kellnerinnen, Lohnarbeiterinnen und Hausmädchen zu bekämpfen. MeToo gönnt sich keine symbolische Leerstelle, MeToo macht alles richtig. Bilderbuchfeminismus – und genau das ist vielleicht das größte Problem zu einem Zeitpunkt, da der lange unterhalb des Radars der etablierten Medien und vorrangig in Internetforen wie Tumblr, Reddit und 4chan ausgefochtene Kulturkampf zwischen akademisch-aktivistischen Linken auf der einen Seite und Neuen Rechten auf der anderen mit dem amerikanischen Präsidentschaftswahlkampf die breite Öffentlichkeit der westlichen Welt erreicht hat und zu neuen Spaltungen führt.

»Trump ist der neue Punk«, sagt Milo Yiannopoulos (zitiert nach Walter 2018), (gefallener) Star der amerikanischen Alt-Right-Bewegung*, ehemaliger Autor des neurechten Nachrichtenportals Breitbart, mit einem Schwarzen verheirateter Rassist, homosexueller LGBTIQ-Feind, jüdischer Antisemit und somit in keine identitätspolitische Schublade zu quetschender, aber erklärter Feminismus-, Feministinnen- und Frauenhasser (vgl. Berendsen/Erkens/Uhlig 2017): »What better way to piss off your parents, teachers, and society than to vote for Daddy?« Der von Yiannopoulos auf gezielt verstörende Weise als Papa bezeichnete Präsident ist für den gebürtigen Briten der neue Bürgerschreck für das 21. Jahrhundert und war genau deshalb in seiner Bewerbung um das Präsidentenamt zu unterstützen – nicht trotz, sondern wegen seiner bisweilen menschenfeindlichen Attitüden, nicht trotz, sondern wegen seines Sexismus (»Grab them by the pussy. You can do anything«). Yiannopoulos zerrupft und bespuckt gnadenlos alles, was dem links-liberalen bis konservativen Mainstream heilig ist. Besonders genüsslich sezierte er dabei zu Beginn seiner Karriere die Blüten

* Zum Zeitpunkt der Drucklegung ist nicht absehbar, ob Yiannopoulos' Auslassungen über Pädophilie zu grenzverletzend für die Fortsetzung seiner Karriere sind.

linker Identitätspolitik, wie sie sich anfangs in subkulturellen Internetblasen entfaltete. Die aktivistischen Gegenproteste an Universitäten und die Sperrung seines Twitter-Accounts beflügelten seine Karriere noch, machten ihn zu einer Art Märtyrer (vgl. Nagle 2018, S. 66). Der Tabubruch, die Grenzüberschreitung und die Regelverletzung gehören zum Markenkern dieser kruden Szene der Alt-Right, die Trump zum Wahlsieg verholfen haben, vom Meme-produzierenden Troll bis zur ihren mit einem Bein im Mainstream stehenden Stars. Die Anteile an Rassismus, Antisemitismus, Islamfeindlichkeit, Sexismus, Antifeminismus, Trans- und Homosexuellenfeindlichkeit usw. schwanken. Was sie alle zusammenhält, sei, wie Angela Nagle in ihrem viel diskutierten Buch »Die digitale Gegenrevolution« schreibt, die Liebe zum Spott: »Dieser zielte auf die Ernsthaftigkeit und moralische Überheblichkeit eines liberalen intellektuellen Konformismus ab, der ihnen ausgelaugt schien und zu dem sie das liberale Establishment genauso zählten wie mehr oder weniger militante, in den schrulligsten Ecken von Tumblr und der Campus-Politik beheimatete Aktivist_innen.« (Nagle 2018, S. 9)

Früher stellten der konservative Staat und die Kirche die Normen auf. Heute, glaubt man in dieser Szene, werden die gesellschaftlichen Spielregeln nach den erfolgreichen Kämpfen der Linken seit den späten Sechzigern komplett von einem angeblich linksliberalen Mainstream diktiert. Wissenschaft, Politik und Medien werden dabei als verweiblicht imaginiert: Wo Du hinguckst, überall Frauen an den Schaltknüppeln der Macht! Milo, wie ihn sowohl Fans als auch Feind*innen beim Vornamen nennen, trägt gerne ein T-Shirt mit der Aufschrift: »Feminism is Cancer«. Yiannopoulos sagt, das Krebsgeschwür des Feminismus habe in die vitalsten Sektoren der amerikanischen Gesellschaft gestreut. Jene, die dieser verschwörungstheoretischen Phantasie einer feministischen Übermacht anhängen, finden überall Indizien für den Genderwahn: natürlich auf Tumblr, wo die Liste der Geschlechter vom Alexigender bis zum Technogender hunderte Einträge lang ist (vgl. Nagle 2018, S. 90). Inzwischen kann man aber auch im vergleichsweise betulich-bürgerlichen Facebook zwischen 60 Geschlechter-Optionen auswählen. Und ein Weihnachtsklassiker wird aus dem Programm gestrichen. Weitere Belege liefern immer wieder aufs Neue die Campus-Kriege um Redefreiheit, Safe Spaces und Trigger-Warnungen, mit denen Student*innen auf möglicherweise belastendes Unterrichtsmaterial hingewiesen werden sollen – das betrifft sexistische Werke in Weltliteratur und Kunst genauso wie Gesetzestexte zur sexuellen Selbstbestimmung und sexueller Gewalt, wie sie in Jura-Seminaren üblicherweise auf dem Lehrplan stehen (vgl. Seeßlen 2015). Wenn Hillary Clinton im Wahlkampf Ausdrücke wie »Check your privilege!« oder »Intersektionalität« verwendet (Nagle 2018, S. 88), bedient sie sich genau des Vokabulars, das an geisteswissenschaftlichen Fakultäten der Universitäten und in aktivistischen Kreisen längst zum Kanon gehört.

Auch wenn klar sein muss, dass hier Äpfel mit Birnen verglichen werden, so verhält sich der Einzug der akademisch-aktivistischen Sprechweisen in den allgemeinen Gebrauch im Prinzip spiegelbildlich zur Normalisierung der Sprache und Metaphern, die in rechten, maskulinistischen und antifeministischen Internetnischen gepflegt wird. Da kann man gleich in Deutschland bleiben: Der Journalist Jens Jessen bezeichnet MeToo in einer großen *Zeit*-Titelgeschichte »Der bedrohte Mann« als Triumph eines totalitären Feminismus, Harald Martenstein zielt in seiner beliebten wie gehassten Kolumne in einem betonten Kunstgriff auf einen Vergleich von MeToo mit dem Stalinismus ab. Wenn die rechtskonservative Publizistin Birgit Kelle in der *Welt* sich darüber echauffiert, »wer blöde Komplimente bereits zum Sexismus hochstilisiert, muss sich auch die Frage gefallen lassen, wo denn die Solidarität mit denjenigen Frauen ist, die täglich Sexismus, Beleidigungen, Nötigungen oder gar körperlichen Übergriffen ausgesetzt sind, die nicht aus der hetero-weißen Klischee-Ecke stammen«, dann hört sich das eigentlich ganz genauso an wie die Verlautbarungen der wenigen Frauen, die in der rechtsradikalen Identitären Bewegung aktiv sind und die offene Flanke von MeToo im Rahmen ihrer 120-Dezibel-Kampagne als »de[n] wahre[n] Aufschrei« in einem Verschweigen der eigentlichen Sexualtäter ausmachen – das sind in ihrer Sicht muslimisch-migrantische, geflüchtete Männer. Weil man das ja nicht so stehen lassen kann, ist es natürlich notwendig, an dieser Stelle darauf hinzuweisen, dass spätestens seit der Kölner Silvesternacht 2015 im Rahmen einer regelrechten Hetzkampagne von rechts ein kolonial-rassistisches Feindbild heraufbeschworen wird, das feministische Kritik an sexualisierter Gewalt absorbiert und im Sinne einer flüchtlingsfeindlichen Agenda verkehrt. Gegen diese Dynamik hatte etwa das aktivistisch-feministische Bündnis #ausnahmslos versucht zu intervenieren. Der Mann darf wieder in die Rolle des Beschützers eines wehrlosen Hascherls schlüpfen. Liebling, draußen ist es nicht nur kalt – da lauert auch noch der Schwarze Mann. Wenn man so will, bringt der olle Schlager das auf den Punkt, was feministische Jurist*innen das »Kriminalitätsfurchtparadoxon« nennen (vgl. Hark/Villa, S. 47): Der öffentliche Raum gilt für Frauen als gefährlich, das Zuhause als geschützter Ort – dabei verhält es sich empirisch genau umgekehrt, ist »ihre körperliche Integrität und sexuelle Selbstbestimmung genau dort ungleich stärker von Gewalt bedroht als in der Öffentlichkeit.« Parallel zur Debatte um Antisemitismus unter Geflüchteten aus islamischen Ländern lässt sich sagen: Wir müssen den Sexismus nicht importieren, denn der Vergewaltiger hat es sich daheim schon längst gemütlich gemacht – er ist ja unser Vater, unser Onkel, unser Bruder, unser Freund des Hauses.

Und gleichzeitig hilft es auch in der Debatte um sexualisierte Gewalt nicht weiter, im Sinne eines falsch verstandenen Antirassismus reflexhaft vom Tisch zu wischen, dass das Patriarchat in den verschiedenen Regionen der Welt unterschiedlich ausgeprägt ist und sich die Spezifika sexistischer Praktiken und patriarchaler Werte auch in der Sozialisation von Jungen unterschiedlich äußern. Es ist alles andere als abwegig, dass Männer aus Ländern, in denen eine rigide, auch religiös motivierte Werte- und Sexualmoral herrscht, in denen Frauen kaum Rechte haben, kein Auto fahren, kein Konto eröffnen und nicht ohne die Einwilligung ihres Gatten arbeiten dürfen, dass diesen Männern ein problematisches Frauenbild zu eigen sein könnte, das sich auf spezifische Weise von jenem der im Westen sozialisierten Geschlechtsgenossen unterscheidet, also unserer Väter, unserer Onkel usw. Das muss natürlich nicht bedeuten, dass wir die Grenzen dichtmachen und straffällige Geflüchtete abschieben sollten, wie es Vertreter*innen des rassistischen Antisexismus und des ressentimentgeladenen Feminismus fordern. Das kann im Gegenteil bedeuten, dass man sich für entsprechende sozialpolitische Maßnahmen, für Prävention, mehr Sozialarbeiter*innen, effektiveren Opferschutz und einen besseren Zugang zu Frauenhäusern und Beratungsstellen einsetzt (vgl. Esra Erdem, zitiert nach Hark/Villa 2017, S. 80). Während das intersektionale Lager noch dabei ist, die Grenzen des Sagbaren an der Schnittstelle von Rassismus und Sexismus auszuloten, kommen wir nicht umhin festzustellen, dass Fake News immer wahrer werden: dass nämlich »jedes falsche Wort eines weißen alten Sacks aus Übersee« (Birgit Kelle) den Feministinnen hierzulande mehr am Herzen zu liegen scheint als die Sicherheit von (deutschen) Frauen. Wir würden in die Falle der Identitätspolitik tappen, wenn wir uns Frauen vor allem als demokratische, solidarische, auf Kooperation statt auf Konkurrenz geeichte, eher progressive als reaktionäre, friedliebende Geschöpfe vorstellten. Und dabei ihre Offenheit für menschenfeindliche Ressentiments unterschlagen, die in Zeiten der Krise der sozialen Reproduktion umso virulenter werden können. Wer es sich leisten kann, löst das Problem der Vereinbarkeit von Familie und Beruf heute mit – mehrheitlich migrantischen – Nannys, Hausangestellten und privaten Pflegekräften. Wer nicht, muss sich nach Feierabend noch um Kinder und Küche, Alte und Kranke kümmern. Und das tun zu einem überwältigen Großteil immer noch Frauen. Der Rechtspopulismus bietet in diesem komplexen gesellschaftlichen und ökonomischen Krisenszenario passgenaue Feindbilder an, die den wahren Schuldigen außerhalb des eigenen Kollektivs verorten: Die von außen kommende Gefahr der migrantischen jungen Männer lenkt von den eigenen gewalttätigen Verwandten ab. Der von innen die Gesellschaft zersetzende Feminismus trägt in dieser (Wahn)Vorstellung die Verantwortung für den Imageverlust der Hausfrau und Mutter – und diese Diagnose ist tatsächlich gar nicht mal so falsch – sowie die viel zu hohen Ansprüche des neoliberalen Karrierefeminismus, Kinder und Karriere perfekt unter einen Hut bringen und gleichzeitig noch die Partnerin mit kaum nachlassendem Sexappeal und -drive geben zu müssen. Der Kampf für das Gendersternchen erscheint vor diesem Hintergrund als Luxusproblem, der Aufschrei wegen eines Klapses auf den Po oder eines Kommentars zum Dekolleté auch. Von Genderfluidity und Fatphobia habe man – angeblich – ohnehin noch nie etwas gehört.

Um solche Feinheiten und Widersprüche müssen sich Rechtspopulist*innen und die Alt-Right freilich nicht kümmern. Im Gegenteil: Genau daraus schlagen sie Kapital. Die Identifikationsangebote der Aktivistinnen aus der Identitären Bewegung etwa ermöglichen jungen Frauen einerseits die Pflege eines traditionellen Frauen- und Familienbildes, das ästhetisch an die Vintage-Vorlieben des Instagram-Zeitalters angepasst ist – selbstgebackene Cupcakes, geflochtene Zöpfe, Spitzendeckchen, irgendwas mit Natur im gleißenden Gegenlicht. Andererseits dürfen Frauen sich hier auch als Aktivistinnen, als politisch Handelnde inszenieren. Die Frauen, die sich in der »Women for Trump«-Kampagne wiederum zusammengeschlossen haben, haben die feministischen Empörungswellen satt. Sie sagen: »Donald Trump ist erfrischend.« Und: »Donald Trump is a lot of fun.« Gavin McInnes, Erfinder des Hipster-Magazins Vice und enfant terrible der Medienwelt, etablierte auf der Höhe der MeToo-Welle mit dem satirischen Proud Boys

Network einen alternativen Safe Space, in dem Männer unter anderem wieder unkontrolliert sexistisch sein können. Seine ehemalige Kollegin auf dem konservativen kanadischen YouTube-Kanal »The Rebel Media«, Lauren Southern, hat sich in ihren Videos darauf spezialisiert, Teilnehmer*innen von Slutwalks – also feministischer Demonstrationen, die sich gegen die Täter-Opfer-Umkehr bei Vergewaltigungen wenden – bei laufender Kamera zu provozieren und bloßzustellen. Auch die Aktion »The Triggering« trägt die Handschrift von Southern, die mit 396.000 Followern auf Twitter beeindrucken kann: Über den Nachrichtendienst wurden antifeministische Nutzer*innen dazu aufgerufen, betont beleidigende Tweets abzusetzen, um ihr Recht auf freie Meinungsäußerung durchzusetzen (vgl. Nagle 2018, S. 63). Während auf den amerikanischen Uni-Campus Regularien verschärft werden, um Machtmissbrauch von Professor*innen und Dozent*innen zu sanktionieren und manche Kommentator*innen wie der Queertheoretiker Jack Halberstam schon von einem Klima der Sexpanik und -paranoia sprechen, gibt Yiannopoulos die hedonistische Parole aus: »Der beste Sex ist gefährlich, transgressiv.« (zitiert nach Walter 2018) Die Alt-Right hat die originär linke Taktik des Tabubruchs, der gezielten Grenzverletzung und des Aufbaus einer subversiven Gegenkultur (siehe Rüttenauer in diesem Band) erfolgreich gekapert und für ihre Zwecke umgedeutet. In Europa ähneln die meisten »metapolitischen« Aktionen der Identitären in ihrem Betätigungsfeld des rassistischen Antisexismus noch eher der linksliberalen Aufschreieritis, die diese Szene ja eigentlich so gerne bekämpfen will – so richtig transgressiv war die Störung einer Podiumsdiskussion auf der Berlinale 2018 zum Thema sexuelle Belästigung in der Filmbranche ja nicht. Aber kann ja noch kommen. In den USA ist man da unglücklicherweise schon weiter: Dort versprechen die kantigen Typen der Neuen Rechten mit ihrer verlotterten Sexualmoral und ihren ironisch-sarkastischen Unterhaltungsangeboten Teilen der Jugend vielleicht tatsächlich mehr Entertainment als manche Amazon- oder Netflix-Serie mit betont progressiver Agenda für das Zielpublikum der jungen, feministisch inspirierten Millennials mit Bachelor-Abschluss. Wenn man in polemischer Absicht ihren bestärkenden Effekt unter den Tisch fallen lässt, kann man sagen: politisch korrekte Kulturformate für die, die ohnehin schon alles richtig machen.

Die Erfolgsbilanz dieses Bilderbuchfeminismus fällt im Fall von MeToo und mit Susan Faludi (2018) gesprochen paradox aus: »The Patriarchs Are Falling. The Patriarchy Is Stronger Than Ever«. Während also eine beträchtliche Anzahl namhafter Patriarchen wie Weinstein und Bill Cosby durch MeToo zu Fall gekommen sind, steht das Patriarchat stabiler da als je zuvor. Man schaue nur auf die ganzen durch die Trump-Regierung vorgenommenen Budgetkürzungen, die vor allem Frauen, am heftigsten Schwarze Frauen und Women of Color treffen. Das MeToo-Paradox entsteht laut Faludi durch den Fokus der Debatte auf Tätern statt auf die sozioökonomischen Strukturen, die Geschlechterungleichheit absichern und immer wieder neu herstellen. Es ist natürlich einfacher gegen einen Dämon zu mobilisieren als gegen ein kompliziertes, in Teilen entpersonalisiertes System, in dem man sich mit eher sperrigen Themen wie Gesundheitsversorgung, gleiches Geld für gleiche Arbeit, mit dem Kleingedruckten des Sexualstrafrechts und dem ganzen prekarisierten Bereich der von (migrantischen) Frauen geleisteten Sorge- und Pflegearbeit auseinandersetzen muss. Und man bleibt bequem auf der Seite der Gewinner*innen: »To fight the devil is to be on the side of the angels, to assume the mantle of virtue and purity.« Die politische Arena sei dagegen kein Platz für Engel. Und ihre Siege vollziehen sich laut Faludi langsam, sie sind dabei oft unvollständig und fehlerhaft. Die Hochphase der Engel hat ihren Zenit allmählich aber auch überschritten. Lass rausgehen. Eine Lösung für die Krise der sozialen und ökonomischen Reproduktion findet sich dort, wo es kalt ist. Wo es weh tut.

Verwendete Literatur

Berendsen, Eva / Erkens, János / Uhlig, Tom): »Natürliche Feind*innen. Über die Verschränkungen von Antisemitismus und Sexismus«, in: Mendel, Meron / Messerschmidt, Astrid (Hg.): »Fragiler Konsens. Antisemitismuskritische Bildung in der Migrationsgesellschaft«, Frankfurt / New York 2017, S. 223–247.

Despentes, Virginie: »King Kong Theorie«, Köln 2018.

Faludi, Susan: »The Patriarchs Are falling. The Patriarchy Is Stronger Than Ever«, in: The New York Times, 28.12.2017. Online abrufbar unter: https://www.nytimes.com/2017/12/28/opinion/sunday/patriarchy-feminism-metoo.html [letzter Zugriff: 05.01.2019].

Halberstam, Jack: »Wieners, Whiners, Weinsteins and Worse«, in: The New York Times, 23.10.2017. Online abrufbar unter: https://bullybloggers.wordpress.com/2017/10/23/wieners-whiners-weinsteins-and-worse-by-jack-halberstam/ [letzter Zugriff: 07.01.2019].

Hark, Sabine / Villa, Paula-Irene: »Unterscheiden und Herrschen. Ein Essay zu den ambivalenten Verflechtungen von Rassismus, Sexismus und Feminismus in der Gegenwart«, Bielefeld 2017.

Jessen, Jens: »Der bedrohte Mann«, in: Die Zeit, 04.04.2018. Online abrufbar unter: https://www.zeit.de/2018/15/metoo-debatte-maenner-feminismus-gleichberechtigung [letzter Zugriff: 08.01.2019].

Kelle, Birgit: »Die Skandalisierung eines großen Nichts«, in: Welt, 23.10.2017. Online abrufbar unter: https://www.welt.de/debatte/kommentare/plus169955106/Die-Skandalisierungen-eines-grossen-Nichts.html [letzter Zugriff: 04.01.2019].

Martenstein, Harald: »Über Entschuldigungen und Selbstkritik«, in: Zeit Magazin 38/2018, 12.09.2018. Online abrufbar unter: https://www.zeit.de/zeit-magazin/2018/38/harald-martenstein-scarlett-johansson-selbstkritik [letzter Zugriff: 05.01.2019].

Nagle, Angela: »Die digitale Gegenrevolution. Online-Kulturkämpfe der Neuen Rechten von 4chan und Tumblr bis zur Alt-Right und Trump«, Bielefeld 2018.

Preciado, Paul B.: »Gegen das Ancien Régime der Sexualität«, in: Die Zeit, 19.01.2018. Online abrufbar unter: https://www.zeit.de/kultur/2018-01/metoo-heterosexualitaet-maenner-frauen-macht-paul-preciado/komplettansicht [letzter Zugriff: 03.01.2019].

Seeßlen, Georg: »Semantical Healing«, in: Jungle World 43/2015, 22.10.2015. Online abrufbar unter: https://jungle.world/artikel/2015/43/semantical-healing [letzter Zugriff: 06.01.2019].

Sullivan, Andrew: »It's Time to resist the Exzesses of Metoo«, in: New York Magazine, 12.01.2018. Online abrufbar unter: http://nymag.com/intelligencer/2018/01/andrew-sullivan-time-to-resist-excesses-of-metoo.html [letzter Zugriff: 05.01.2019].

Walter, Klaus: »The Kids are Alt Right? Mediale Popstrategien der Neuen Rechten«, in: Zündfunk-Generator, 14.12.2018. Online abrufbar unter: https://www.br.de/mediathek/podcast/zuendfunk-generator/the-kids-are-alt-right-mediale-pop-stra

CONTENT WARNING

(Un)Zumutbares in Wissenschaft und Lehre

Sarah Elsuni

Gibt es Grenzen dessen, was an Hochschulen gedacht, gesagt und veröffentlicht werden darf? Gibt es Grenzen wissenschaftlicher Inhalte? Wer bestimmt diese Grenzen anhand welcher Kriterien?

Gibt es einen Anspruch auf Safe Spaces in der Wissenschaft oder an Hochschulen für Personen, die aufgrund bestimmter Erfahrungen oder gesellschaftlicher Positionierungen vulnerabel sind? Und kann dies zu einem Verbot bestimmter Inhalte im Kontext von Forschung und Lehre führen oder zumindest zu dem Erfordernis, gegebenenfalls durch Warnungen vor unzumutbaren Inhalten Personen zu schützen?

Sogenannte Content- und Trigger-Warnungen stellen eine Möglichkeit dar, vulnerable oder traumatisierte Personen vor Verletzungen oder Retraumatisierungen durch bestimmte Inhalte in Lehrveranstaltungen an Hochschulen zu schützen. Diesen Schutz zu bieten, ist ein anzuerkennendes und wichtiges Ziel. Es kann – wie durchaus manchmal von Studierenden gefordert oder von Lehrenden bewusst platziert – durch eine entsprechende Warnung vor Inhalten oder vor der Verwendung bestimmter Begriffe am Anfang einer Lehrveranstaltung erreicht werden. Vor allem Studierende, die aufgrund bestimmter Erfahrungen oder gesellschaftlicher Positionierungen vulnerabel sind, erfahren darüber Schutz und können entscheiden, sich dem Thema auszusetzen oder auch nicht. Ebenfalls denkbar ist, bestimmte Inhalte grundsätzlich aus dem Curriculum einer Lehrveranstaltung herauszunehmen; auch solche Forderungen werden teilweise von Studierenden an Lehrende gestellt.

So klar der Schutzgedanke hierbei ist, so unklar ist, wo die Grenze des Zumutbaren verläuft und wovor gewarnt werden muss. Die Differenzierung ist nicht (immer) einfach, was sich an der auch im Hochschulkontext immer auftretenden Kollision mehrerer Interessen verdeutlicht: Das Interesse, nicht durch bestimmte Inhalte, Bilder oder Worte verletzt zu werden, kann im Bildungswesen vor allem dem Interesse gegenüberstehen, sich durchaus auch kritisch mit eben jenen Inhalten zu befassen. Und auch das Interesse, bestimmte gegebenenfalls verletzende Worte, Bilder oder Inhalte zu verwenden, kann natürlich – in unterschiedlichen Formen – bestehen. Der Beitrag wird sich nicht mit dem absichtlich verletzenden und undifferenzierten Gebrauch von Worten und Inhalten durch Lehrende, Studierende oder andere Personen befassen, der – so die hier vertretene Auffassung – unter keinen Gesichtspunkten zu rechtfertigen ist.

Maßstäbe und Kriterien des (Un)Zumutbaren und Grenzen des Sagbaren in der Wissenschaft

Wissenschaftliche Tätigkeit, hierunter fallen Forschung und Lehre, zeichnet sich zunächst einmal durch das Erfordernis aus, dem wissenschaftlichen Denken und Austausch keine Grenzen zu setzen. Hochschulen als Orte der Wissenschaft müssen immer Orte der offenen, kritischen und kontroversen Auseinandersetzung sein (können). Dabei ist Wissenschaft nicht ganz grenzenlos, dies zeigen etwa (durchaus kontrovers diskutierte) Verbote in der Forschung mit und an menschlichen Embryonen. Wissenschaftliche Tätigkeit kann also Einschränkungen erfahren. Doch was bedeutet das für den hier fokussierten Bereich der inhaltlich zumutbaren Inhalte und Äußerungen?

Um dessen Bestimmung und damit um das Festlegen von (Un)Zumutbarem wird hart gerungen. Moralische oder ethische Kriterien eignen sich allein schwer als Kriterium, denn wer sollte diese allgemeingültig festlegen? Als Maßstab gilt zunächst nur das verbindlich, was als gesellschaftliche Rahmung verhandelt und festgelegt wurde: das Recht.

Wissenschaftsfreiheit und ihre Grenzen

Das Grundgesetz (GG) sieht einen speziellen Schutz der Wissenschaftsfreiheit vor: Geschützt wird die Wissenschaft – ein Oberbegriff für Forschung und Lehre – vor staatlichen Eingriffen (Art. 5 Abs. 3 GG) als ein grundsätzlich von Fremdbestimmung freier Bereich autonomer Verantwortung. Dabei normiert das Grundgesetz keine bestimmte Form von Wissenschaft, sondern stellt gerade auf einen Begriff ab, der Wissenschaft als offenen und wandelbaren Prozess versteht. Unabdingbare Merkmale wissenschaftlicher Tätigkeit sind jedoch, dass sie »nach Inhalt und Form als ernsthafter planmäßiger Versuch zur Ermittlung der Wahrheit anzusehen ist«.[1] Damit wird klar, dass es für die Frage des grundrechtlichen Schutzes nicht um die Frage der »Richtigkeit« von Methoden und Ergebnissen gehen kann. Die Grenze zum Unzumutbaren – und damit grundrechtlich nicht mehr Geschützten – ist bei Tätigkeiten mit ideologischer Intention beziehungsweise ideologischer Indoktrination zu ziehen.

Bei der Lehre handelt es sich um die Wiedergabe des Erforschten. Die verfassungsrechtlich gewährte Lehrfreiheit der Hochschullehrenden beinhaltet grundsätzlich die freie Wahl des Inhalts und des Ablaufs einer Lehrveranstaltung. Einschränkungen können sich aus dem Ausbildungszweck der Universität und – wie sogleich für die Meinungsfreiheit ausgeführt – aus den Rechten Dritter ergeben. Als besondere Schranke der Lehrfreiheit sieht das Grundgesetz zudem die Verfassungstreue vor, innerhalb deren Rahmen sich Hochschullehrende bewegen müssen, um verfassungsrechtlich geschützt zu sein (Art. 5 Abs. 3 Satz 2 GG).

Zwischen Meinungsfreiheit und Schutz vor Verletzung

Doch nicht nur für den Bereich der Wissenschaft sichert das Grundgesetz die Freiheit von Meinungen und Meinungsäußerungen: Gewährleistet ist das Recht, die (eigene) Meinung in Wort, Schrift und Bild frei äußern und verbreiten zu können (Art. 5 Abs. 1 Satz 1 GG). Geschützt sind die persönliche Meinung sowie subjektive Werturteile, worunter grundsätzlich auch polemische Zuspitzungen oder beleidigende Werturteile und gar rechtsextremistische Äußerungen erfasst werden. Soweit Äußerungen als Teil einer (nicht zwingend wissenschaftlichen) Auseinandersetzung oder eines Meinungskampfes zu verstehen sind, erfahren sie grundrechtlichen Schutz. Erst wenn eine Äußerung für die Meinungsbildung keine Rolle mehr spielt, somit keinen Sachbezug mehr hat und zum Beispiel nur noch auf die Verunglimpfung einer Person abzielt, ist die Grenze des Schutzes einer sogenannten Schmähkritik erreicht.[2] Ebenso fällt eine bewusst unwahre Tatsachenbehauptung aus dem Schutzbereich des Grundrechts heraus, weil sie zur Meinungsbildung nicht beitragen kann.[3] Durch das Grundrecht der Meinungsfreiheit wird die staatliche Gewalt verpflichtet, diese Freiheit zu gewähren. Allerdings besteht diese Freiheit nicht uneingeschränkt. Art. 5 Abs. 2 GG benennt als Schranke der Meinungsfreiheit die allgemeinen Gesetze,[4] worunter vor allem das Strafrecht fällt, das zum Beispiel in § 130

Strafgesetzbuch (StGB) die Volksverhetzung und in § 185 StGB die Beleidigung mit einer Strafandrohung versieht. Damit ist klar: Verfassungsrechtlich nicht geschützt sind Äußerungen, die der Gesetzgeber als nicht schutzwürdig versteht, etwa weil sie die Ehre einer anderen Person verletzen oder, mit einem noch härteren Strafmaß versehen, geeignet sind, den öffentlichen Frieden durch Aufstachelung zum Hass gegen bestimmte Personen oder Personengruppen zu gefährden. Verletzende Worte, die andere Menschen aufgrund bestimmter Zuschreibungen wie zum Beispiel Geschlecht(lichkeit), Hautfarbe, Glaube, Behinderung beleidigen, erniedrigen oder demütigen beziehungsweise dieses als Ziel haben, sind somit nicht durch die Meinungsfreiheit gedeckt. Auch Äußerungen, die den Holocaust leugnen oder als Grundlage dienen können, den Hass gegen Geflüchtete zu schüren oder zu Gewalt aufzurufen, überschreiten deutlich die Grenzen der Meinungsfreiheit und sind somit verfassungsrechtlich nicht geschützt. Ein missbräuchliches Berufen auf den Schutz der Meinungsfreiheit ist so rechtlich ausgeschlossen.

Betroffenenperspektive als Maßstab des (Un)Zumutbaren

Doch kann Recht – zweifellos verbindlicher Maßstab – auch der alleinige zur Ermittlung des Zumutbaren sein? Judith Butler verneint dies,[5] geht gar den Schritt weiter und hinterfragt die Eignung beziehungsweise emanzipatorische Wirkung von Recht bei der Bekämpfung von Hasssprache. Durch die gesetzliche Bestimmung dessen, was als (unzumutbare) Hasssprache geregelt werden solle, würden eben jene Worte in ihrer erniedrigenden Wirkung und Absicht gerade re-produziert. Butler spricht sich gegen eine Regulierung von Hasssprache aus, sofern letztere nur mit Blick auf die Absicht des Gesagten (sprachwissenschaftlich: illokutionärer Teilakt) und nicht mit Blick auf die Wirkung des Gesagten (perlokutionärer Teilakt) definiert würde. Zwar kann durchaus kritisch angemerkt werden, dass Butler den emanzipatorischen Wert von Recht außer Acht lässt, der gerade für Menschen in marginalisierten Positionen einen Zuwachs an Handlungsfähigkeit bedeuten kann.[6] Sie weist jedoch auf einen wichtigen Punkt hin: Die Relevanz der Betroffenenperspektive bei der Ermittlung des (Un)Zumutbaren (im Gegensatz zum alleinigen Abstellen auf die Sprechenden-Perspektive). Dies hat auch das Recht zumindest in Teilen erkannt und stellt auf die Wirkung von etwa diskriminierender Sprache und nicht (nur) auf die Absicht des Gesagten ab.[7] Die Perspektive der von verletzender Sprache Betroffenen ist ein wichtiger Maßstab bei der konkreten Ermittlung, ob das Gesagte – weil verletzend oder diskriminierend – die Grenzen des Zumutbaren überschreitet. Dies bedeutet nicht das Zugrundelegen der rein subjektiven Ebene, also der Frage, ob sich die adressierte Person in der konkreten Situation verletzt oder diskriminiert fühlt. Vielmehr geht es darum, ob das Gesagte von einem wahrnehmbaren Teil der Sprachgemeinschaft als verletzend oder diskriminierend gegenüber einer Bevölkerungsgruppe verstanden werden kann.[8]

Hochschule als Raum des Zumutbaren

Hochschulen sind als öffentliche Orte nur zum Teil Safe Spaces, also Schutzräume vor unzumutbaren Inhalten oder Worten. Die Grenzen, die das Recht – teils unter Heranziehung der Betroffenenperspektive – als Bereich des Unzumutbaren zieht, definieren zugleich auch den Safe Space, der im Kontext von Wissenschaft und Hochschule geboten werden muss. Unbegrenzten Schutz vor den Zumutungen von Diskriminierungen und verletzender Sprache, der über die gesetzlich gezogenen Grenzen des (Un)Zumutbaren hinausgeht, können und müssen Hochschulen ebenso wie andere öffentliche Räume nicht bieten. Aushandlungen, wie sie situativ etwa im Bereich der zivilgesellschaftlichen oder bewegungspolitischen Aktivität zur Etablierung weiterer Schutzräume erfolgen (zum Beispiel Veranstaltungen nur für Frauen, Diskussionsrunden ausschließlich für People of Color), sind für öffentliche Räume im Zweifel schwer durchsetzbar. Hochschulen haben auch einen anderen Zweck als jene Bereiche. Wissenschaft – also Forschung und Lehre – kann nur durch die Möglichkeit offener und kontroverser Auseinandersetzung bestehen. Hochschulen müssen Ort des freien Meinungsaustauschs und der kontroversen Auseinandersetzung sein, um nicht ihre Funktion zu verlieren. Das bedeutet (natürlich immer in den Grenzen des rechtlich Zulässigen), dass es für Mitglieder einer Hochschule gegebenenfalls auch Inhalte auszuhalten gilt, die den Rahmen des subjektiv-erlebten Zumutbaren überschreiten beziehungsweise zu entscheiden, sich der Situation etwa durch Verlassen der Lehrveranstaltung zu entziehen.

(Un)Zumutbares in Lehrveranstaltungen

Das heißt wiederum nicht, dass Studierende damit jeglichen Lehrinhalten und Äußerungen schutz- und kritiklos ausgeliefert sind oder sein müssen. Doch wie weit können Forderungen seitens der Studierenden zur Kritik oder auch zur Mitbestimmung von Lehrinhalten gehen? Sind Forderungen an Lehrende nach Trigger-Warnungen oder gar nach Anpassung des Lehrplans an vermeintlich Zumutbares selbst zumutbar? (Lehr)Veranstaltungen an Hochschulen sind im oben skizzierten Rahmen durchaus auch Safe Spaces: Niemand darf aufgrund bestimmter

Zuschreibungen diskriminiert oder in der Würde verletzt werden. Lehrveranstaltungen sind aber keine Komfortzonen. Die kritische Auseinandersetzung mit Wissenschaftserkenntnissen und Lehrinhalten ist unabdingbarer Bestandteil eines aktiven und bewussten Studierens, geht es doch darum, Studierenden gerade durch die Lehre und das (angeleitete) Befassen mit Texten das bewusste und kritische Denken, Analysieren und Reflektieren zu vermitteln. Das kann mehr oder weniger unbequem sein – je nach Inhalt und subjektivem Empfinden. So kann die Verwendung des Begriffs »Rasse« in einer Antidiskriminierungsrechtsvorlesung zur Irritation führen, sie ist jedoch unabdingbar, da das hier analysierte Material – Gesetze – eben jenen Begriff verwenden. Bestenfalls sollte der Begriff durch die Lehrerenden nicht unhinterfragt repliziert, sondern in seiner Entstehungsgeschichte und Verwendungspraxis kritisch erläutert werden.[9] Geschieht dies nicht, ist es an aktiven Studierenden (und durchaus auch ihr Recht!), diese kritische Hinterfragung einzufordern. Hingegen läuft die Forderung, auf diese (im Recht verankerte) gewaltvolle Sprache im Rahmen der Lehrveranstaltung zu verzichten, dem inhaltlichen Zweck der Lehrveranstaltung zuwider. Gleiches gilt für die Frage im Rahmen eines philosophischen Seminars, ob es zumutbar ist, Texte von Immanuel Kant zu lesen. Die Antwort: Ja. Die Befassung mit seinen Ausführungen ist (nicht nur) im Philosophiestudium erforderlich. Daran ändern auch seine mehr als kritikwürdigen Rassentheorien nichts. Wissenschaft erfordert, sich mit dem zu bearbeitenden Material kritisch zu befassen: Texte zu kontextualisieren, zu verstehen, um sie letztlich kritisieren und widerlegen zu können. Dies darf nicht in Denk- und Sprechverbote umgedeutet werden.

Safe Space oder Marginalisierung? Sexualisierte Gewalt in der wissenschaftlichen Ausbildung

Für bestimmte Themen gilt schon länger, dass diese mit dem Argument, sie seien zu gewaltvoll nicht in der universitären Lehre auftauchen. So ist etwa das Sexualstrafrecht in der Regel kein Bestandteil der juristischen Universitätsausbildung. Begründet wird dies zum Teil mit dem Argument, vor allem Studierende, die sexualisierte Gewalt erlebt haben, nicht mit diesem Thema zu konfrontieren. Der Vorlesungssaal, die Strafrechtsvorlesung, sei ein Ort, an dem für sie mit einer Konfrontation mit dem Thema nicht zu rechnen sei. Die Gefahr einer Retraumatisierung schwingt in der Begründung mit. Das ist, bei aller Wichtigkeit des Schutzes vulnerabler Personen, jedoch nicht unproblematisch. Denn zum einen bedeutet genau dieses so begründete, automatische Ausschließen des Themas eine Re-Viktimisierung von Personen, die sexualisierte Gewalt erlebt haben; ihnen wird die eigene Entscheidung verweigert, ob sie sich mit dem Thema befassen wollen (so wie allen anderen übrigens auch). Bereits dies vergegenwärtigt die Ambivalenz der Problematik. Zum anderen bedeutet das Auslassen des gesellschaftlich hochrelevanten Themas, das auch für die strafrechtliche Praxis keine Seltenheit darstellt, eine Entprofessionalisierung im Umgang mit ihm. Darüber hinaus wird die Marginalisierung bestimmter Erfahrungen ermöglicht – der Erfahrungen von Personen, die sexualisierte Straftaten erlebt haben –, die keinen Eingang in die Ausbildung finden, wohingegen bestehende und verletzungsreproduzierende Mythen weiterhin auch im professionellen Kontext Platz beanspruchen und finden können.

Eigentumsdelikte – also Straftaten, die sich gegen das Eigentum richten –, ebenso wie Tötungsdelikte – in der Prävalenz wohl deutlich seltener auftretend als Sexualstrafdelikte – gehören hingegen zum klassischen

Inhalt der strafrechtlichen Ausbildung und des Staatsexamens und somit zum Wissensgehalt, mit dem Strafrechtler_innen in die Praxis entlassen werden. Der juristische Umgang mit Straftaten gegen die sexuelle Selbstbestimmung hingegen nicht. Folge ist die mangelnde Kenntnis und vor allem die mangelnde Sensibilisierung einer Berufsgruppe in diesem Bereich, in dem professionelles Wissen und das Erlernen eines sensibilisierten Umgangs von großer Bedeutung sind. Hier zeigt sich, dass sich die Frage nach Schutz nicht immer einfach beantworten lässt: Das Nichtausbilden von Jurist_innen in der gesellschaftlich und praxisrelevanten Thematik bedeutet eine Reduzierung des Schutzes für von sexualisierter Gewalt Betroffene, da die Ausbildung in einem maßgeblichen Schutzsystem bei sexualisierter Gewalt – dem Strafrecht – nicht erfolgt. Bestimmte Gewalterfahrungen werden als Thema einer »öffentlichen« Befassung im Rahmen von Lehre und Ausbildung entzogen und – mit der Begründung einer (angenommenen) Forderung nach Schutz aufgrund privater Erfahrungen – ausgeblendet. Das »Private« bleibt also »privat«.

Ausblick

Die Aushandlung von zumutbaren Inhalten und Äußerungen im Hochschulkontext stellt einen komplexen, kontinuierlichen Prozess dar, dessen Grundvoraussetzung ist, die Grenze zur Verletzung von Menschen und ihrer Würde nicht zu überschreiten. Jenseits dessen, was das Recht als gesellschaftlich anerkannter und verbindlicher Standard vorsieht, sind Auseinandersetzungen und Verhandlungen in konkreten Situationen immer wieder zu führen. Doch auch diese dürfen – wie ausgeführt – bestimmte Grenzen nicht überschreiten. Der Schaden, der hieraus erfolgen kann, ist in Zeiten der Zunahme eines globalen

Rechtsrucks und Erstarkens rechtspopulistischer Akteur_innen nicht zu unterschätzen. Im Hochschulkontext stehen gerade kritische Disziplinen und wissenschaftliche Institutionen wie die Gender Studies unter inhaltlicher, oft über den Rahmen des Zumutbaren hinausgehender Herausforderung – auch aus den eigenen Reihen heraus. So wichtig die interne kritische Auseinandersetzung mit unterschiedlichen Positionen und Inhalten ist,[10] so problematisch können bestimmte Formen der Kritik sein. Diese können sich darstellen als unproduktive sowie ungerechtfertigte Störung von (Lehr)Veranstaltungen durch Studierende und/oder Dritte, durch die Forderung nach Verboten von bestimmten Inhalten oder Termini oder auch durch eine pauschale, veröffentlichte Kritik der Disziplin, die eher einer Abrechnung als einer inhaltlichen Auseinandersetzung zu gleichen scheint. Dies hat zum Teil schwerwiegende (hochschul)politische Folgen, gerade für kleinere, finanziell oft prekär verankerte Fächer oder Institute.

Zugleich ist dies Wasser auf die Mühlen des erstarkenden Beschusses von außen, durch inzwischen auch in den Mainstream-Medien angekommene Akteur_innen des Anti-Genderismus und Rechtspopulist_innen, mit dem Ziel der Infragestellung und des Verbots bestimmter kritischer Wissenschaften. Hier wird der Diskurs um Trigger-Warnungen ebenfalls bemüht und mit der Forderung »Keine Sprech- und Denkverbote!« kritisiert, meist weit über das gesellschaftlich (und manchmal auch rechtlich) noch Vertret- und Ertragbare hinaus. Und es scheint – strategisch öffentlich gut platziert und rhetorisch mal besser mal schlechter verkauft – inzwischen in der gesellschaftlichen Mitte angekommen. »Das wird man ja wohl noch sagen dürfen …« fungiert als Einleitung und Rechtfertigung für allerlei Unzumutbarkeiten, die mit der Zeit immer sagbarer zu werden scheinen.

Dies bedeutet nicht, dass es innerhalb kritischer Disziplinen nicht auch kritikwürdige Inhalte und Verhaltensweisen gibt. Diese gilt es unermüdlich zu adressieren und zu hinterfragen. Anja Michaelsen erinnert daran, dass der »Wunsch nach Trigger-Warnungen […] – neben aller berechtigten Kritik – eine Aufforderung an die Lehrenden der Gender und Queer Studies [beinhaltet], sich der eigenen Voraussetzungen zu erinnern«.[11] Oder wie von Jack Halberstam als neo-liberale Rhetorik mit Folgen beschrieben: »I rarely go to a conference, festival or gathering anymore without a protest erupting about a mode of representation that triggered someone somewhere. And as people ›call each other out‹ to a chorus of finger snapping, we seem to be rapidly losing all sense of perspective and instead of building alliances, we are dismantling hard fought for coalitions.«[12] Die produktive Auseinandersetzung mit Sagbarem und Unsagbarem darf nicht zu einem »Beschuss von innen« werden.

Anmerkungen

1 Hochschulurteil des BVerfG vom 29.05.1973, 1 BvR 424/71 und 325/72, BVerfGE 35, 79, Rn. 128.

2 Vgl. BVerfG, Beschluss der 3. Kammer des Ersten Senats vom 29. Juni 2016 – 1 BvR 2646/15 - Rn. (1–22), 13.

3 BVerfG, Beschluss des Ersten Senats vom 11. Januar 1994 – 1 BvR 434/87 – Rn. (1–76), 57.

4 Darüber hinaus wird die Meinungsfreiheit neben Gesetzen zum Jugendschutz auch durch das Recht der persönlichen Ehre beschränkt. Dieses genießt als Allgemeines Persönlichkeitsrecht in Art. 2 Abs. 1 GG i.V.m. Art. 2 Abs. 1 GG – ebenso wie die Meinungsfreiheit – grundrechtlichen Schutz. Gleiches gilt schließlich für das Diskriminierungsverbot des Art. 3 Abs. 3 GG, dessen Inhalte im Falle der Kollision mit anderen Grundrechten durch die staatliche Schutzfunktion mitumfasst sind. Worte und Inhalte, die die persönliche Ehre von Menschen verletzen können oder etwa rassistisch, sexistisch oder ableistisch sind, begrenzen somit den verfassungsrechtlichen Schutz der freien Meinung.

5 Butler, Judith: »Haß spricht. Zur Politik des Performativen«, Frankfurt am Main 2006; siehe insbes. das Kapitel »Der Staat spricht / Haß spricht«.

6 Ausführlich hierzu Baer, Susanne: »Inexcitable Speech. Zum Rechtsverständnis postmoderner feministischer Positionen am Beispiel Judith Butler«, in: Hornscheidt, Antje / Jähnert, Gabriele / Schlichter, Annette (Hg.): »Kritische Differenzen – geteilte Perspektiven, Opladen«, 1998, 229–252.

7 Vgl. z. B. die Regelung des Allgemeinen Gleichbehandlungsgesetzes (AGG) zur Belästigung und sexuellen Belästigung in § 3 Abs. 3 und 4, wonach eine Belästigung im rechtlichen Sinne dann vorliegt, wenn eine Verhaltensweise die Verletzung einer Person bezweckt (= Absicht der Handlung/Handelndenperspektive) oder bewirkt (= Wirkung der Handlung/Betroffenenperspektive).

8 Eingehend zum Begriff »Hate Speech« siehe Stefanowitsch, Anatol: »Was ist überhaupt Hate Speech?«, in: Antonio Amadeu Stiftung: »›Geh sterben!‹ – Hate Speech und Kommentarkultur im Internet«, S. 11–13. Online abrufbar unter: https://www.amadeu-antonio-stiftung.de/w/files/pdfs/hatespeech.pdf [letzter Zugriff: 11.01.2019].

9 Viel weitreichender und sehr lohnend befasst sich die Handreichung »Diskriminierungskritische Lehre. Denkanstöße aus den Gender Studies« (hg. v. Zentrum für transdisziplinäre Geschlechterstudien der Humboldt-Universität zu Berlin, 2016) mit dem Thema. Online abrufbar unter: https://www.gender.hu-berlin.de/de/studium/diskriminierungskritik-1/broschuere-der-ag-lehre-diskriminierungskritische-lehre-denkanstoesse-aus-den-gender-studies [letzter Zugriff: 11.01.2019].

10 Vgl. Michaelsen, Anja: »Wie sinnvoll sind Trigger-Warnungen in Veranstaltungen der Gender und Queer Studies?«, in: Blog feministische studien, 29.01.2015. Online abrufbar unter: http://blog.feministische-studien.de/2015/01/wie-sinnvoll-sind-trigger-warnungen-in-veranstaltungen-der-gender-und-queer-studies/ [letzter Zugriff: 11.01.2019].

11 Ebd.

12 Halberstam, Jack: »You Are Triggering me! The Neo-Liberal Rhetoric of Harm, Danger and Trauma«, in: Bully Bloggers, 05.07.2014. Online abrufbar unter: https://bullybloggers.wordpress.com/2014/07/05/you-are-triggering-me-the-neo-liberal-rhetoric-of-harm-danger-and-trauma/ [letzter Zugriff: 11.01.2019].

ODER KANN DAS WEG?

Über Sexismus, Rassismus und die Freiheit der Kunst

Lena Gorelik

Es gibt diese Fragen ohne Antwort. Die Fragen sind meistens groß, und vielleicht werden auch angesichts dieser Größe die Antworten immer klein erscheinen, wie ein kläglicher, im besten Fall niedlicher Versuch. Was ist Kunst?, ist eine solche Frage, auf die die Großen von Aristoteles über Da Vinci bis hin zu unseren Zeitgenossen wie Louise Bourgeois eine Antwort suchten; unzählige wurden gefunden, formuliert, und eine jede ist in ihrer Subjektivität, in ihrem eigenen Anliegen der Unvollständigkeit geweiht. Die Frage ist groß, und sie hat viele ebenfalls bedeutende Kinder, sie ziehen in jede nur erdenkliche Richtung. Es geht um Ursprung (wo beginnt sie?), um ihr Bedürfnis, ihren Zweck, die Pflicht (was darf/soll/kann/muss Kunst?), es geht um Urheber und Zielpublikum, es geht um ihre blanke Existenz, die Daseinsberechtigung an sich, die in der Frage »Ist das Kunst, oder darf das weg?« kulminiert. Oder plastischer noch erzählt in dieser Anekdote, die fälschlicherweise als »Putzfrauenlegende« in die Geschichte der Kunstwelt eingegangen ist, als zwei SPD-Mitglieder die mit Mullbinden, Heftpflastern und Fett bearbeitete Säuglingsbadewanne, ein Kunstwerk Joseph Beuys', für ein zum Abspülen von Gläsern geeignetes Gefäß hielten und sie zu diesem Zweck säuberten. So scheint das mit der Kunst zu sein, sie ist oft eigen, zum Teil vergänglich, nicht immer verständlich und einem jeglichen Betrachter, der absoluten subjektiven Wahrnehmung, der individuellen Kontextualisierung komplett ausgesetzt.

Auch deshalb eignet sich dieses fragile, undefinierbare Konstrukt, dieses Wort, das zugleich alles und nichts erzählt wie andeutet, für manipulative Umdeutungszwecke aller Couleur. Was Kunst an sich und einzelne Kunstwerke wie Künstler bezwecken (wollen), was schön, berührend, konzeptionell, mahnend oder gar gefährlich, im schlimmsten Fall entartet ist, wird immer im Auge des – von seinen Zielen, Ansichten, Erfahrungen beeinflussten – Betrachters liegen. Die Kunst ist frei, ist ein Satz, der auch in jedem noch so demokratischen, kulturelle Freiheiten schützenden System nur bis zur Rezeption gilt: Sobald sie dieser begegnet, ist sie der Fremdwahrnehmung und -interpretation ausgesetzt. Dann wird sie in Gefangenschaft genommen, in interpretatorische Handschellen gefasst, in Schubladen geordnet.

Gedichte in Gefangenschaft: Eugen Gomringer ist ein alter Mann. Was keine Rechtfertigung sein soll, sondern eine Beobachtung ohne Wertung. Zum Zeitpunkt des an der Alice Salomon Hochschule in Berlin und in den deutschsprachigen Feuilletons ausgetragenen Streites um sein Gedicht »Avenidas«, das auf eine Forderung aus der Student*innenschaft ebendieser Hochschule hin aufgrund von Sexismus-Vorwürfen (die Sexismus-Vorwürfe richteten sich dabei gegen den Inhalt des Gedichts, nicht gegen den Künstler als Person) von der Wand entfernt werden sollte, ist er 93 Jahre alt. Der Mann ist 93 Jahre alt, das Jahr ist 2017, der Mann sagt über diese – auch in sozialen Medien besonders hitzig ausgetragene – Diskussion: »Ich habe die Debatte nicht verstanden.« In einer Podiumsdiskussion erfreute sich vielleicht der alte Mann in ihm, vielleicht der Dichter, vielleicht auch beide, an der Ästhetik der Sprache, an dem, was des Dichters Werkzeug ist: den Worten. Mit anderen Worten: an der Sprache seines Gedichts, das von Student*innen zuvor als sexistisch empfunden worden war – deshalb die Podiumsdiskussion. Woraus schnell entstand: ein alter Mann, der nichts als die Schönheit sieht, in Frauen wie Worten gleichermaßen. Die Podiumsdiskussion aber, die beinahe einem Tribunal glich, handelte nicht von ihm, dem Künstler. Sie galt der Kunst, einem Gedicht, einer Aneinanderreihung bewusst gewählter und angeordneter Worte. Ein Gedicht vor Gericht sozusagen, um einen schlechten Reim ins Spiel zu bringen; die Kunst, die nicht sein darf, zumindest nicht an dieser Wand.

Es lässt sich nicht leugnen, dass das Gedicht sich genauso lesen lässt: als nicht gerade frauenfreundliche, weil das weibliche Geschlecht auf den Körper reduzierende Zeilen, die dem Mann den aktiven Part überlassen: den des Bewunderers. Das ist nichts weiter als eine inhaltliche – und vielleicht sogar die nächstliegende – Analyse, besonders naheliegend ist sie, wenn man bedenkt, dass das Gedicht im Jahr 1951 entstanden ist und 1953 zum ersten Mal veröffentlicht wurde, als Sexismus noch kein Reizwort war, das Anhänger und vielmehr noch Anhängerinnen sofort (und zum Glück) auf die Barrikaden rief. Man kann es aber auch lesen wie der Dichter selbst: als eine Liebeserklärung an den Klang der Sprache, der Sprache an sich, und der poetischen und der spanischen im Speziellen. Und auf unzählige weitere Weisen. Jede*r, der*die sich an die Gedichtinterpretationen im Deutschunterricht erinnert, wird noch wissen, dass es genau diese Mehrdeutigkeit ist, die die Lyrik auszeichnet, einen breiten Interpretationsspielraum entfaltet, in dem alles – und das ist das Schöne und gleichzeitig die Crux daran – möglich ist, genau das ist Poesie. Ja, in Zeiten von #MeToo fällt es Menschen, die Feminismus als gesellschaftsordnenden Faktor und Zielsetzung begreifen, schwer, die Zeilen nicht als eine Objektreduzierung zu lesen. Und es wird dennoch – und davon mögen die Feminist*innen (inklusive mir) halten, was sie wollen – auch Frauen (ja, Frauen!) geben, zahllose sogar, die das Gedicht, bekämen sie es geschenkt, als ein Kompliment betrachten. Das ist die Freiheit, die sich die Kunst nimmt: sich divers zu zeigen. Der Vielfalt einzeln entnommene Interpretationen, die darauf trachten, einem Kunstwerk die Daseinsberechtigung zu entziehen, entziehen auch der Kunst an sich diese Freiheit.

Kunstfreiheit ist ein großes Wort, sie ist ein Wert, der hart erkämpft worden ist, und der immer noch in vielen Teilen der Welt ein Privileg ist, etwas, das man errungen hat. Die Diskussion um eine mögliche Begrenzung dieser Freiheit wird deshalb emotional, hitzig und oft widersprüchlich ausgetragen. Eine inhaltliche Grenze, zum Beispiel eine, die als ideologisch »falsch« identifizierte Gedanken, für eine bestimmte Weltbildung passende und unangenehme Bilder und Ansichten ausschließt, ist deshalb gefährlich, weil sie eine subjektive, eine dem jeweiligen Zeitgeist unterworfene ist. Plakativ und gewollt vereinfacht gefragt: Wenn Studierende einer Hochschule entscheiden dürfen, dass ein Gedicht aufgrund seiner möglicherweise frauenfeindlichen Zeile von der Wand gestrichen wird – dass die Kunst verschwindet –, dürfen dann die – möglicherweise männlichen, möglicherweise den Feminismus als Frauenzickerei oder Schlimmeres verschreienden – Studierenden einer anderen Hochschule Kunst aus dem öffentlichen Raum verbannen, die als feministisch interpretiert werden kann? Und wenn wir alle damit beginnen – und ich bleibe gerade bewusst in dieser plakativen, gewollt vereinfachten Fragerei – Kunst zu entfernen, sie nicht nur unseren eigenen ästhetischen Ansprüchen, sondern unseren politischen Ansichten nicht entspricht, was bleibt dann übrig? Ist ein Kompromiss – der kleinste gemeinsame Nenner – dann Kunst, die verbleiben darf, und welche wäre es dann, konkret? Spontan dachte ich an Mona Lisa, aber auch die wird ihre ideologischen Gegner finden. In all diesen Fragen steckt auch die nach dem entscheidenden Akteur. Wer darf urteilen, wessen Urteil wiegt mehr, wer entscheidet, was angebracht ist, und was zu viel, sind es Institutionen, einzelne Personen, ist es die Gesellschaftsstruktur, ist es der aktuelle Zeitgeist? Wer ist es, der Grenzen ziehen darf?

Bilder in Gefangenschaft: In New York wurde auf der Whitney Biennial, ebenfalls im Jahr 2017, das Bild der amerikanischen Künstlerin Dana Schutz gezeigt, das unter dem Titel »Open Cascet« das Thema rassistischer Lynchjustiz in den USA aufgreift und von dem Aktivisten forderten, es solle zerstört werden, weil es an ein ikonisches Foto des 1995 brutal ermordeten Jungen Emmett Till angelehnt ist, das als Symbol der Proteste gegen das Kastensystem der amerikanischen Südstaaten gilt. Entlang der Fragenreihe »Was darf Kunst?«, »Wer darf Kunst?« und als deren Zuspitzung »Wer darf welche Kunst?« wurde der Künstlerin als weißer Person das Recht abgesprochen, sich mit Problemen und Lebenswirklichkeiten von Schwarzen künstlerisch auseinanderzusetzen, und vorgeworfen, sich an ihrem Leid ökonomisch wie kulturell bereichern zu wollen. Der damit einhergehende Vorwurf der kulturellen Aneignung – das geschieht, wenn Erfahrungen, die bestimmten, meist Minderheiten-Gruppen widerfahren, vom Mainstream als Allgemeingut verarbeitet und übernommen werden (siehe Deborah Krieg in diesem Band) – ist nicht neu und wird auch immer Bestandteil des Dialogs über die Kunst, aber auch eines jeden Künstlers mit sich selbst bleiben: Darf ich in einem Gedicht ein Leid beschreiben, das ich nicht erfahren habe? Darf ich in meiner Performance mit Tanztraditionen mir fremder Kulturen arbeiten? Den Fragen folgt immer der Ursprung und Zweck der Kunst: Warum beschäftige ich mich damit? Und was will ich wem damit sagen? Was versuche ich auszudrücken, geht es, um beim Beispiel von »Open Cascet« zu bleiben, um das Gefühl von Empathie, geht es um einen antirassistischen Protest, der jeden Bürger angeht, oder soll hier Leid gezeigt werden?

Bei den Diskussionen über geforderte Begrenzung oder Abschaffung von Kunst wie in den Fällen von Dana Schutz und Eugen Gomringer wird die Erinnerung an Bücherverbrennungen wach. Ein schmerzendes Schlagwort, beinahe ein Totschlagargument, obwohl auf der anderen Seite – offensichtlich – hehre Ziele stehen: der respektvolle Umgang mit Frauen, die Bekämpfung von Sexismus, der Schutz von Minderheiten, der Kampf gegen Rassismus. So hehr (wiederum aus meiner individuellen Sicht) die Ziele, so groß das Fragezeichen: Auch in ihrem Namen kann Kunst nicht verboten werden. Sie darf aber – und kann und soll und muss – diskutiert und angezweifelt werden. Aber eben nicht zerstört, verbrannt.

Zur Kunstfreiheit – oh, dieser Pathos des Begriffs, oh, diese endlose Erwartungshaltung – muss auch die Freiheit der Meinungsäußerung gehören. Zu beiden Freiheiten (in was für einem Luxus wir doch leben, Freiheit im Plural denken zu dürfen) gehört auch die, entscheiden zu dürfen: Das ist nicht meine Art von Kunst. Oder: Dieses Kunstwerk, diese Künstlerin trifft einen Punkt, den ich nicht teilen möchte. Die Freiheit muss gewissermaßen auch ein Aushalten sein: von Kunst, die einem einfach mal gegen den Strich geht. (Im schlimmsten Falle, wenn das Aushalten schwer fällt, dann dürfen wir immer noch dagegen schreien, schreiben, sein. Freiheit, die Zweite.) Die Freiheit ist übrigens manchmal auch eine Pflicht, wobei wir wieder bei den hehren Zielen wären. Die Grenzen, die die Kunst wie jede Freiheit in einem demokratischen System hat, setzt übrigens dieselbe Institution, die uns diese Freiheiten gewährt: das Grundgesetz. Die demokratische Verfassung. Auch Kunst darf keine Menschenrechte verletzen, auch Künstler*innen dürfen keine Verfassungswidrigkeiten begehen.

Die Frage, die sich heute beängstigenderweise stellt, ist die nach den Spielregeln, die sich ändern könnten (und es möglicherweise bereits tun). Was geschieht, wenn beispielsweise in Deutschland eine demokratisch gewählte Partei wie die AfD nicht nur im Bundestag sitzt, sondern die Mehrheiten versammeln kann, um beispielsweise Gesetze zu ändern, die dem Gebot von Kunst- und Meinungsfreiheit widersprechen? Was geschieht, wenn in den USA eine Regierung wie die Donald Trumps darüber entscheiden möchte, was Kunst darf und was nicht? Wenn die Grenzen, die die Grundlage für das Zusammenleben in demokratischen Gesellschaften bilden, verschoben werden, dann ist nicht nur die Kunst in Gefahr, dann sind es auch die Menschen wie die Menschlichkeit an sich.

Neben der Frage, was Kunst darf/soll/kann und sogar muss, einer

Frage, die in Zeiten wie diesen, in denen das Recht auf freie Meinungsäußerung – in öffentlicher, journalistischer, künstlerischer und sonstiger Form – in Frage gestellt, als Argument missbraucht und manipuliert wird, immer häufiger auftaucht, gibt es die Möglichkeit der normativen Frage, nämlich der, was Kunst vermag. Die Antwort auf diese Frage ist nicht kurz, sie ist lang. Kunst vermag Fragen aufzuwerfen, zu berühren, wütend zu machen, zum Lachen zu bringen, zum Nachdenken zu bewegen, Strukturen aufzudecken, zu verwirren, zu erfreuen, festgelegte Muster aufzubrechen. Sie vermag das und vieles mehr auf zweifacher Ebene: sowohl auf der emotionalen als auch auf der intellektuellen. Sie vermag, und vielleicht könnte das – gerade in Zeiten wie diesen – ihre Stärke sein, Auseinandersetzungen zu entfachen. Auseinandersetzungen, die sonst nicht ausgetragen werden könnten, weil es in unserer ausdifferenzierten und auf die vielfach diskutierten Filterblasen konzentrierten Gesellschaft wenig Begegnungsräume für das Aufeinandertreffen entgegengesetzter Ansichten gibt. Diese Begegnungsräume werden häufig leider immer noch nur von einem bestimmten – kunstinteressierten, bildungsprivilegierten – Publikum betreten, und dennoch. Kunst vermag das: die Spannungsfelder einer Gesellschaft aufdecken, den Schmerzpunkt finden, den, bei dem man aufschreit, wenn jemand ihn berührt. Dafür sind wir der Kunst zu Dank verpflichtet, sie kann (darf/soll/muss/wird, suchen Sie sich das passende Hilfsverb einfach aus) ein Spiegel sein unserer Gedanken wie Gefühle, sie kann ein Marker sein, der uns hinweist auf jene Streitfelder, die unsere Zukunft bestimmen.

Der Künstler Parker Bright stellte sich in einem T-Shirt, auf dessen Rückseite er die Worte »Black Death Spectacle« gepinselt hatte, vor Dana Schutz' Bild auf der Whitney Biennial – die Fotografie dieser Aufschrift auf seinem Rücken vor dem für Aufsehen sorgenden Bild erlangte eine durch seine virale Verbreitung mindestens genauso viel Aufmerksamkeit wie das Werk selbst, das Emmett Tills Geschichte aufgegriffen hatte. Wenn die Auseinandersetzung mit Kunst neue Wege der Kunst wie der Debatte frei macht, wenn Künstler*innen miteinander ins Gespräch – gerade in ein Streitgespräch! – kommen, wenn Institutionen wie Museen, Festivals, Theater, Verlage ihre eigene Rolle in Frage stellen müssen, wenn Kunst durch solche in die Öffentlichkeit getragenen Diskurse von den Rezipienten nicht nur passiv aufgenommen – betrachtet – wird, sondern auch befragt wird, wenn durch all das unterschiedliche Interpretationsmöglichkeiten in den Raum gestellt werden, dann hat die Kunst einen Zweck erfüllt, den sie nicht erfüllen muss – aber uns erbringen kann.

An der inzwischen weltberühmten Südfassade der Alice Salomon Hochschule prangt nun ein neues Gedicht. Es stammt von der Lyrikerin Barbara Köhler, in ihrer Berufsbezeichnung gilt es in diesem Zusammenhang wohl, das »in« zu betonen. Das Gedicht stammt von einer Frau. Nach »Avenidas« folgen daraus zwei simple Beobachtungen: Sexistisch ist es nicht. Und es gibt um dieses Gedicht keine Diskussionen und keine Debatten. Das erste ist wunderbar. Und das zweite ist schade.

ZU QUEER UM WAHR ZU SEIN

Der Kampf um mehr Freiräume von LGBTIQ ist ein komplexer dialektischer und manchmal ambivalenter Prozess. »Pinkwashing«-Vorwürfe gegen Israel werden diesem Umstand nicht gerecht, sondern sind vor allem eins: antisemitisch.

János Erkens und Meron Mendel

Im November 2018 kam es vor dem Londoner »Heaven«, einem der berühmtesten LGBT-Clubs der Welt, zum Protest. Wegen des geplanten Auftritts der israelischen Sängerin und Eurovision-Song-Contest-Siegerin Netta Barzilai hatten sich pro-palästinensische und LGBTIQ-Gruppen vor dem Club zusammengefunden, um die von Israel angeblich verübten »Menschenrechtsverletzungen an den Palästinensern« zu kritisieren. Dabei stimmten sie unter anderem umgetextete Hymnen der LGBTIQ-Bewegung an.

Nun sind Auseinandersetzungen um den Boykott der Auftritte israelischer Künstler*innen in aller Welt und jener nicht-israelischer Künstler*innen in Israel keine Seltenheit im Kulturgeschäft: 2017 wurden etwa die britische Band Radiohead sowie der australische Musiker Nick Cave wegen ihrer Shows in Tel Aviv öffentlich angefeindet. Außerdem rief die schottische Band Young Fathers dazu auf, das Berliner Pop-Kultur-Festival zu boykottieren, weil es angeblich von Israel mitfinanziert worden sei (tatsächlich hatte die israelische Botschaft der israelischen Künstlerin Riff Cohen einen Reisekostenzuschuss von 500 Euro gewährt). Die bekennenden Anhänger*innen der Boycott, Divestment, Sanctions-Bewegung, kurz: BDS, konnten zwar diverse andere Künstler*innen überzeugen, das Festival ebenfalls zu boykottieren, im Folgejahr wurden Young Fathers allerdings wegen ihres Engagements für BDS von der Ruhrtriennale ausgeladen.

Der Protest gegen eine Künstlerin wie Netta Barzilai, die als Ikone der LGBTIQ-Szene gilt und sich immer wieder für die Rechte von LGBTIQ eingesetzt hat, fügt dieser Perspektive jedoch einen weiteren Aspekt hinzu: Wer Barzilais Auftritt zulasse, schrieben die Protestierenden vor dem Londoner »Heaven« in einem offenen Brief, beteilige sich am »Pinkwashing« Israels – einer Strategie der Regierung, die mittels eines LGBTIQ-freundlichen Images von ihren »Menschenrechtsverstößen« gegen die Palästinenser*innen ablenken wolle. Barzilai werde, da sie eine LGBTIQ-Ikone ist, also als Feigenblatt des israelischen »Apartheidregimes« instrumentalisiert – und lasse das auch bereitwillig zu.[1] Folglich sei ein Boykott von Nettas Auftritt ein Akt der Solidarität mit den Palästinenser*innen: »We ask that you cancel Netta's show, refuse to participate in the pinkwashing of Israel's apartheid regime, and stand on the right side of history.«[2]

»Pinkwashing«, »Apartheidregime« und die »richtige Seite der Geschichte«: Hinter diesen Vorstellungen, die als emanzipatorische Forderung von LGBTIQ formuliert werden, stecken manichäisches Denken und antisemitische Ressentiments. Und das ist nicht nur in weiten Teilen der BDS-Bewegung verbreitet, sondern hat auch in akademischen Zirkeln prominente Stichwortgeber*innen: zum Beispiel die Queer-Theoretikerin an der Rutgers University in New Jersey, Jasbir Puar, und die New Yorker Schriftstellerin und Professorin an der City University of New York, Sarah Schulman.[3] Puar und Schulman zufolge betreibe die israelische Regierung Pinkwashing, indem sie Israel als weltoffen, fortschrittlich und tolerant gegenüber Homosexuellen darstelle, die umliegenden Länder hingegen pauschal als rückständig und homosexuellenfeindlich klassifiziere. Mit dieser vermeintlichen moralischen Überlegenheit würde die Regierung in Jerusalem wiederum rechtfertigten, Palästina zu besetzen und die palästinensische Bevölkerung zu unterdrücken. Im Rahmen der Pinkwashing-Strategie würde zudem nicht nur die Unterdrückung der Palästinenser*innen legitimiert, sondern auch die Diskriminierungen verschleiert, die israelische LGBTIQ in ihrem angeblich so LGBTIQ-freundlichen Land erlebten – und davon gebe es, so Jasbir Puar, zahlreiche.[4]

Zudem würde dem (weißen, männlichen, monogamen, zur Mittelklasse gehörenden, nicht-muslimischen etc.) LGBTIQ-Mainstream eine Integration in das nationale Kollektiv angeboten, während andere Individuen aus dem LGBTIQ-Spektrum umso vehementer marginalisiert und diskriminiert würden – ein Phänomen, für das Puar das Konzept des »Homonationalismus« entwickelt hat. Im Sinne kolonialrassistischer Projektionen würde die Unterscheidung zwischen legitimer und »perverser« Homosexualität entlang rassistischer und klassistischer Kategorien getroffen.[5]

Belege für Puars These, dass der vergleichsweise liberale Umgang Israels mit seinen LGBTIQ-Bürger*innen reine Schimäre sei, sehen die selbsternannten Pinkwatcher*innen etwa in einem Foto, das die nationalen Streitkräfte der Israel Defense Forces (IDF) im Juni 2012 auf ihrer Facebook-Seite geteilt hatten: Das Bild zeigt zwei händchenhaltende männliche Soldaten in Uniform. Im zugehörigen Post schreibt die IDF, dass sie alle Soldat*innen gleich behandle, unabhängig von ihrer sexuellen Orientierung.[6] Wie diversen Blogs und Webseiten zu entnehmen ist, gelten den Pinkwatcher*innen aber auch queere Filmfestivals und Pride Parades in Israel als Ausdruck des israelischen Pinkwashings – ja sogar, wenn Delegationen von LGBTIQ-Jugendlichen ins Ausland reisen: Als im März 2012 eine Gruppe israelischer LGBTIQ-Teenager durch die USA tourte, verhinderten amerikanische Pinkwatcher*innen ein Treffen der Gruppe mit der Seattle LGBT Commission. Die Begründung: Das Treffen gewährleiste keine ausgeglichene Perspektive auf den Nahostkonflikt.[7]

Worin besteht nun das antisemitische Moment in den Pinkwashing-Vorwürfen? Schließlich steht außer Frage, dass es Marketingkampagnen der israelischen Regierung gibt: So wandte sich etwa 2010 eine Kampagne des Tourismusministeriums explizit an Personen aus dem LGBTIQ-Spektrum und stellte vor allem Tel Aviv als geeignetes Urlaubsziel für Lesben und Schwule dar.[8] Auch das Foto mit den händchenhaltenden IDF-Soldaten war kein zufälliger Schnappschuss, sondern gestellt. Wie die Initiator*innen später einräumten, war zudem lediglich einer der beiden Soldaten homosexuell. Und tatsächlich hatte sich Premierminister Benjamin Netanyahu nach Barzilais Sieg beim Eurovision Song Contest wohlwollend über die Sängerin als »beste Botschafterin Israels« geäußert.

Ebenso außer Frage steht, dass es in Israel Diskriminierungen gegenüber Lesben, Schwulen, Bi-, Trans- und anderen Menschen aus dem Regenbogenspektrum gibt: So wies die Popsängerin Dana International, die 1998 den Eurovision Song Contest gewonnen hatte, in Interviews immer wieder darauf hin, dass sie als offen lebende Transfrau nicht in allen Teilen des Landes sicher sei. In besonders religiösen Vierteln Jerusalems etwa könne sie sich kaum auf die Straße trauen, ohne damit zu rechnen, »eine Flasche ins Gesicht« geworfen zu bekommen.[9] Ein Ultraorthodoxer war es auch, der bei der Jerusalemer Pride Parade 2015 mit dem Messer auf mehrere Teilnehmer*innen losging und dabei die 16-jährige Shira Banki tödlich verletzte.[10] Und auch unter israelischen LGBTIQ gibt es sicherlich Rassismus und Diskriminierung gegenüber Palästinenser*innen oder gar pauschalisierend gegenüber denjenigen, die sich selbst als Muslime bezeichnen oder denen Muslimischsein zugeschrieben wird.

Doch rein rechtlich sind LGBTIQ in Israel weitestgehend gleichgestellt: Während in den Nachbarländern Ägypten, Libanon und Syrien homosexuelle Handlungen zwischen erwachsenen Männern mit mehrjährigen Gefängnisstrafen sanktioniert sind, sind in Israel eingetragene Partnerschaften möglich, außerdem werden gleichgeschlechtliche Ehen anerkannt, die im Ausland geschlossen wurden. Auch wenn das Foto der beiden IDF-Soldaten gestellt ist, entspricht die Gleichstellung von LGBTIQ in der IDF den Tatsachen: Homosexuelle sind seit 1993 in der Armee gleichgestellt, das Hague Center for Strategic Studies listete die IDF in einer Studie über die Akzeptanz sexueller Minderheiten in der Armee von 2014 auf dem neunten Platz weltweit (zum Vergleich: Großbritannien kommt in diesem Ranking auf Platz drei, Kanada auf Platz sechs, Deutschland auf Platz zwölf und die USA auf Platz 37).[11] Und auch die Diskriminierungen, die arabische Israelis beziehungsweise Palästinenser*innen mit israelischer Staatsangehörigkeit erleben, werden zwar vom Staat sicherlich nicht konsequent genug bekämpft, dennoch kann von Apartheidstaat keine Rede sein: Arabische Israelis haben dieselben Bürgerrechte wie jüdische Israelis. Der Begriff Apartheidregime ist für Israel also nicht nur unzutreffend, sondern er verharmlost den ehemals staatlich angeordneten Rassismus in Südafrika.

Die Art und Weise, wie die Pinkwatcher*innen die Gleichzeitigkeit von scheinbar widersprüchlichen Phänomenen – die relative Freiheit von LGBTIQ in Israel einerseits und die weiterhin bestehenden Diskriminierungen andererseits – deuten und sie mit der Palästinapolitik Israels verknüpfen, ist dichotomisierend verkürzt und folgt einer spezifischen antisemitischen Logik: Israel wird dabei zum »Juden unter den Staaten«[12] gemacht, dem kategorisch alles Schlechte zugeschrieben wird. Die Argumente gegen Israel sind dabei dieselben wie jene, die in typisch antisemitischer Weise gegen einzelne Jüdinnen und Juden gerichtet werden. Dass es sich dabei nicht um eine legitime Kritik am politischen Handeln des Staates Israel handelt, wird beispielsweise mittels des von Natan Sharansky entwickelten »3D-Test« deutlich: Israelkritik ist demnach immer dann als antisemitisch einzustufen, wenn die

Argumentation dabei mindestens eins der drei Ds aufweist: Delegitimierung, Doppelstandards, Dämonisierung.[13]

Die Argumentation der Pinkwatcher*innen erfüllt bei diesem Test mindestens zwei der drei Ds, nämlich Dämonisierung und Doppelstandards. Ersteres zeigt sich bereits an der Etymologie des Begriffs, der sich aus dem Konzept »Whitewashing« ableitet: Während Whitewashing generell die strategische Vertuschung unvorteilhafter Aspekte von Unternehmen bezeichnet, bezieht sich etwa Greenwashing darauf, speziell umweltschädliche Aktivitäten von Unternehmen zu vertuschen. Pinkwashing bezeichnet schließlich die Strategie, das Engagement für die Erkrankten von Brustkrebs besonders hervorzuheben, während das betreffende Pharmaunternehmen gleichzeitig mit dem Verkauf von Brustkrebsmedikamenten riesige Summen Geld verdient – also letztlich von der Krankheit und den Erkrankten profitiert.[14] Die Farbe Pink bezieht sich also auf die rosa Schleife, die sich Brustkrebsüberlebende anstecken – nicht etwa auf die Farbe, die mit der LGBTIQ-Szene in Verbindung gebracht wird.

Schon die Übersetzung dieses Vorwurfs von Pharmaunternehmen auf einen ganzen Staat beziehungsweise eine ganze Regierung macht deutlich, inwiefern der Vergleich hinkt: Das angeblich sein Engagement für die Rechte von LGBTIQ allzu sehr hervorhebende Israel müsste also, um in der Analogie zu bleiben, eigentlich von Homosexuellen- und Transfeindlichkeit profitieren. Doch der Pinkwashing-Vorwurf vergleicht nicht LGBTIQ mit LGBTIQ, sondern LGBTIQ mit Palästinenser*innen: Nach dieser Logik würde also Israel vorgeben, für die Rechte von LGBTIQ einzutreten – und dabei von der Situation der Palästinenser*innen profitieren.

Dass Israel die Rechte von LGBTIQ für ihre Konflikt-Rhetorik genutzt hätte, ist Beobachter*innen wie dem queeren israelischen Journalisten James Kirchick nicht bekannt, der in der israelischen Zeitung Haaretz schreibt: »Es darf getrost bezweifelt werden, dass die Regierung Israels ihre Handlungen im Nahostkonflikt jemals mit der Befreiung von Lesben und Schwulen gerechtfertigt hätte.«[15] Auch im Fall der händchenhaltenden Soldaten hatte die Kommunikationsabteilung der IDF keine Bezüge zum Nahostkonflikt hergestellt. Der Zusammenhang, dass Israel sein homosexuellenfreundliches Image zur Legitimierung der »Besatzung Palästinas« nutze, wird von den Pinkwatcher*innen konstruiert.

Diese Verbindung ist kein zufälliger logischer Fehler, sondern steht im Dienste einer manichäischen Dämonisierung Israels, die keine Bezüge zu tatsächlichen Handlungen des Staates benötigt. Wie Stephan Grigat schreibt, versetzt »der Antisemitismus [...] Juden in eine ausweglose Situation. [...] Was auch immer Juden tun, sie liefern den Antisemiten stets nur neues Material zur Illustration ihres Wahns. Passt ein Verhalten einmal nicht in die projektive Bilderwelt des Antisemiten, wird es gerade dadurch integriert, dass in solch einem unerwarteten Agieren eine besondere Perfidie zwecks Verschleierung der wahren Absichten vermutet wird.«[16]

Das Motiv des verschlagenen Juden, der etwas im Schilde führt beziehungsweise mit seinesgleichen an einem sinistren Masterplan arbeitet, wird hier auf den Staat Israel angewandt. Israel und seiner Regierung ist nicht zu trauen, hinter jeder ihrer Entscheidungen wird ein opakes Motiv vermutet. In dieser Logik, in der Israel zu nichts Gutem fähig ist und gleichzeitig seine wahren Absichten verheimlicht, muss jede positive Entwicklung Argwohn erregen: Die rechtliche Gleichstellung von LGBTIQ in Israel, das Bestreben um den Abbau von Diskriminierungen und die mediale Präsenz von israelischen Künstler*innen aus dem LGBTIQ-Spektrum können dann nicht tatsächlich eine positive Entwicklung sein, sondern sind Teil eines »schwulen Propagandakrieges« (Jasbir Puar)[17], der von Israels verbrecherischen Handlungen ablenken soll.

Zu dieser Dämonisierung in den Argumenten der Pinkwatcher*innen kommt außerdem noch ein Doppelstandard hinzu, an dem sie

Israel messen: Gleich an mehreren Argumenten wird deutlich, dass offensichtlich an Israel andere Maßstäbe angelegt werden als an andere Länder. Israel ist weder das einzige Land, das Imagekampagnen gestartet hat, noch das einzige Land, in dem es Diskriminierungen von LGBTIQ gibt. Im Gegenteil: Grundsätzlich könnte man diversen Staaten vorwerfen, nur deshalb für Menschenrechte einzutreten, um von Missständen in anderen Kontexten abzulenken. Doch derartige Äußerungen gab es weder bei der von diversen deutschen Medienunternehmen 2005 gestarteten Kampagne »Du bist Deutschland«[18], die Deutschland als weltoffenes und multikulturelles Land präsentierte und an der sich zahlreiche deutsche Prominente beteiligten, noch bei der Kampagne »Wir gehören zusammen«, die 2010 von der deutschen Botschaft gelauncht wurde und die deutsch-türkischen Beziehungen als Erfolgsgeschichte darstellte.[19] Dabei steht außer Frage, dass die soziale Realität in Deutschland ganz anders aussieht, als in den besagten Kampagnen dargestellt: Weder wird Staatsbürger*innen mit Migrationshintergrund gleichermaßen zugestanden, sich als Deutschland zu fühlen, noch kann der für die »Wir gehören zusammen«-Kampagne eingespannte Profifußballer Mesut Özil sich Deutschland und der Türkei gleichermaßen zugehörig fühlen, ohne dabei immer wieder rassistisch angefeindet zu werden.

Mäßen die Pinkwatcher*innen andere Länder an denselben Standards, an denen sie Israel messen, fielen die Vergleiche indes weitaus absurder aus: Die rechtliche Situation von Schwulen, Lesben, Bisexuellen, Trans- oder Intersexuellen in Israel hat ebenso wenig mit dem Nahostkonflikt zu tun wie, sagen wir: der geplante Ausstieg Deutschlands aus der Atomenergie mit Racial Profiling in der deutschen Polizei. Oder, wie James Kirchick nach dem abgesagten Treffen der israelischen LGBTIQ-Teenager mit der Seattle LGBT Commission schrieb: Israelische LGBTIQ-Teenager wegen der israelischen Palästina-Politik zu boykottieren sei so, als boykottiere man tschechische Bierbrauer wegen des Verhaltens der tschechischen Regierung gegenüber den tschechischen Roma.[20]

Zweitens wird besagter Doppelstandard daran deutlich, dass sich die Pinkwatcher*innen in keiner Weise für die homosexuellenfeindlichen Zustände in anderen Ländern des mittleren und Nahen Ostens zu interessieren scheinen, wo Schwule, Lesben, Bisexuelle sowie Trans* und Inter* tatsächlich staatliche Verfolgung und Strafen fürchten müssen. Wie Floris Biskamp in seiner Kritik an Jasbir Puars Buch »Terrorist Assemblages« schreibt, bezieht sich Puar nicht auf reale politische Gegebenheiten, sondern kritisiert lediglich »Bilder« und »Projektionen«, die »der Westen« vom »Orient« hat. Dieser wird vor allem als rückständig und barbarisch konstruiert, was unter anderem durch angebliche Homosexuellenfeindlichkeit begründet wurde. Weil ihr jede Erwähnung der rechtlich manifestierten Homosexuellenfeindlichkeit etwa in Syrien, im Libanon oder Ägypten ausschließlich als Beleg dieser kolonialen, muslimfeindlichen Projektionen gilt, verstellt sie sich die Möglichkeit, zwischen fundierter Kritik und reinem rassistischen Ressentiment gegenüber den »muslimischen Anderen« unterscheiden zu können. »[Puar kommt] gar nicht erst auf die Idee, dass islamische Länder nicht allein in der Phantasie des Westens existieren, sondern reale Orte sind, an denen reale Menschen reale, kritikwürdige Handlungen begehen.«[21]

Obwohl Puars Kritik an kolonialrassistischen Dichotomisierungen durchaus berechtigt und sogar notwendig ist, verfällt sie paradoxerweise selbst einer Dichotomisierung, indem sie Israel ausschließlich als imperialen Aggressor konstruiert und dessen tatsächlich liberale LGBTIQ-Politik als rein taktisches Manöver auffasst. Die Widersprüchlichkeit, die darin besteht, dass rechtliche Gleichstellung zumindest für einen Teil der LGBTIQ tatsächlich Freiräume und ein besseres Leben ermöglicht, während gleichzeitig weiterhin Ausschlüsse gegenüber rassistisch diskriminierten LGBTIQ stattfinden, kann hier nicht ausgehalten, sondern muss zu Lasten Israels vereindeutigt werden.

Am Vorwurf des Pinkwashing zeigt sich also deutlich, dass die Pinkwatcher*innen hinter ihren eigenen emanzipatorischen Ansprüchen zurückfallen und mitnichten eine differenzierte Kritik an soziopolitischen Zuständen in Israel üben, sondern sich in ihren Argumenten von antisemitischen Ressentiments korrumpieren lassen. Ein differenzierter, ressentimentfreier Blick würde es sowohl erlauben, die relative Freiheit und rechtliche Gleichstellung anzuerkennen, die für LGBTIQ in Israel möglich ist, als auch Kritik an weiterhin bestehenden Diskriminierungen zu artikulieren. Stattdessen erzeugen die Pinkwashing-Vorwürfe eine Opferkonkurrenz zwischen israelischen LGBTIQ und Palästinenser*innen, die keiner der beiden Gruppen zu mehr Rechten, Freiheit und Emanzipation verhilft. Denn dass die Pinkwatcher*innen den Boykott von israelischen LGBTIQ als Zeichen der Solidarität mit den P lästinenser*innen begreifen, ändert tatsächlich nichts an der Situation der Palästinenser*innen – und umgekehrt profitieren israelische LGBTIQ in keiner Weise von der Situation in Palästina.

Erfreulicherweise scheint sich diese Erkenntnis zunehmend in den LGBTIQ-Communities weltweit durchzusetzen – ebenso wie die Feststellung, dass mit dem Vorwurf eines orchestrierten, von der Regierung gesteuerten Pinkwashings die Interventionen und das Engagement von LGBTIQ für mehr Sichtbarkeit, gleiche Rechte und Freiheiten unsichtbar gemacht werden.

So nimmt zum einen die öffentliche Präsenz der Pinkwatcher*innen offenbar ab, zum anderen führt die Kampagne in Israel selbst zu Irritationen in der Community: Denn gerade regierungskritische Schwule und Lesben nutzen ihre Anerkennung in der israelischen Gesellschaft für mehr Verständigung mit den Palästinenser*innen. So kritisierten etwa die lesbische Schauspielerin Orna Banai und der schwule Showmaster Assi Azar während des Gazakonflikts im Sommer 2014 das Vorgehen der Armee und äußerten ihre Solidarität mit Araber*innen in Israel.

Wenn das Engagement von prominenten israelischen LGBTIQ wie Orna Banai, Yassi Azar und Netta Barzilai von Pinkwatcher*innen als politische Strategie diffamiert wird, weil es nicht mit der dämonischen Imago von Israel zusammenpasst, dann ist das nicht nur ein Anzeichen für die Ignoranz gegenüber der Komplexität der Wirklichkeit, sondern auch gegenüber der tatsächlichen Emanzipation von Lesben, Schwulen, Bisexuellen, Trans*, Inter* und anderen Queers.

Anmerkungen

1 »Barzilai has willingly taken on the role of cultural ambassador for Israeli apartheid, using pop music to keep Israel's ongoing denial of Palestinian human rights out of mind.« (»Boycott Barzilai's Propaganda Shows«), in: Pinkwashing Israel, 14.11.2019. Online abrufbar unter: www.pinkwatchingisrael.com/portfolio/boycott-barzilais-propaganda-shows/ [letzter Zugriff: 12.12.2018].

2 »Israel vows to ›thwart election meddling‹ amid speculation of Russian interference«, in: The New Arab, 09.01.2019. Online abrufbar unter: www.alaraby.co.uk/english/news/2019/1/9/israel-to-thwart-election-meddling-amid-russia-interference-rumours [letzter Zugriff: 12.12.2018]

3 Schulman, Sarah: »Israel and ›Pinkwashing‹«, in: The New York Times, 22.11.2011. Online abrufbar unter: www.nytimes.com/2011/11/23/opinion/pinkwashing-and-israels-use-of-gays-as-a-messaging-tool.html?_r=0 [letzter Zugriff: 12.12.2018]

4 Puar, Jasbir: »Israel's gay propaganda war«, in: The Guardian, 01.07.2010. Online abrufbar unter: www.theguardian.com/commentisfree/2010/jul/01/israels-gay-propa ganda-war [letzter Zugriff: 14.12.2018]

5 Puar, Jasbir: »Rethinking Homonationalism«, in: The Middlebury Blog Network, o. D. Online abrufbar unter: http://sites.middlebury.edu/sexandsociety/files/2015/01/Puar_Rethinking-Homonationalism.pdf [letzter Zugriff: 14.12.2018]

6 Wilson, Colin: »Why it's time to wake up to Israel pinkwashing its problems«, in: Gaystarnews, 17.08.2015. Online abrufbar unter: www.gaystarnews.com/article/why-its-time-to-wake-up-to-israel-pinkwashing-its-problems/#gs.fPB1eTWX [letzter Zugriff: 14.12.2018]

7 Kirchick, James: »The Fallacy of the ›Pinkwashing‹ Argument«, in: Haaretz, 06.04.2012. Online abrufbar unter: www.haaretz.com/1.5212011 [letzter Zugriff: 14.12.2018]

8 Schmitz, Thorsten: »Sex statt Krieg«, in: Süddeutsche Zeitung, 17.05.2010. Online abrufbar unter: www.sueddeutsche.de/panorama/israel-sex-statt-krieg-1.659359 [letzter Zugriff: 08.01.2019]

9 Wilson, Colin: »Why it's time to wake up to Israel pinkwashing its problems«, in: Gaystarnews, 17.08.2015. Online abrufbar unter: www.gaystarnews.com/article/why-its-time-to-wake-up-to-israel-pinkwashing-its-problems/#gs.WmGJnYv4 [letzter Zugriff: 08.01.2019]

10 Kubovich, Yaniv: »16-year-old Stabbed in Jerusalem Pride Parade Succumbs to Wounds«, in: Haaretz, 02.08.2015. Online abrufbar unter: www.haaretz.com/teen-stabbed-in-j-lem-pride-parade-dies-1.5382156 [letzter Zugriff: 08.01.2019]

11 http://projects.hcss.nl/monitor/88 [letzter Zugriff: 08.01.2019]

12 Grigat, Stephan: »Israel als Jude unter den Staaten«, in: Hagalil, o.D. Online abrufbar unter: www.hagalil.com/01/de/Israel.php?itemid=3188 [letzter Zugriff: 08.01.2019]
13 Sharansky, Natan: »Anti-Semitism in 3D«, in: Aish, o.D. Online abrufbar unter: www.aish.com/print/?contentID=48892657&section=/jw/s [letzter Zugriff: 08.01.2019]
14 »Yet more recently, cancer activists have decried so-called pinkwashing, which is when companies market goods and services that support women's health causes, especially breast cancer. Here, pink alludes to the pink ribbon, the symbol of breast cancer awareness.« Vgl. Kelly, John: »Whitewash, pinkwash, cloudwash, and blackwash: the many shades of -wash«, in: Oxford Dictionaries, 12.01.2017. Online abrufbar unter: https://blog.oxforddictionaries.com/2017/01/12/whitewash-wash-suffix/ [letzter Zugriff: 08.01.2019]
15 Kirchick, James: »The Fallacy of the ›Pinkwashing‹ Argument«, in: Haaretz, 06.04.2012. Online abrufbar unter: www.haaretz.com/1.5212011 [letzter Zugriff: 09.01.2019]
16 Grigat, Stephan: »Israel als Jude unter den Staaten«, in: Hagalil, o.D. Online abrufbar unter: http://www.hagalil.com/01/de/Israel.php?itemid=3188 [letzter Zugriff: 09.01.2019]
17 Puar, Jasbir: »Israel's gay propaganda war«, in: The Guardian, 01.07.10. Online abrufbar unter: www.theguardian.com/commentisfree/2010/jul/01/israels-gay-propa ganda-war [letzter Zugriff: 09.01.2019]
18 Pressemitteilung: »›Du bist Deutschland‹: Mehrheit bewertet Kampagne positiv«, in: Presseportal, 13.10.2005. Online abrufbar unter: web.archive.org/web/20071218071638/http://www.presseportal.de/story.htx?nr=736253&firmaid=59579 [letzter Zugriff: 09.01.2019]
19 Seibert, Thomas: »Wir gehören zusammen«, in: Tagesspiegel,02.07.2010. Online abrufbar unter: www.tagesspiegel.de/weltspiegel/-imagekampagne-in-der-tuerkei-wir-gehoeren-zusammen/1873812.html [letzter Zugriff: 09.01.2019]
20 Kirchick, James: »The Fallacy of the ›Pinkwashing‹ Argument«, in: Haaretz, 06.04.2012. Online abrufbar unter: www.haaretz.com/1.5212011 [letzter Zugriff: 09.01.2019]
21 Biskamp, Floris: »Ist jihadistisch das neue schwul?«, in: Jungle World, 09.12.2010. Online abrufbar unter: https://jungle.world/artikel/2010/49/ist-jihadistisch-das-neue-schwul [letzter Zugriff: 09.01.2019]

»DOCH HIER SPRICHT GERADE NICHT KOLLEGAH, SONDERN FELIX ANTOINE BLUME«

Observation eines Skandals

Céline Wendelgaß und Tom David Uhlig

Frauen sind aus Zucker und lauter feinen Sachen, Männer aus Stahl, Selbstbräuner und Cohiba-Zigarren. Titan des Rapbusiness und Selfmademan, der Boss, Kollegah, Imperator, Diktator, hat zur Zeit der Niederschrift dieses Textes *den* Antisemitismusskandal des Popjahres 2018 verursacht und es ist zu erwarten, dass bestimmt noch einige Monde über Deutschland scheinen müssen, bis ihn der nächste Macker bei diesem ewigen Staffellauf ablösen wird. Die ganze Geschichte ist einerseits ein Ansichtsexemplar für den vollkommen verstörten Umgang der deutschen Gesellschaft mit Antisemitismus. Andererseits wirft die Causa Kollegah grundsätzliche Fragen zum herrschaftskritischen Impetus von Hiphop auf, der von Popkritiker*innen gern für die letzte Bastion der Subversion gehalten wird, unter anderem wegen der vermeintlichen Verweigerungshaltung gegenüber dem gesellschaftlichen Konsens. Nehmen wir uns also ruhig ein bisschen Zeit für die Obduktion dieses Skandals.

Der selbsternannte King of Deutschrap Kollegah, mit bürgerlichem Namen Felix Blume, startete seine Karriere, indem er sich als aufgepumpte Gangsterfigur mit comichaft grotesk überzeichneten Zügen entwarf, die noch in der Überzeichnung eine gewisse Echtheit versprechen sollte. In Sachen Authentizitätsversprechen inzwischen längst abgelöst von 17-jährigen Cloudrappern, steuerte Kollegah zuletzt auf seine wahre Bestimmung zu: Palästina vor den Juden retten. Waren ihm bereits vorher die Rothschilds und die für Kenner*innen nur als NWO abgekürzte verschwörungsideologische Formel der »New World Order« nicht ganz geheuer, packte er nun aktiv an, das vom Jud geschaffene Elend zu bekämpfen. Eine »Dokumentation«, in der Kollegah durch Israel und den Gaza-Streifen mit dem Taxi fährt, sich wundert über Mauern und Grenzübergänge, die er problemlos passiert, Qasamm-Raketen aus Plastik von palästinensischen Kids kauft, Plasmafernseher für eine Schule spendet und immer wieder im Sonnenschein der Hamas-Propaganda badet, wurde im Netz schnell über eine Millionen mal angeschaut. Antisemitismus ist – nicht erst seit dem Palästina-Selbstfindungstrip – Bestandteil des Blumschen Œuvres. Wobei das Problem hier nicht auf den primitiven Tabubruch einiger Punchlines wie dem Geldverleih zum »jüdischen Zinssatz« reduziert, sondern als Problem einer Denkform beziehungsweise dem Ausfall des Denkens im bewusstlosen antisemitischen Klischee verstanden werden sollte. 2016 ließ Kollegah in einem Video den Satan malen – der einen Davidstern-Ring trug.

Felix Blume und sein Freund und Kollege Farid Bang (»no homo!«) haben ja nichts gegen Juden, sie treffen sich sogar mit ihnen, wie in der Talkrunde mit Shahak Shapira, nicht zuletzt um sie davon zu überzeugen, dass Israel der kleine Satan ist, aber sie wittern hinter jedem weltgeschichtlichen Vorgang, jedem Text, jedem Bild, jedem Symbol, das irgendwie sich zweideutig verhält und also für die Interpretation offen ist, eine Verschwörung, das Wirken einer dämonischen Geheimmacht, die überall Spuren hinterlässt, bereit, von der Premiumkartoffel Kollegah entschlüsselt zu werden. Damit bewegt sich Kollegah in einem gesellschaftlich weitverbreiteten Konsens, der strukturelle Ausdrucksformen des Antisemitismus für völlig legitim hält, und lediglich aufmerkt, wenn es gar zu explizit wird. Und zu explizit wurde es jüngst.

Ende 2017 veröffentlichten Kollegah und Farid Bang ihr drittes gemeinsames Album »Jung, Brutal, Gutaussehend 3«. Damit besinnt sich der König des Deutschraps Kollegah nach Ausflügen in den Schlager (»Von Salat schrumpft der Bizeps«) und Ballermannpop (»Wat is' denn los mit dir«) auf die Wurzeln seines Geschäftsmodells, auf das, was hierzulande unter Battlerap verstanden wird. Das Genre funktioniert ähnlich wie Horrorfilme, es werden hauptsächlich Gewaltphantasien aneinandergereiht, wobei sich die Kontrahenten mit immer gröberen Geschmacklosigkeiten zu übertrumpfen versuchen. Es ist diesem musikgewordenen Alptraum aller besorgten Eltern im besten Falle zumindest anzurechnen, reale Gewalt durch karikatureske Überspitzung deutlich zu machen und dabei den Rezipient*innen das Probehandeln von Phantasien zu erlauben, zu deren Entstehung es sicher nicht erst die Musik brauchte. Gleichwohl ist nicht davon auszugehen, dass der ultrapotente Macker, von dem der deutsche Battlerap handelt, oft eben nicht als vertrottelte Witzfigur verstanden wird, die gegen ihre reale Ohnmacht sinnlos wütet, indem sie auf alles draufschlägt, was ihr schwächer erscheint – vornehmlich Frauen und Schwule. Trotz aller Medienkompetenz der Jugendlichen und jungen Erwachsenen, welche die Hauptzielgruppe bilden, ist die Angst der Erziehungsberechtigten womöglich nicht ganz unberechtigt, dass der Kram als Anleitung zum brutalen Leben aufgefasst werden könnte. Schlauer wäre die Aufregung aber, wenn Sexismus und Homophobie auch in zeitgenössischen Produktionen der Popmusik kritisiert würde, die etwas leichtfüßiger daherkommen. Wenn der Sunshine-Rapper Cro in seinen radiofreundlichen Songs davon singt, Frauen zu erschießen, die ihm mit Schwangerschaft blöd kommen, stößt das so gut wie niemandem auf, weil der Sound einfach so nett swingt – vor allem aber, weil beim biodeutschen Cro niemand dessen Zustimmung zum westlichen Wertekanon in Frage stellen würde. Das ist bei den »migrantisch-muslimischen Prolls« Kollegah und Farid Bang natürlich etwas ganz anderes. Auch verdruckst faschistische Bands wie die heimatbewusste südtiroler Kombo Frei.Wild, die sich immer wieder zähneknirschend von ihrer »Nazivergangenheit« distanziert, können im medialen Mainstream weitgehend problemlos ihren unpolitischen Patriotismus (sprich: die Ideologie der Volksgemeinschaft) propagieren – etwa 2016, als ihnen der Echo-Preis der Kategorie »Rock National« [sic!] verliehen wurde. Zwei Jahre später löste die Nominierung von Boss und Banger in diesem Event einen Skandal aus, der schließlich zur Abschaffung der ganzen Veranstaltung führte.

Statt latentem Antisemitismus hatte Farid Bang in einen der Texte des Superseller-Albums eine Zeile eingebaut, in der sich über KZ-Häftlinge amüsiert wurde. Dass das Album mit dieser Zeile nun mit einem Preis geehrt werden sollte, der sich zwar lediglich an Verkaufszahlen orientiert, wohl aber doch eine gewisse Symbolkraft hat, rief eine Reihe heftiger Reaktionen hervor, zunächst vom Sänger der Toten Hosen Campino, der in seiner Bühnenrede die Verleihung skandalisierte, wenn er dabei auch eher Rockopa-zittrig als cool daher kam. Im Nachgang gaben etliche Musiker*innen ihre alten Echos zurück, was schließlich die Veranstalter des ohnehin maroden Events veranlasste, diesen bis auf weiteres abzusagen.

Unbenommen des eklatanten Hasses auf Jüdinnen, Juden, Frauen und Schwule in den Texten Kollegahs, kann doch die Frage gestellt werden, warum ausgerechnet hier eine Grenze gezogen wurde, warum nicht bei den zahlreichen anderen problematischen Künstler*innen, die mit dem Preis geehrt wurden. Als der radiofreundliche Schnulzenstar Xavier Naidoo beispielsweise den Echo 2017 moderierte, hat sich kaum jemand echauffiert, obwohl Naidoo zuvor bei dem verschwörungsideologischen Forum der sogenannten Montagsmahnwachen für den Frieden den Reichsbürgermythos eines immer noch besetzten Deutschlands bediente. Kurze Zeit nach seiner Moderation beim Echo bekräftigte er diesen gefährlichen Unsinn nochmals im Frühstücksfernsehen und legte im Song »Marionetten« weitere eindeutig antisemitische

Chiffren über »Baron Todschild« nach. Ein Jahr später strengte Naidoo eine Unterlassungsklage gegen eine Mitarbeiterin der Amadeu-Antonio-Stiftung an, die sein fragwürdiges Engagement als antisemitisch kritisierte – und gewann. Auch wenn einige Institutionen, allen voran die Stadt Mannheim mit der dort ansässigen Pop-Akademie, sich von Naidoo distanzierten, blieb der große öffentliche Skandal aus: Naidoo ist weiterhin ein gern gesehener Gast in Talkshows und Moderator beliebter Fernsehsendungen. Kollegah und Farid Bang sind im Gegensatz zu Naidoo keine frommen Soulsänger, die halt ab und an einen schwulenfeindlichen Spruch drücken, sondern werden von der erwachsenen Öffentlichkeit in erster Linie als »Assis« und »Proleten« gesehen. Damit machen sie es der Mehrheitsgesellschaft leicht, sie zu verurteilen. Tatsächlich besteht hier eine Art unausgesprochenes Arbeitsbündnis: Der Schock über das Auftreten der Bad Boys reinigt das Gewissen des »Erinnerungsweltmeisters«, der über seinen eigenen Antisemitismus lieber nicht so genau Bescheid wissen will, und beschert darüber den Bürgerschrecken bessere Verkaufszahlen. Als rote Linie bietet sich hier die Verhöhnung der Opfer der Shoah deshalb so gut an, weil der verschwörungsmythisch daherkommende oder strukturelle Antisemitismus vielleicht dann doch etwas zu nah am eigenen ist. Man könnte natürlich auch gleich sagen: Er ist deckungsgleich. Die toten Juden allerdings, die sind den Deutschen heilig, weil sie Teil des Selbstbildes eines postnationalsozialistischen Deutschlands sind, das seine Vergangenheit vorbildlich aufgearbeitet hat. Keine Witze über unsere Opfer!

In den Feuilletons wurde erstmal ein wenig über Antisemitismus gesprochen, dann aber schnell wieder versucht, das Geschehen debattenförmig werden zu lassen, sodass am Ende die jährlich wiederkehrende Diskussion um Freiheit der Kunst rausgekommen ist – was darf sie, was nicht, habt ihr dazu was gehört, weiß jemand mehr? Das Rätsel, was es denn eigentlich mit der Freiheit der Kunst auf sich hat, wird in diesem Rahmen wohl nie gelöst werden und ist als Scheindebatte zu kritisieren. Besonders augenfällig war dies etwa in der Diskussion um Günter Grass' antisemitischen Kollaps »Was gesagt werden muss«, als plötzlich halb Deutschland zu Philologen wurde und über die Form des Gedichtes an sich sinnierte, anstatt die Fieberfantasien dieses Gewissens der Nation auseinanderzunehmen, Israel würde den Weltfrieden gefährden, was bei rund 20 Kriegen, die dieses Jahr gesehen hat, eine abenteuerliche Behauptung ist. Die Ästhetisierung von Antisemitismus, seine Stilisierung zur Kunst, scheint immer wieder den Reflex auszulösen, den Vorwurf, nicht aber den Antisemitismus selbst zu besprechen. So war der Fluchtweg, den Kollegah und sein Adjutant schließlich wählten, bereits vorgezeichnet: Ein paar halbgare Entschuldigungen gepaart mit dem Verweis auf die Freiheit der Kunst. Und dann natürlich noch der obligatorische Ausflug von Kollegah und Farid Bang nach Auschwitz, wo man das Versprechen abgab, keine Raps mehr über den Holocaust zu machen. Der Versuch einer Selbstimmunisierung gegen Kritik qua Verweis auf Kunstfreiheit geht dabei fehl, selbst wenn man geneigt ist, einen entgegenkommenden Kunstbegriff anzulegen, der die Musik der beiden Kampfkolosse inkludiert: Kunst steht nicht außerhalb der Kritik, weil sie Kunst ist, und dort, wo sie den Anspruch aufgegeben hat, solche zu sein, erst recht nicht. Im ersten Track auf »King« mit dem verzweifelten Titel »Alpha« gibt Kollegah den Interpretationsschlüssel aus, mit dem in fünfzig Jahren dann die Reclam-Lektürehilfe zu seinem Werk einsteigen darf: »Doch hier spricht grad nicht Kollegah, sondern Felix Antoine Blume.« Die Realness holt die Kunstfigur streckenweise ein. Uneigentliches wird zu eigentlichem Sprechen. Es geht dann nicht mehr um »Pumpgunpatronen so groß wie Wassermelonen«, sondern darum, wie Felix Blume die Welt sieht und wie er möchte, dass seine Zuhörer die Welt sehen. Es geht dann nicht mehr um Kunst, die sich ihrem Begriff nach nicht auf bloße Agitation reduzieren lässt. Deutlich wird die Überschreitung dieser Grenze und damit der Bruch in Blumes Performance etwa im

Vergleich der im Abstand weniger Jahre veröffentlichten, aber inhaltlich aneinander anschließenden Songs »Armageddon« und »Apokalypse«. Im ersten Track reiht Kollegah derart wirre Verschwörungstheorien aneinander, dass auch dem durchgeknalltesten Hörer eine gewisse Überzeichnung klar werden muss. Das Armageddon bricht aus und »irgendwo aus der Bosporuspassage schwadronieren marodierende Robotersoldaten und Komodowarane mit Oktopustentakeln in das Staatsgebiet des nahegelegenen Kosovoalbaniens«, Kolle metzelt sich durch ein Meer aus Feinden und killt am Ende das Zyklopenwesen, das für den ganzen Spuk verantwortlich war – akkurat exekutierter B-Movie-Trash, so unterhaltsam wie bescheuert. In der darauffolgenden Apokalypse ist dann aber irgendetwas in Schieflage geraten: Der Endkampf findet jetzt im Londoner Bankenviertel und Jerusalem statt und anstelle der »brandheissen Japanerin mit Katanaklingen« treten »alle Mächtigen in der Geschichte«, die »den gleichen dreizehn Blutlinien entstammen« würden, unter ihnen die Rothschilds und Rockefellers. »Meuchelei, Kriegstreiberei und Auftragsmorde« seien von diesen »Menschen vom Blut eines Dämonen« unbemerkt veranstaltet worden, eingeblendet werden im Video dazu reale Personen wie George W. Bush. Der Sprung in das, was hier für die Wirklichkeit gehalten wird, hergestellt über den Verweis auf reale Personen zeigt, dass das Spiel mit Verschwörungsmythen unterbrochen ist, die über ihre eigene Unwahrheit Auskunft geben, sondern hier Klischees verkauft werden, Denkschablonen für das Weltbild der geneigten Rezipient*innen. So leben dann auch am Ende des Tracks, wenn Kollegah die Gefahr abermals gebannt hat, alle Christen, Muslime und Buddhisten einhellig in einer Welt ohne Morde, einer Welt, so suggeriert es die Auslassung, ohne Juden.

Da offensichtlich ein Bedarf nach Deutschrap besteht, werden der berechnenden Niedertracht im Battle-Rap häufig Positivbeispiele gegenübergestellt, Rapper*innen die eine »gute Message« haben,

Aufklärung mit Sprechgesangskunst. Unangenehm fühlen sich diese gut gemeinten Alternativen an, als würde dein Vater ohne zu klopfen ins Teeniezimmer platzen, während du auf Nirvanas »Rape Me« abgehst, und mit einer Platte von Bruce Springsteen vor deiner Nase rumwedeln. Der pädagogische Ansatz kann ja hier gar nicht anders als Entschärfung verstanden werden: Die Erwachsenenwelt mischt sich mal wieder in Dinge ein, die sie ohnehin nicht kapiert und macht die Lust kaputt, im Dreck zu spielen, wodurch dieser natürlich nur noch interessanter wird. Gerade die Indizierung der ersten beiden »Jung, Brutal, Gutaussehend«-Alben wie auch der Skandal um das dritte Album, machen diese erst so richtig attraktiv, ist hier doch sogar belegt, dass damit ein gesellschaftlicher Konsens gestört wird, der von Jugendlichen sowieso als einzige Verschwörung der Erwachsenen gegen ihr Leben, gegen ihre Interessen, gegen ihre Bedürfnisse interpretiert wird. Den Hinweis auf Jugendgefährdung bräuchte es ja nicht, wenn die Jugend sich nicht so gern gefährden lassen würde. Rap, der alles richtig macht, hingegen ist schön für Kids, die auch alles richtig machen, und die dadurch bestätigt werden, wie richtig sie damit liegen. Es geht dabei nicht um den Hip Hop der Belanglosigkeit, der »derben Beats und fetten Reime« wie sie die Fantastischen Vier oder Absolute Beginner ihrem körperlich wie geistig stark gealterten Publikum immer noch andrehen, sondern den Conscious-Rap, wie ihn zum Beispiel prominent Sookee vertritt. Die Berliner »Quing of Rap« vertont gutgelaunt (queer-)feministische Sozialpädagogikvorlesungen für ein Publikum, das sie einerseits feiert und andererseits streng beäugt, ob sie denn auch ja nicht vom Diskurs abweicht: Nachdem sie einen Song über die Diskriminierung von Schwulen und Lesben veröffentlichte, wurde ihr vorgeworfen, sie schließe damit andere Marginalisierte aus, was sie dazu veranlasste, den Fehler als »Lernprozess« in zwei weiteren Tracks aufzuarbeiten. Als sie im Song »If I had a dick« toxischer Männlichkeit einen alternativen Lebensentwurf entgegensetzte, kassierte sie den Vorwurf der Transfeindlichkeit, was sie nach eigener Angabe schwer verletzte und dazu führte, einen Auftritt abzusagen. Lernfähigkeit, sich irritieren zu lassen, über die eigenen Ressentiments reflektieren ist im Alltag natürlich eine super Sache, aber vor lauter Moral der Geschichte wird hier die Geschichte selbst vergessen. Rap ist in diesem Fall wenig mehr als Erziehungsprogramm für die ohnehin Wohlerzogenen, ein selbstreferentieller Diskurs, bei dem fraglich ist, warum er überhaupt mit Beats unterlegt werden und nicht einfach im Hörsaal mit PowerPoint präsentiert werden sollte. »Und auf der anderen Seite Conscious Rap-Dreck/Bevor ich ›Peace‹ nach einem Battle sage, sage ich lieber ›Swag‹«, rappt Grim104 und pöbelt damit gegen das hier produzierte harmonistische Einvernehmen.

Was aber dann? Was soll man seinen Kids unter den Weihnachtsbaum legen, wenn sie doch so gerne Kollegah, dieser Laune der Kultur, beim Abhusten seiner fragilen Männlichkeit lauschen? Die Kulturredaktion empfiehlt, den Kleinen schnellstmöglich Englisch beizubringen (einfach ein paar Tage lang vor Netflix setzen!) und sie dann etwa mit den gesammelten Werken Kendrick Lamars vertraut zu machen. Wenige Tage nachdem Kollegah die plexigläserne Echo-Trophäe in Empfang nehmen durfte, wurde der US-amerikanische Rapper Lamar mit dem Pulitzer-Preis ausgezeichnet, als erster Künstler, der nicht aus dem Bereich der klassischen Musik kommt. Lamar wuchs in den 1990er-Jahren in Compton auf, das traurige Berühmtheit erlangte durch die dort grassierende Kriminalität, Gangkriege, Gewalt und Tötungsdelikte, ein Vielfaches über dem Landesdurchschnitt. Der kommerzielle Breakthrough gelang Lamar 2012 mit der Platte »Good Kid, M.A.A.D City« und im darauffolgenden Jahr mit »To Pimp a Butterfly«. Letztere lieferte mit dem Song »Alright« unter anderem die Hymne der Black-Lives-Matter-Bewegung. Lamar spielt nichts gegeneinander aus, nutzt dumme Verallgemeinerungen nur, um ein lyrisches Gegenüber zu beleidigen, weil sein Gegenüber einerseits er selbst als Person in

Reflexion ist und andererseits die Black Community, die er stärken möchte. Selbst wenn Lamar über Reichtum rappt, über den er jetzt verfügt, passiert das viel raffinierter, gebrochener als es Kollegah kann: Im Opener von »To Pimp a Butterfly« legt Lamar »Wesley's Theory« dar, die Verteidigung des Schauspielers Wesley Snipes, der sich vor Gericht gegen die Hinterziehung von Steuern verteidigen musste. Snipes begründete sein Vergehen, indem er darauf hinwies, er habe als schwarzer Mann in Amerika nie gelernt, mit Geld umzugehen. So albern die Verteidigung auch war, Lamar arbeitet hier den wahren Kern heraus, dass es in einer rassistischen Gesellschaft nicht vorgesehen ist, dass schwarze Menschen zu Kohle kommen.

Wenn Lamar rappt »Take a few M-16s to the hood / Pass 'em all out on the block, what's good?«, klingt zwar auch die Gangsterpose durch, gleichzeitig benennt er damit aber auch die Armut und die habituellen Narben, die sie hinterlässt. Deutscher Rap tendiert dazu, die Pose zu imitieren und die Kritik zu vergessen.

PS: Das Album »Jung, Brutal, Gutaussehend 3« erreichte mit über 200.000 verkauften Einheiten Platinstatus und landete zwischenzeitig auf Platz eins der deutschen Albumcharts. Nachdem die Bertelsmann Music Group (BMG) die Zusammenarbeit im Zuge des Echo-Skandals aufkündigte, brachten Kollegah und Farid Bang ihr Nachfolgealbum »Platin war gestern« ohne deren Vertriebshilfe auf den Markt und landeten wieder auf Platz eins der deutschen Albumcharts.

WARUM WIR LINKE ÜBER DEN ISLAM NICHT REDEN KÖNNEN

Zur Ideologie der »vollen Identität«*

Sama Maani

Bis in die 1990er Jahre behauptete der Diskurs der Rassisten in Österreich und in Deutschland, die Türken würden »uns« deshalb Probleme bereiten – weil sie eben Türken seien. Seit dem Erstarken des politischen Islam, vor allem seit den Anschlägen von Nine-Eleven behauptet der neue rassistische Diskurs, die Türken (die Araber, die Nordafrikaner ...) würden »uns« Probleme bereiten – weil sie Moslems seien.

Seither gilt der Islam als eine, mit Marx zu sprechen, den Türken (Arabern, Nordafrikanern ...) »an und für sich selbst zukommende Eigenschaft«.[1] Die Kategorie »Islam« funktioniert hier als Fetisch im Marxschen Verständnis: eine gesellschaftlich (sprich durch das Sich-Bekennen gläubiger Moslems oder durch die Fremdzuschreibung an die Adresse tatsächlicher oder vermeintlicher Moslems) hergestellte Verknüpfung zwischen einzelnen Subjekten und dem Islam erscheint als eine naturgegebene. Der Zusammenhang zwischen dem Islam und den Türken (Arabern, Iranern ...) wird als ein unauflöslicher, quasi-genetischer aufgefasst.

* Eine frühere Fassung dieses Beitrags ist in dem von Stephan Grigat 2017 im Verlag Hentrich & Hentrich herausgegebenen Band »Iran – Israel – Deutschland: Antisemitismus, Außenhandel und Atomprogramm« erschienen.

Diese volle Identifizierung von Individuen und ganzen Gesellschaften mit der Kategorie »Islam« ist unabdingbare Voraussetzung des neuen Rassismus. Voraussetzung für die Kritik dieses Rassismus wäre daher die Kritik dieser Voraussetzung.

Der sich selbst als »antirassistisch« missverstehende Diskurs vieler Linker und Liberaler kann diese Kritik aber schon deshalb nicht leisten, weil er mit den Hetzern von FPÖ, AfD und Co. die Grundvoraussetzung ihres Diskurses teilt – eben jene Ideologie der »vollen Identität« (Isolde Charim)[2] zwischen Individuen aus bestimmten Gesellschaften und Ländern und »ihrem« Islam, was sich deutlich an Kampfbegriffen wie »Islamophobie« ablesen lässt: Wer nicht müde wird, »Islamophobie« oder »Islamfeindschaft« als rassistisch zu bezeichnen (oder den neuen Rassismus als »antimuslimisch« zu etikettieren), erklärt den Islam, ohne es zu bemerken, zu einer »rassischen«, quasi genetischen Eigenschaft von Arabern, Türken oder Iranern – eine ihrerseits zutiefst rassistische Position.[3] Und reproduziert, statt sie zu bekämpfen, die rassistische, rechte Ideologie der »vollen Identität« zwischen bestimmten Individuen und der Kategorie Islam.

Denn rassistisch ist selbstverständlich nicht die Angst vor einer – oder die Ablehnung einer – Glaubenslehre. Rassistisch ist einzig die fixe und falsche Verknüpfung von Herkunft und Religion.

Für viele »Antirassisten« des linken und liberalen Spektrums hat, genauso wie für Rassisten von FPÖ, AfD und Co., die Beziehung vermeintlicher oder tatsächlicher Moslems zum Islam einen buchstäblich existentiellen Charakter. Menschen, die aus Gesellschaften mit islamischer Bevölkerungsmehrheit stammen oder einen entsprechenden »Migrationshintergrund« haben, kommt aus dieser Perspektive außerhalb der Sphäre des Islam kein Existenzrecht zu. Aus dieser Sicht ist die oder der vermeintliche oder tatsächliche Muslima oder Moslem durch und durch Moslem, scheint mit dem »Islam« nicht bloß identifiziert – sondern identisch zu sein.

Was hier, in der Regel unbemerkt, auf der symbolischen Ebene des Diskurses passiert, hat im Umgang vieler islamischer Gesellschaften mit dem Phänomen der Apostasie, des Abfalls vom Islam, eine unheimliche reale Entsprechung: In Saudi-Arabien, Sudan, Jemen, Iran, Katar, Pakistan, Afghanistan, Somalia und Mauretanien kann der Abfall vom Islam mit dem Tode bestraft werden.

Was würde es aber bedeuten, diese weit verbreitete Ideologie der »vollen Identität« zu brechen – jene falsche Verknüpfung zwischen dem Islam und Individuen aus Ländern mit islamischer Bevölkerungsmehrheit aufzulösen?

Es würde zum einen dem trivialen Umstand Rechnung tragen, dass Gesellschaften mit islamischer Bevölkerungsmehrheit selbstverständlich nicht nur aus bekennenden Moslems bestehen, sondern auch aus Christen, Juden, Atheisten, Agnostikern etc., und dass dies natürlich auch für aus diesen Ländern stammende Migranten gilt. Jenen vermeintlichen (aus der Sicht der FPÖ und Pegida-Rassisten) »optischen Moslems«, denen häufig dieselben Ressentiments entgegengebracht werden wie ihren moslemischen Landsleuten.

Entscheidender ist aber, dass ein großer Teil der in Deutschland lebenden Migranten oder von Menschen mit »Migrationshintergrund«, die aus Ländern mit islamischer Bevölkerungsmehrheit (und auch tatsächlich aus moslemischen Familien) stammen, in Umfragen angibt, nicht Moslem zu sein.

Zum Beispiel 50 Prozent der aus dem Iran, 63 Prozent der aus Südosteuropa oder 36 Prozent der aus dem Nahen Osten stammenden Befragten.[4]

»Hinzu kommt«, so die Sozialwissenschaftlerin Riem Spielhaus über die besagte Studie, »ein auf den ersten Blick überraschendes Ergebnis, das [...] bis heute kaum wahrgenommen und diskutiert wurde: Ein signifikanter Anteil der Befragten, die sich laut Studie durchaus zum Islam bekannten [Hervorhebung d. A.], charakterisierte sich außerdem als ›nicht gläubig‹ oder ›eher nicht gläubig‹ [...] anders gesagt, spielt der Glaube für sie keine große Rolle in ihrem Leben.«

Und: »Menschen aus moslemischen Ländern werden [...] immer wieder mit der Frage nach der religiösen Zugehörigkeit konfrontiert und unabhängig von ihrer eigenen religiösen Praxis oder Selbstdefinition zum Moslem erklärt oder nehmen diese Zuschreibung an, ohne dass dies notwendigerweise ihre Lebensrealität widerspiegelt.«

Zuschreibungen solcher Art haben mitunter fatale Folgen. Im Juli 2016 berichtete Zeit Online über den iranischen Asylwerber Reza Hashemi (Name geändert). Bei dessen erstem Interview im deutschen Bad Berleburg weigerte sich der Dolmetscher zu übersetzen, dass er Atheist sei. »Er sagte mir: ›Du bist Iraner, also bist du Schiit‹.«[5]

Die Brechung dieser Ideologie der vollen Identität wäre aber nicht nur für atheistische Asylwerber aus Ländern mit islamischer Bevölkerungsmehrheit von Bedeutung, sondern auch und gerade im Blick auf jene Menschen, die sich tatsächlich »voll« mit dem Islam identifizieren. Denen die volle Identifizierung mit dem Islam also nicht bloß von außen zugeschrieben wird.

Genau hier, wo Menschen sich mit ihrer eigenen Unterwerfung identifizieren, ihre eigene Unterdrückung begehren und aus der Identifikation mit ihrer Unterwerfung Selbstachtung beziehen, sollte linke emanzipatorische Religionskritik ansetzen. Denn: Herrschaft kann sich ohne Identifizierungsprozesse dieser Art weder etablieren noch reproduzieren.

Voraussetzung einer solchen Kritik wäre aber die Erkenntnis, dass weder »Kulturen« noch Religionen unauflöslich mit bestimmten Ländern, Gesellschaften oder Individuen verknüpft sind, dass Menschen ihre Religion auch ändern, dass Religionen, wie im Lauf der Geschichte immer wieder der Fall, schlicht aussterben können, vor allem, dass Individuen nicht auf »ihre« Kultur oder ihre (vermeintliche oder tatsächliche) Religion reduzierbar sind.

Linke, welche die Ideologie der »vollen Identität«, ohne es zu bemerken, mit den Rechten teilen – eine Ideologie, die zwischen dem Islam und einzelnen Individuen keinen Unterschied macht – und denen folglich die Inschutznahme einer Glaubenslehre »antirassistisch« erscheint, haben jeden Anspruch auf Religionskritik aufgegeben.

Weil aber »Kritik an der Religion die Voraussetzung aller Kritik«[6] ist, wie Marx anmerkt, und daher die Voraussetzung jeder Emanzipation, ist gesellschaftliche Emanzipation ohne die Emanzipation der Gesellschaft von Religion nicht zu haben. Die Preisgabe des Anspruchs auf Religionskritik bedeutet somit nichts anderes als die Preisgabe des Anspruchs auf gesellschaftliche Emanzipation – anders gesagt: den Tod des linken Projekts.

Konfrontiert mit diesem Vorwurf und dieser Kritik, reagieren linke Vertreter der Ideologie der »vollen Identität« mit Formeln wie: »Religionskritik allein reicht nicht aus. Religiöser Fundamentalismus muss im Blick auf seine sozialen Entstehungsbedingungen analysiert werden und auf der Basis einer Kritik des Kapitalismus / der Macht / des Imperialismus …«

Dass der Begriff »religiöser Fundamentalismus« genau hier ins Spiel kommt, ist kein Zufall, sondern typisch für das Diskussionsverhalten vieler Vertreter des linken Spektrums. In ihrer Reaktion auf den Vorwurf, sie seien nicht in der Lage, (kritisch) über Religion zu reden, reden sie nicht über Religion, sondern – über »Fundamentalismus«. Im Falle des Islam: statt über den Islam – über den »Islamismus«. Mehr dazu später.

Zunächst aber: Das Argument »Religionskritik ist zu wenig, entscheidend ist die Kritik des Kapitalismus / der Macht / des Imperialismus …« verkennt, dass jegliche Macht (politische, wirtschaftliche, religiöse …), um sich etablieren und reproduzieren zu können, nicht nur unterdrücken darf. Wenn sie »stark« sein will, wie Foucault sagt,[7] muss sie die Subjekte, die ihr unterworfen sind, dazu verführen, sich mit ihrer eigenen Unterwerfung zu identifizieren, ihre eigene Unterdrückung zu begehren – und: aus der Identifikation mit ihrer Unterwerfung Selbstachtung zu beziehen.

Und weil »Identifizierung mit der eigenen Unterdrückung, aus der frau/man Selbstachtung bezieht« (in der Sprache der Psychoanalyse: narzisstische Lust) ein anderer Name für den Glauben ist – bildet Religionskritik den Kern jeder Machtkritik.

Die Strategie, Religionskritik klein zu reden, indem man sie von der Kritik der Macht oder des Kapitalismus künstlich trennt, um daraufhin zu behaupten: »Religionskritik allein ist zu wenig. Entscheidend ist Macht- und Kapitalismuskritik« beraubt Machtkritik und Kapitalismuskritik ihrer Substanz. Und erinnert an die alte, in linken Debatten immer wieder reproduzierte Rede vom »Hauptwiderspruch« (der Klassengesellschaft) und vom »Nebenwiderspruch« (der Frauenunterdrückung).

Am 8. März 1979, wenige Wochen nach dem Sieg der islamischen Revolution, demonstrierten zehntausende iranische Frauen mit Parolen wie »Freiheit ist weder westlich noch östlich – sondern universell« gegen die drohende Einführung des Kopftuchzwangs. Um sie mundtot zu machen, wurde ihnen die iranische Version der Formel vom Haupt- und vom Nebenwiderspruch entgegengeknallt: Sie mögen bitte ihren kleinlichen Kampf gegen religiöse Bevormundung bleiben lassen, um das große »antiimperialistische Bündnis« mit den islamischen Machthabern, von dem viele iranische Linke phantasierten, ja nicht zu gefährden.

Gut möglich, dass in den Debatten jener Tage auch von Religionskritik die Rede war. Wäre dem so, wäre das Argument »Religionskritik allein« (in jenen Tagen: Kritik an der religiösen Unterdrückung von Frauen) sei zweitrangig, weil »zu wenig«, wichtig sei »Machtkritik« (in jenen Tagen: Kritik am »Imperialismus«), den linken Verbündeten der islamischen Machthaber sicher sehr brauchbar erschienen.

Ähnlich »brauchbar«, wie es den vielen anderen – untereinander durchaus unterschiedlichen – Vertretern des linken Spektrums erscheinen müsste, die sich mit der islamischen Revolution solidarisch zeigten. Oder heute in der Islamischen Republik Iran einen strategischen Verbündeten sehen: Jenen »Antiimperialisten« etwa, die, wann immer von Menschenrechtsverletzungen im Iran die Rede ist, diese verharmlosen, relativieren oder verteidigen (»In Saudi-Arabien, Guantanamo, Abu Ghraib ... ist es / war es viel schlimmer!«). Und den Iran, in dem, genauso wie in Saudi-Arabien, ein brutaler, mafiös durchwachsener Kapitalismus herrscht, nicht selten als »antikapitalistische Insel« im kapitalistischen Weltsystem halluzinieren.

Oder John Rose, dem Nahostexperten der Socialist Workers Party, der 2009, am Höhepunkt der Massenproteste im Iran, seine volle Unterstützung für die islamische Revolution von 1979 bekundete.

Auch der brillante linke Theoretiker Slavoj Žižek, an sich ein scharfsichtiger innerer Kritiker der Linken, scheint eine Schwäche für den sogenannten politischen Islam zu haben. So schreibt er in seinem Buch »Auf verlorenem Posten«, er sei »versucht, zu behaupten«, dass der Islam »seine wahre Größe [...] aus seiner potentiellen politischen Anwendbarkeit«[8] beziehe.

Oder: Der verstorbene venezolanische Präsident Hugo Chavez, der dem Iran 2006 seinen »bedingungslosen Beistand« im Kampf gegen den Imperialismus zusicherte und bis zu seinem Tod herzliche Beziehungen zu Irans Ex-Präsident Ahmadineschâd pflegte. Die Liste ließe sich fortsetzen.

Jene Machtkritik, die in Formeln wie »Religionskritik ist zu wenig – was wir brauchen, ist Machtkritik« in Stellung gebracht wird, erweist sich übrigens bei genauerer Betrachtung noch aus einem anderen Grund buchstäblich als gegenstandslos: Lösen sich doch die Individuen, denen Machtkritik zugutekommen soll, in der vollen Identität mit »ihrem« Muslimness (noch ein Begriff aus der Diskurskiste der

Ideologie der »vollen Identität«) gänzlich auf. Vergehen, frei nach Rilke, vor dem »stärkeren Dasein« des Islam. Werden als – von »ihrer« Kultur unterschiedene – Subjekte aus dem Diskurs eliminiert.

An dieser Stelle mögen linke Vertreter der Ideologie der »vollen Identität« einwenden (und diesem Einwand bin ich tatsächlich häufig begegnet), dass Begriffe wie »Muslimness« oder »Islamophobie« ganz so wörtlich und ganz so buchstäblich nicht gemeint seien. Dass »Islamophobie« oder »Muslimness« Begriffe seien, die man bei Bedarf einfach durch »brauchbarere« ersetzen könne.

Für die, die so reden, sind Begriffe bloße Instrumente des Diskurses. Je nach »Brauchbarkeit« konstruier-, einsetz- und austauschbar. Dass unser Denken und Handeln von so etwas wie Ideologie gesteuert wird, dass Ideologie – als sich selbst undurchsichtiges, falsches Bewusstsein – in Begriffen transportiert wird. Und dass dies, frei nach Marx, »hinter unserem Rücken« geschieht – das alles übersehen jene linken Vertreter der Ideologie der »vollen Identität« dank ihrer instrumentellen Sicht auf Sprache und auf ihre Begriffe. Sie übersehen es, um dann in ihren Diskursen eben dieses »Hinter-dem-Rücken«, also die Tatsache, dass sie gar nicht Herrinnen und Herren ihres eigenen Redens sind, in didaktischer Anschaulichkeit vorzuführen.

Dort etwa, wo linke Vertreter der Ideologie der »vollen Identität« zugeben, dass es am Islam durchaus Kritikwürdiges gäbe, dass »Islamkritik« daher auf jeden Fall möglich sein müsse. Da sie aber zwischen vermeintlichen oder tatsächlichen Muslimen auf der einen und dem Islam auf der anderen Seite genauso wenig zu unterscheiden wissen, wie zwischen dem Islam als herrschende und repressive Ideologie in islamisch geprägten Gesellschaften und jenen »bei uns« lebenden, »von dort« stammenden Objekten rassistischen Ressentiments – wird ihnen »der Islam selbst«, wie gezeigt, zum Schutzobjekt.

Sie müssen es daher, ihrer Bekundung »Kritik am Islam muss möglich sein« zum Trotz mit akribischer Sorgfalt – aber ohne es selbst zu bemerken – vermeiden, auch nur Berührungspunkte zwischen dem Islam und Problemen islamisch geprägter Gesellschaften gelten zu lassen. Der heute im linken und im liberalen Spektrum dominierende Diskurs übersetzt den hochkomplexen Zusammenhang zwischen dem sogenannten politischen und dem traditionellen Islam in die simple Dichotomie: »Islam = (an sich) gut« versus »Islamismus = böse«.

Die Gefahr, einem Zusammenhang zwischen dem Islam und einer, wie immer gearteten, Problematik zu begegnen, löst bei Vertretern dieses Diskurses Unbehagen aus. Wie gut, dass es den brauchbaren Begriff »Islamismus« gibt. Man füge dem Begriff »Islam« die fünf magischen Buchstaben »ismus« hinzu – schon ist das Unbehagen beseitigt.

Das Unbehagen, aber nicht das Problem. Dieses wird im Gegenteil größer. Etwa dann, wenn wir uns den – mehr als absurden – Konsequenzen stellen, die sich aus der Etikettierung patriarchaler Strukturen in islamisch geprägten Gesellschaften als »islamistisch«, und nicht etwa als islamisch, ergeben. Eine Zuschreibung, die in linken »feministischen« Debatten immer wieder begegnet. Wären nämlich patriarchale Strukturen in jenen Gesellschaften tatsächlich »islamistisch« inspiriert, und nicht etwa islamisch, dann hätte erst das moderne Phänomen des »Islamismus« islamisch geprägten Gesellschaften patriarchale Strukturen beschert. Vom »Islamismus« kann aber erst seit Beginn des 20. Jahrhunderts, frühestens seit der zweiten Hälfte des 19. Jahrhunderts, die Rede sein. Vor dem 20. Jahrhundert hätte es in islamisch geprägten Gesellschaften demnach weder patriarchale Strukturen gegeben noch patriarchale Gewalt. Der Islam wäre, anders gesagt, bis zum Beginn des 20. Jahrhunderts eine feministische Glaubenslehre mit einer feministischen Glaubenspraxis gewesen.

In der Islamischen Republik Iran sind bekanntlich »Islamisten« an der Macht. Dem iranischen Rechtssystem liegt seit dem Sieg der »islamistisch inspirierten« islamischen Revolution von 1979 die Scharia zugrunde. Die Scharia, auf die das iranische Recht gründet, ist nun aber, da eine »islamistische« Scharia nicht existiert, keine »islamistische« – sondern die traditionelle islamische. Auf der Grundlage eben dieser islamischen – nicht islamistischen – Scharia werden nach offiziellen Angaben der Islamischen Republik Iran jährlich zehntausende Mädchen zwischen zehn und vierzehn Jahren (und immer wieder auch Mädchen unter neun Jahren) verheiratet. Auch zahllose andere gesetzlich festgeschriebene Menschrechtsverletzungen (Todesstrafen für Apostaten und Homosexuelle, Steinigung von »Ehebrecherinnen« etc.) haben ihre Grundlage in der islamischen Scharia.

Dieses allzu Sichtbare zu sehen – daran hindert die linken und liberalen Vertreter der Ideologie der »vollen Identität« ein Unsichtbares: Dass sie nicht durchschauen, dass ihr eigenes falsches Bewusstsein zwischen einem Glaubenssystem und den Menschen, die sich (vermeintlich oder tatsächlich) zu diesem bekennen, keinen Unterschied macht. So muss ihnen jede Verurteilung dieses Glaubenssystems als »rassistische« Verunglimpfung jener Menschen erscheinen. Den offensichtlichen Zusammenhang zwischen Menschenrechtsverletzungen – etwa im Iran – und der islamischen Scharia können sie weder gelten lassen noch denken. Menschenrechtsverletzungen in islamisch geprägten Gesellschaften sind für sie stets »islamistische«.

Dass viele Vertreter des linken und liberalen Spektrums, allen Lippenbekenntnissen (»Islamkritik muss möglich sein«) zum Trotz, sichtlich davor zurückschrecken, zwischen dem Islam und konkreten Problemen islamisch geprägter Gesellschaften auch nur Berührungspunkte gelten zu lassen – Problematisches schreiben sie, wie gezeigt, ausnahmslos dem »Islamismus« zu –, offenbart ihr tiefes Unvermögen, dem Islam gegenüber eine auch nur annähernd kritische Haltung einzunehmen. Wer aber die Realität auf so durchschaubare Weise abschafft, schafft zuallererst seine eigene Glaubwürdigkeit ab und spielt den Rassisten von FPÖ, AfD und Co. in die Hände, statt sie zu bekämpfen.

Angesichts dieser Selbstdemontage vieler Linker in Sachen Religionskritik können in der Auseinandersetzung mit rechten Hetzern auch ihre *richtigen* Argumente ihre Wirkung verfehlen. Etwa jenes, dass soziale Deklassierung zu religiöser Radikalisierung beitragen kann. Den Rassisten fällt es dann leicht, diese richtigen Hinweise auf die soziale Mitbedingtheit vermeintlicher oder tatsächlicher religiöser Phänomene als Relativierung problematischer Aspekte des Islam zu diffamieren.

Das ist bedauerlich, weil die Erkenntnis, dass Moslems nicht immer als Moslems, also nicht immer »aus ihrem Glauben heraus« handeln, zu Ende gedacht die Ideologie der vollen Identität (zwischen real existierenden Subjekten und Gesellschaften und dem Islam) brechen würde. Bevor das geschehen kann, müssten aber jene Linke und Liberale diese Ideologie, die ihre Positionen in der Islam-Debatte wesentlich bestimmt, überhaupt erst in den Blick bekommen. Sie müssten sich also »in Sachen Islam« selbst verstehen.

Im Islam-Diskurs des linken und liberalen Mainstreams gibt es also Unverstandenes. Diesem Unverstandenen sollten wir uns zu nähern – und zu verstehen versuchen, wie es etwa dazu kommt, dass Liberale und Linke in Reaktion auf den Diskurs der Rassisten die Ablehnung eines Glaubensbekenntnisses als rassistisch auffassen. Dies nicht zuletzt deshalb, weil die Erkenntnis ihrer blinden Flecken »in Sachen Islam« Linke und Liberale befähigen könnte, die neuen rassistischen Hetzer wirksam zu bekämpfen, statt ihnen immer wieder auf den Leim zu gehen.

Anmerkungen

1 Marx, Karl: »Resultate des unmittelbaren Produktionsprozesses«, Berlin 2009, S. 131
2 Charim, Isolde: »Volle Identität gegen nicht-volle«, in: Just, Rainer / Schor, Gabriel Ramin (Hg.): »Vorboten der Barbarei«, Hamburg 2011, S. 11–16
3 An dieser Stelle bin ich häufig dem Einwand begegnet, dass sich die Rede von »Islamophobie« oder von »antimuslimischem Rassismus« auf den Diskurs der neuen Rassisten bezöge. Dass also das Wortteil »Islam« in »Islamophobie« und das Wortteil »muslimisch« in »antimuslimisch« nicht auf eine real existierende Gruppe, sondern auf die Rede der Rassisten verwiesen. Nehmen wir an, es wäre so. Dann wäre es dennoch falsch, beim Reden über den neuen rassistischen Diskurs stets bei den Identitätsvorgaben der Rassisten zu bleiben – statt ihre identitären Begriffe zu dekonstruieren. — Hinzu kommt: Beim Begriff »Rasse« im traditionellen Rassismus handelt es sich natürlich um einen imaginären Begriff, um ein Hirngespinst in den Köpfen der Rassisten. So wie es sich im Diskurs des neuen kulturalistischen Rassismus bei Begriffen wie »Kultur«, »Islam«, »islamische Kultur« etc. um imaginäre Konstrukte handelt. Auch wenn wir nun annehmen, dass jene Linke und Liberale, die etwa den Begriff »antimuslimischer Rassismus« verwenden, an ein imaginäres kulturalistisches Konstrukt in den Köpfen der neuen Rassisten denken, sind wir hier mit dem gravierenden Problem konfrontiert, dass sich die Begriffe »muslimisch« und »Islam« im allgemeinen Sprachgebrauch stets auf die real existierende muslimische Glaubenslehre und Glaubenspraxis sowie auf die real existierende muslimische Glaubensgemeinschaft beziehen – und nicht auf ein imaginäres kulturalistisches Konstrukt. Weshalb Begriffe wie »antimuslimischer Rassismus« oder »Islamophobie« unweigerlich die falsche Vorstellung wachrufen, dass kritische oder ablehnende Positionen gegenüber der real existierenden muslimischen Glaubenslehre beziehungsweise Glaubenspraxis (oder religiöser Hass gegen real existierende Muslime) in einem – wie immer gearteten – Zusammenhang mit »Rassismus« stehen könnten. Zum Unterschied zwischen Rassismus, religiösem Hass und Religionskritik siehe: Schmidt, Till / Maani, Sama: »Falsche Begriffe wie ›Islamophobie‹ reproduzieren den neuen Rassismus«, in: Jungle World, Nr. 13/2018, 29.03.2018
4 Spielhaus, Riem: »Muslime in der Statistik. Wer ist Muslim und wenn ja wie viele?«, in: Mediendienst Integration, Berlin, Juni 2013. Online abrufbar unter: https://mediendienst-integration.de/fileadmin/Dateien/Muslime_Spielhaus_MDI.pdf [letzter Zugriff: 12.11.2018]
5 Latton, Marcus: »Flüchtlinge ohne Religion«, 29.07.2016. Online abrufbar unter: http://www.zeit.de/gesellschaft/zeitgeschehen/2016-07/atheisten-fluechtlinge-islam-religion [letzter Zugriff: 12.11.2018]
6 Marx, Karl: »Kritik der Hegelschen Rechtsphilosophie. Einleitung«, in: Marx, Karl/Engels, Friedrich: Werke, Bd. 1, Berlin 1976, S. 378

7 Foucault, Michel: »Mikrophysik der Macht. Über Strafjustiz, Psychiatrie und Medizin«, Berlin 1976, S. 109
8 Žižek, Slavoj: »Auf verlorenem Posten«, Frankfurt am Main 2008, S. 87 f.

III. VERHANDLUNGEN

»WIR MACHEN IDENTITÄTSPOLITIK AUS NOTWEHR«

Auf eine Lemonade beim Missy Magazine

Stefanie Lohaus und Hengameh Yaghoobifarah sprechen über das Bashing der Identitätspolitik, die üblichen Fan-Probleme und – Lederhosen.

Interview: Eva Berendsen und Saba-Nur Cheema

Wir wollen mit Euch Schmerzgrenzen der Identitätspolitik ausloten. Was tut Euch dabei am meisten weh?

Hengameh Yaghoobifarah: Ich weiß nicht, was mir wehtut, ich weiß eher, was mich wütend macht. Was Verletzungen angeht, fühle ich mich eher wie eine Schildkröte (lacht) – weil ich schon ziemlich viel abbekommen habe. Aber was mich sehr wütend macht, ist, dass die Angriffe gleichzeitig zum Erstarken der Rechten auch aus Kontexten kommen, die sich ausdrücklich als links verstehen, dass da genau die gleiche rechte Rhetorik angestimmt wird. Wenn man das adressiert, wird man dafür gebasht. Die Möglichkeiten für ein Bündnis werden weniger, die Linie, mit wem man am Ende des Tages kämpfen kann, wird immer schmaler. Anstatt dass immer mehr Leute checken, dass es gerade echt schwierig wird, und sich nach links orientieren, geht es eher in die andere Richtung.

Und warum checken es die Leute nicht?

HY: Also, wenn ich zum Beispiel eine polemische Kolumne schreibe, in der es um subtilere Formen von Rassismus geht, der vielleicht nicht gleich lebensbedrohlich ist, dann wird das genutzt, um die Rassismuskritik als Ganzes zu delegitimieren. Also so von wegen: Du bist feindlich gegenüber weißen Deutschen. Wir kriegen dann so Leser*innenbriefe, da heißt es, wegen uns würde die AfD gewählt werden. Neulich schrieb uns eine Leserin: »Ich fühle mich nicht angesprochen, weil ich weiß bin, weil ich keinen Migrationshintergrund habe, weil ich schlank bin und nicht dick, weil ich reich bin und nicht arm.« Da wurde wirklich jede Kategorie durchgegangen. Und man denkt sich dann so, »Okay, ich kann mich auch nicht mit jedem Text in der Zeitung identifizieren«, wenn ich was über Wall Street lese, denke ich doch auch nicht: »Hm, ich habe irgendwie nichts mit Wirtschaft zu tun, ich verbrenne das jetzt!« Die Leute sind es anscheinend nicht gewöhnt, dass es nicht immer nur um sie geht. Dabei müssen sie auch mal checken, es geht ansonsten immer um sie, und es kann auch mal nicht um sie gehen.

Sie fühlen sich angegriffen?

Stefanie Lohaus: Weil sie ein Mal nicht repräsentiert werden. Das kommt ab und an als Vorwurf: Missy sei ja nichts für »normale« Frauen. Das sagen Frauen, die sich normal finden. Die Vielfalt an Perspektiven irritiert sie, denn sie werden mit dem Privileg konfrontiert, normalerweise überall angesprochen zu werden. Und das ist eben nicht so ganz angenehm.

Viele kritisieren die Art und Weise, wie über Privilegien und Identität diskutiert wird und ärgern sich über Sprech- oder Redeverbote. Wie erlebt Ihr diese Debatten – auch so polarisiert?

SL: Ein Problem ist sicherlich die Heftigkeit dieser Debatten. Im Angriff auf die Identitätspolitik wird etwa argumentiert, dass Identitätspolitik dasselbe sei wie der Ethnopluralismus der Identitären: als würden

Kritikerinnen von Cultural Appropriation wollen, dass nur noch *weiße* Deutsche Lederhosen tragen dürfen. Ich denke, es gibt in jeder sozialen Bewegung Momente, wo identitätspolitische Anliegen sehr wichtig sind. Wenn wir etwa zurückschauen, wie sich die Frauenbewegung auch ganz klar identitätspolitisch über das Geschlecht konstituiert hat – oder dann über sexuelle Orientierung – da gab es auch Schließungsmechanismen innerhalb der Frauenbewegung: Es gab und gibt immer noch Frauengruppen, zu denen Männer nicht eingeladen werden. Es gab lesbische Gruppen, da durften keine Heteras rein. Und dann gab es Frauen mit Kindern und Frauen ohne Kinder, die Ostfrauen und dann die Westfrauen – also auch damals haben Gruppenbildungen entlang von Identitätskategorien stattgefunden, die eine wichtige Funktion hatten: nämlich zunächst eine Sichtbarkeit zu schaffen. Auf der anderen Seite gilt aber auch: Wenn nur noch wichtig ist, wer etwas sagt und nicht mehr, was gesagt wird – dann wird Identitätspolitik natürlich absurd. Aber ich finde es völlig legitim, zu fordern, dass etwa bei einer anti-rassistischen Bewegung in erster Linie diejenigen sprechen und Konzepte machen, die auch von Rassismus betroffen sind.

HY: Viele Women of Colour werden auf Twitter gesperrt, weil sie Rassismus kritisieren und weil Rechte sie melden. Und dann stellt sich aber heraus, viele Linke sind eigentlich auch erleichtert, dass diejenigen nicht mehr da sind, von denen sie kritisiert werden. Viele Männer und viele Linke bedauern zwar, dass sie weg sind – und distanzieren sich im selben Atemzug, indem sie von »kritischer Solidarität« sprechen. Aber was soll das denn überhaupt sein? Solidarität heißt nie, dass man jemanden hundertprozentig unterstützt. Wenn es hundertprozentig meine Meinung ist, ist es eigennützig und nicht meine Solidarität. Also, ich kann ja zum Beispiel scheiße finden, dass Deniz Yücel sich in der Vergangenheit sexistisch und anti-Black geäußert hat und mich gleichzeitig mit ihm solidarisieren, weil er in seiner Pressefreiheit eingeschnitten und inhaftiert wurde. Aber das checken, glaube ich, viele nicht, dass Solidarität eben nicht bedeutet, dass du jemanden hundertprozentig feiern musst.

Stichwort Sprecher*in-Position: Stefanie, Du würdest nicht ganz vorne stehen wollen in der antirassistischen Bewegung. Wie klärt ihr das denn intern: Wer schreibt über welche Themen? Habt ihr da eine Regelung?

HY: Wir haben da keine feste »identitätspolitische« Regelung, es ist jetzt nicht so, dass weiße Autorinnen nur über weiße Künstlerinnen schreiben dürfen oder so. Aber ich würde jetzt nicht Beyoncés »Lemonade« von einer nicht-Schwarzen Autorin besprechen lassen, weil es in dem Album um Schwarzes Frausein geht. Beim Antisemitismus-Dossier (Ausgabe 01/2018, Anm. d. Red.) haben wir darauf geachtet, dass jüdische Autor*innen zu Wort kommen. Wir achten darauf, dass es nicht bevormundend ist.

SL: Es kommt ja eher selten im Journalismus vor, dass bei der Auswahl der Autor*innen Identitätsmerkmale eine Rolle spielen. Wir machen die Erfahrung, dass Künstlerinnen sich total freuen, wenn sie jemanden als Gegenüber haben, der etwa kein alter Musikjournalistenknacker ist, sondern eine Person, die Ahnung hat *und* einen Erfahrungsbackground teilt – das liest man gleich heraus und der Text wird einfach interessanter – auch weil er sich unterscheidet von den Texten im Feuilleton.

HY: Aber wir gehen nicht nur nach Identität, sondern eben auch nach Expertise: Für die Besprechung von »Lemonade« suchen wir nicht irgendeine Schwarze Autorin, sondern eine Schwarze Autorin, die im Thema ist.

Aber kann sich nicht auch eine weiße Person »ordentlich« mit Schwarzer, feministischer, US-amerikanischer Popmusik auseinandersetzen?

HY: Ich bin ja auch keine Schwarze Person, aber ich habe sehr viele Think Pieces dazu gelesen und hab gelernt, dass die Meinung vor allem von weißen Typen eigentlich nicht relevant ist bei so einem Thema, wo es spezifisch um Frausein geht und spezifisch auch um Anti-Blackness. Neulich hat sich eine weiße Journalistin auf Twitter darüber aufgeregt, dass sie Beyoncés und Jay-Zs »On The Run«-Tourkonzept kitschig findet und dass sie Beyoncé sowieso übertrieben findet. Und dann denkt man so, okay, aber wer hat dich gefragt? (lacht) Bei Künstler*innen of Color müssen immer alle ihre Häkchen setzen können, die müssen alle perfekt sein. Aber die weiße Sängerin Taylor Swift wird bis zum Ende verteidigt, egal, wie problematisch sie sich äußert. Eigenschaften wie zum Beispiel »Black Joy« werden auch deshalb so politisiert, weil man sonst immer nur das Leid von BPoC interessant findet, fetischisiert und romantisiert. Freude, Liebe – das ist für weiße Leute einfach langweilig. Man kann im Prinzip auch als weiße Person über Beyoncé schreiben, aber man muss sich all dessen bewusst sein und darf diese Politiken, die in diesem Album verarbeitet wurden, nicht ignorieren. Aber das tun viele.

SL: Ich finde, dass eine weiße Autorin über Beyoncé schreiben kann, aber sie sollte ihre eigene Position mitreflektieren können. (lacht) Anderes Beispiel: Eine Autorin von uns, die selbst PoC ist und vor allem für etablierte Medien schreibt, meinte neulich, dass sie ihre kritische Sicht auf diverse Themen immer zurücknimmt und sich eigentlich dadurch die ganze Zeit selbst zensiert. Die Medienlandschaft ist ja nach wie vor sehr weiß. Und deswegen finde ich das auch politisch wichtig zu sagen, wir bei Missy machen jetzt extra Identity Politics – aus Notwehr. Wenn die Welt anders aussähe, könnte man das auch eben anders machen.

Aber es gibt ja auch nicht *die eine* Schwarze, weibliche Perspektive auf Beyoncé.

HY: Es gibt viele Schwarze Frauen, die Beyoncé nicht mögen. Aber die argumentieren ja dann anders als eine weiße Autorin, die dann am Ende auch noch das N-Wort ausschreibt im Text – habe ich alles schon gesehen in Deutschland.

SL: Natürlich können wir nicht alle Perspektiven auf einem Beyoncé-Album abbilden. Aber das würde man von den etablierten Medien auch nicht erwarten. Es ist ein Problem dieser mangelnden Ressourcen, dass es in unseren Zusammenhängen oft so emotional wird und so verletzend und auch so spaltend ist, weil wir um so wenige Ressourcen kämpfen und um die ganze Aufmerksamkeit.

Gleichzeitig gibt es ja immer wieder den Vorwurf einer übertriebenen Political Correctness, also überspitzt gesagt einer diskriminierungskritischen Sittenwächterin, die den Leuten sagt, wie sie sich zu verhalten haben – was dann zur Delegitimierung von Rassismuskritik oder Feminismus überhaupt herangezogen wird. Was denkt ihr darüber?

HY: Ja, deshalb ist auch der Text von Ronja von Rönne »Warum mich der Feminismus anekelt« einer der bekannten deutschsprachigen Feminismus-Texte, die uns einfallen.

SL: Das ist aber auch so eine paternalistische Haltung, die mich total wütend macht: Mit Hausfrauen, Sexarbeiterinnen oder Frauen mit

Kopftuch könne man nicht zusammenarbeiten, weil sie das Patriarchat stützten. Das ist so eindimensional, das entspricht einfach nicht der Komplexität unseres Alltagslebens. Also da wird dann quasi Theorie über den Alltag übergestülpt.

HY: Es ist aber auch gar nicht so leicht, nicht paternalistisch zu sein. Manchmal halte ich lieber einfach die Klappe. Ich würde ja jetzt nicht zu einer Schwarzen Person gehen und sagen: »Hör mal auf, dir die Haare zu glätten, du beugst dich vor der White Supremacy.« Sie wird sagen: »Halt's Maul, ich will einen Job.«

Was ist denn bei Missy die leitende Perspektive?

SL: Wir sind ein Pop-Magazin und Pop hat ja auch die Funktion von Identifikation, also man ist Fan. Was ich bei dieser Fan-Perspektive herausfordernd finde, ist zum Beispiel diese Widersprüchlichkeiten der Stars herauszuheben, weil eine Fan-Perspektive ist ja erstmal eine Perspektive, die absichtlich auf den Sockel stellt. Also: Ich finde Angela Davis super, aber sie ist nun mal echt krasse BDS-Supporterin und feierte die DDR. Muss das jetzt in jedem Artikel auftauchen, kann man sie interviewen? Wie gehe ich, wie gehen wir damit um?

Und wie geht Ihr damit um?

SL: Wir müssen uns da auch schon aus reinen Sachzwängen eher locker machen, über wen sollten wir sonst berichten? Nachdem wir die Regisseurin und Schauspielerin Greta Gerwig auf dem Titel hatten, gab es Leserbriefe: »Warum bringt Ihr die heterosexuelle, weiße, privilegierte Frau?« Ja, wir wissen das – aber einige von uns finden die Filme trotzdem stark. Es ist schwierig, glasklare Regeln aufzustellen: Klar, niemand ist perfekt, aber wo sind die Grenzen, dass ich denke, ok, mit diesen Personen kann ich jetzt nicht mehr zusammenarbeiten – oder kann ich darüber hinwegsehen? Manchmal weiß ich trotz Recherche ja auch gar nicht, was Leute noch so alles für Sachen irgendwo überhaupt vom Stapel gelassen haben. Manchmal haben sie auch irgendwann mal antisemitische, rassistische oder transfeindliche Äußerungen getwittert – und die kursieren dann für immer im Netz, auch wenn die Person sich vielleicht längst weiterentwickelt hat.

Wo sind bei BDS Eure Schmerzgrenzen? Würdet Ihr eine Frau, die sich als Feministin bezeichnet und die BDS unterstützt – z. B. Linda Sarsour – interviewen?

SL: Bei Linda Sarsour kommt leider einiges zusammen. BDS alleine ist für mich kein Ausschlusskriterium, sondern erstmal ein Indiz. BDS ist recht vage formuliert und nicht jede*r, die BDS unterstützt, ist antisemitisch.

HY: Für Missy? Eher nicht. Wenn es jetzt nicht für Missy wäre, sondern für eine größere Zeitung, wo du jetzt nicht alles, was du interviewst, gut findest, würde ich sie interviewen – aber natürlich kritisch.

Liegt es nicht auch an der feministischen Wissensproduktion selbst, dass Antisemitismus eine Leerstelle ist – zum Beispiel im Intersektionalitätskonzept wie in Teilen der postkolonialen Theorie?

HY: Es gibt auch sehr viele andere Wissenschaften, die irgendwie problematisch sind, und dann wird da nicht der ganze Forschungszweig delegitimiert, nur weil es nicht auf alles anwendbar ist, weil es nicht auf alle übertragbar ist. Man kann Theorien doch auch erweitern.

SL: Der intersektionale Ansatz nach Crenshaw ist ja eigentlich ein pragmatischer Ansatz, also da geht es ja tatsächlich um Antidiskriminierungsarbeit und darum, was bei Antidiskriminierungsmaßnahmen und -legislative bedacht werden muss. Crenshaw problematisiert selbst, dass der Begriff synonym mit Identitätspolitik genutzt wird.* Das Problem mit Antisemitismus kommt vielleicht eher aus den postkolonialen Debatten, in denen Israel in Bezug auf Kolonialismus falsch, nämlich als Kolonialstaat, verstanden wird.

Wir meinen aber auch: Jüdischsein ist unsichtbar und das wird so in der intersektionalen Theorie reproduziert. Weil man Jüdinnen und Juden ihr Jüdischsein nicht ansieht, zählen sie nicht dazu. Und es fehlt das Interesse für die Spezifika des Antisemitismus, zum Beispiel wurde bei der Kampagne #ausnahmslos, die die Verschränkung von Rassismus und Sexismus problematisierte und die Stefanie mitinitiiert hat, Antisemitismus einfach »vergessen«.

HY: Ja, das stimmt, und es ist ein großes Problem, zumal die konstruierte Rolle des übergriffigen »nordafrikanisch aussehenden Mannes« während des Nationalsozialismus auf den Juden projiziert wurde. Daran hätte man anknüpfen können. Antisemitismus ist unter anderem auch deshalb eine Leerstelle in intersektionaler Theorie, weil einige ihn als eine Unterform von Rassismus, wie zum Beispiel Antiromaismus, zählen – das wird der Komplexität von Antisemitismus jedoch nicht gerecht. Ein weiteres Problem ist, dass israelbezogener Antisemitismus

* Vgl. Flanders, Laura: »No Single-Issue Politics, Only Intersectionality: An Interview With Kimberlé Crenshaw«, in: Truthout, 08.05.2017. Online abrufbar unter: https://truthout.org/articles/no-single-issue-politics-only-intersectionality-an-interview-with-kimberle-crenshaw/ [letzter Zugriff: 28.12.2018]: »Then there are other moments when I think folks thought intersectionality was just about who is standing up there.«

von vielen nicht als Antisemitismus verstanden wird, sondern dass sie ihre Solidarität mit Palästinenser*innen als Freifahrtsschein für die Dämonisierung und das Absprechen des Existenzrechts von Israel nutzen. Leider werden Rassismus und Antisemitismus oft gegeneinander ausgespielt, zum Beispiel vertreten einige Leute paternalistische und rassistische Positionen unter dem Schein, gegen Antisemitismus zu sein. Ich finde BDS scheiße, aber nicht aus rassistischen Gründen, wie es bei vielen weißen Leuten der Fall ist, sondern weil ich BDS antisemitisch finde. Mich fragen Leute nach Vorträgen: »Wie stehst du eigentlich zu Israel?«, und ich denke so: »Fragst du das jeden bei einem Vortrag?« Weil es auch so ein Fetisch ist, Kanak*innen zu fragen, und dann wird mir eben pauschal unterstellt, dass ich BDS-Supporterin wäre.

SL: Ich wurde noch nie zu Israel gefragt. Auch deswegen hatte ich jahrelang das Privileg, mich mit Israel nicht zu beschäftigen. Ich war kurz in der »Bewegungslinken«, mit Anfang 20. Kurz unter anderem, weil sehr viel über Israel gestritten wurde. Mich hat das nicht so interessiert, dass ich meine gesamte Freizeit dafür opfern wollte. Als Vorwürfe kamen, dass #ausnahmslos eine Leerstelle in Bezug auf Antisemitismus haben soll, dachte ich also: »Mist, jetzt musst du dich doch nochmal richtig mit Israel beschäftigen.« In der linken Bewegung damals hatte ich das Gefühl, mich zwischen einer Gruppe mit Rassismusproblem und einer Gruppe mit Antisemitismusproblem entscheiden zu müssen. Unter anderem deswegen finde ich heute Konzepte, die Diskriminierungsformen gemeinsam betrachten, wie etwa Intersektionalität, so attraktiv. Ich habe den Eindruck, das Problem ist nicht Intersektionalität, es gibt genug andere. Zum Beispiel, dass verschiedene Definitionen von Antisemitismus existieren. Die existieren ja sogar in Israel selbst. Dazu kommen weitere Herausforderungen: dass Jüdinnen_Juden an den allermeisten Orten, wie etwa in Deutschland, eine sehr kleine Minderheit sind und – abweichend von dem antisemitischen Stereotyp –

wenig Lobby haben. Um gegen israelbezogenen Antisemitismus zu argumentieren, musst du dich zwangsläufig mit Israel, aber auch Zionismus, Antizionismus etc. auseinandersetzen. Ich glaube, dass viele sich darin nicht sicher fühlen: Ist das jetzt Kritik an einzelnen Akteur*innen oder versteckter Antisemitismus? Eine andere Vermutung ist, dass Leute in Deutschland sich leichter eingestehen können, etwa sexistisch oder rassistisch zu denken als antisemitisch. So nach dem Motto: Ich will doch keinen Völkermord an Jüdinnen_Juden begehen, also bin ich nicht antisemitisch. Und so ein Eingeständnis ist immer der erste Schritt.

HY: Ich würde auch sagen, dass sich mehr Leute in der antirassistischen Bewegung mit Anti-Blackness als mit Antisemitismus oder auch Anti-Romaismus auseinandersetzen wollen, weil Schwarzsein als cooler gilt, nach dem Motto: »Ich setze mich mit meiner eigenen Anti-Blackness auseinander, aber dafür kann ich ja dann auch Beyoncé hören. Ich kann mich mit Schwarzer Kultur schmücken, weil ich mich ja damit auseinandersetze.« Bei Anti-Romaismus winkt vielleicht nicht so ein kultureller Profit, weil das Bild von Sinti*za und Rom*nija von Stigmata geprägt ist, also es gibt ja kaum positive mediale Identifikationsmodelle. Und jüdische Kultur wird auf Kippa und Chanukka reduziert, aber vielleicht nicht auf Drake und »Broad City« – das wirkt dann auch nicht so hip.

Stichwort Kulturelle Aneignung: Dürfte Saba Lederhosen tragen und dürfte Eva sich mit Henna-Tattoos bemalen lassen? Und was ist der Unterschied, wenn Saba Lederhosen trägt?

HY: Also ich würde sagen, Saba dürfte auf jeden Fall Lederhosen tragen, also es ist halt so eine modische Entscheidung, aber prinzipiell ist das jetzt nicht verwerflich.

Weil?

HY: Weil, naja, Saba lebt in Deutschland, Lederhosen sind jetzt keine Symbole, die irgendwie im Kolonialismus verboten wurden oder wofür Leute stigmatisiert werden und bei den Henna-Tattoos würde ich sagen, kommt es auf den Anlass an. Nehmen wir an, ich heirate, ich lade Eva zum Henna-Abend am Vortag ein, dann fände ich es schon schön, wenn alle Gäste dran teilnehmen. Wenn Eva jetzt einen Urlaub machen würde an irgendeinem Ort mit einem Strand und kommt so mit fetten Henna-Tattoos zurück, würde ich halt schon fragen, was jetzt dein Bezug dazu ist, außer dass du es schön findest. Bei weißen Personen ist das hip, bei Leuten mit asiatischem Hintergrund wird es abgewertet oder exotisiert. Und das ist halt die Herrschaftsebene, die da reinkommt.

SL: Aber es ist auch sehr menschlich, Sachen randomly cool zu finden oder zu kopieren oder sich anzueignen. Kreatives Schaffen funktioniert nicht anders. Nur, dass vielen Leuten das Bewusstsein dafür fehlt, dass sie dabei Machtverhältnisse reproduzieren oder sogar verstärken können. Wenn wir uns etwa anschauen, wie viele männliche Wissenschaftler zum Beispiel die unsichtbare Arbeit von Frauen gebraucht haben – als Care-Arbeiterinnen, aber auch als Forscherinnen – um ihre Werke zu veröffentlichen – da haben wir mittlerweile ein relatives Bewusstsein dafür und einige versuchen, diese Frauen sichtbar zu machen. Wenn es aber jetzt um den kulturellen Kontext geht, heißt es: »Achtung, die PC-Fraktion kommt.« Es geht eben nicht darum, Dreadlocks zu verbieten, sondern darum, die Aufmerksamkeit auf Ausbeutungsverhältnisse zu lenken. Manchmal mit der Methode der Skandalisierung.

HY: Generell geht es nicht um Verbote, sondern es geht darum, eine Kritik zu äußern. Ich habe ja nicht einmal die Macht zu verbieten.

SL: Niemand plant eine Gesetzesvorlage, dass nur noch bestimmte Menschen Dreadlocks tragen können.

HY: Ich sage auch nicht, Weiße sollen nicht ins Hamam gehen, ich habe gesagt, wenn du keine Ahnung von Hamam hast, dann gib niemandem Hamam-Tipps.

Was sagt Ihr zu dem populären Vorwurf, das sei ein elitärer Diskurs – von Leuten mit Abitur für Leute mit Abitur?

HY: Berechtigt. Ich versuche, grundsätzlich nicht so hochgestochen zu schreiben. Okay, dann fällt mal ein akademischer Begriff, aber den kann man erklären. Aber wenn ich eine Rezension von einem weißen Typen lese, dann gibt es mindestens vier Wörter, die ich trotz eines Bachelors in Medienkulturwissenschaft nicht kenne.

Es gilt aber auch für Begriffe, die in aktivistischen Kreisen angewendet werden: cis Mann, Tokenisierung

HY: Man muss die Begriffe viel benutzen und erklären, so dass sie sich als Teil der Sprache normalisieren. Viele sagen zum Beispiel, das Trans-Thema sei so akademisch. Dabei sind trans Personen nicht immer Akademiker*innen. Im Gegenteil, geoutete trans Personen haben oft keinen Zugang zum Arbeitsmarkt oder sind Working-Class.

SL: Oder es wird so getan, als wäre es nur Akademiker*innen möglich, sich mit Sexismus auseinanderzusetzen.

So ein Luxusproblem

HY: Als wäre die Working-Class-Fraktion nur weiß, nur cis und nur männlich! Wenn sich rechte Begriffe so krass normalisieren können, wenn rechte Propaganda-Begriffe so fester Teil der Sprache werden und in der Sprache normalisiert werden, dann können das auch feministische und queere und anti-rassistische Begriffe.

Anderer Vorwurf: Wenn die Linke sich zum Beispiel in der Dreadlock-Frage selbst zerfleischt, haben Rechtspopulist*innen leichtes Spiel.

HY: Mir wird vorgeworfen, dass meine Texte, in denen ich mich über weiße Linke aufrege oder in denen ich weiße Linke kritisiere, anti-links seien, weil es spätestens seit G20 sowieso schon eine mediale Stimmung gegen Linke gibt, dass das nochmal Öl ins Feuer speien würde. Ich habe die Kritik super ernst genommen, aber dann auch gedacht: Ich kritisiere ja nicht das Gleiche an weißen Linken, was rechte Journalist*innen machen, sondern ich beziehe mich auf Rassismus und Sexismus in der Linken. Und das ist jetzt keine Kritik, die rechte Leute so gut für sich instrumentalisieren können. Denn das trifft auf sie selber ja zu und das ist eben der Unterschied zwischen meinen Kolumnen und dem Sammelband »Beissreflexe«, weil darin viele Beiträge rechte Argumentationen reproduzieren. Es sind ja fast auch nur queere Personen of Color oder Frauen oder trans Personen, die da persönlich gedisst werden.

Was bedeutet für Euch solidarische Kritik?

HY: Solidarische Kritik heißt nicht, dass man grundsätzlich niemanden mehr kritisieren darf. Aber man sollte sich so ein bisschen umgucken und schauen, wie und wo man die Kritik formuliert – und zwar so, dass irgendwelche Schulterschlüsse vermieden werden. Natürlich geht es auch immer um die Frage der Öffentlichkeit der Kritik. Wenn die Person auf privatem Weg nicht auf Kritik eingeht, dann kann man ja immer noch darüber sprechen, das aber irgendwie community-intern macht, also so zum Thema »Community-Accountibility«, damit alle dafür Verantwortung übernehmen, die in einer Community sind – es kann auch erstmal die Freundesgruppe oder sowas sein. Und nicht direkt die größtmögliche Plattform wählen und toxische Call-out-Kultur bedienen. Man sollte sich überlegen, wie man argumentiert, damit es nicht von rechts anzueignen ist. Das ist doch gar nicht so schwer. Man kann auch muslimische Männer dafür kritisieren, dass sie sexistisch sind, ohne es rassistisch zu machen.

SL: Wir brauchen dringend Allianzen und ich neige dazu, eher mit Menschen Bündnisse zu schließen, auch wenn ich mir nicht ganz sicher sein kann, wie sie ticken. Wir sollten daran arbeiten, verständlich zu machen, wie die ganzen Ismen und Diskriminierungsformen zusammenhängen, und wir sollten definitiv kritisch mit uns selbst und auch mit anderen sein. Das muss aber auch nicht immer gleich die öffentliche Auseinandersetzung sein.

HY: Es gibt Kritik, die als Kritik gemeint ist, die zum Wachstum einer Community beitragen soll und es gibt auch die Kritik, die nur dazu dient, dass man sich über eine Abgrenzung profiliert. Das hat dann etwas sehr Performatives: Kritik, die Leuten dazu hilft, Karrieren zu machen. Sie macht eine Community weder handlungsfähig, noch hilft sie dabei, aktuelle Probleme zu lösen.

Also geht es auch in linken Zusammenhängen um Macht.

Beide: Es geht definitiv um Macht.

WENN DIE WAHRHEIT VERBOTEN IST

Warum westliche Staats- und Regierungschefs sich weigern, dschihadistischen Terror beim Namen zu nennen und wie die akademische Welt das Streben nach Wahrheit durch ein Wahrheitsverbot ersetzt*

Gadi Taub

Aus dem Englischen übersetzt von Sandra Brütting

Eine talentierte Studentin von mir ließ ihrem Frust in Bezug auf ihr Anthropologie-Studium während einer unserer Workshops zum Drehbuchschreiben freien Lauf. Das kurze Drehbuch, das sie schrieb, handelte von einer postmodernen Anthropologieprofessorin namens Relativa Strauss (im Hebräischen klingt das tatsächlich nach einem Namen), die einen Studenten, Dr. Blindman, auf eine Forschungsreise zu den Bibisi Inseln schickt, damit er dort die Töpfer-Rituale der abgeschieden lebenden Ureinwohner erforscht.

Wie sich allerdings herausstellte, wurden die Töpfe bei IKEA gekauft, der Stamm der Ureinwohner war auch nicht echt und die ganze Expedition war ein elaboriertes Experiment an dem jungen Anthropologen. Das Drehbuch endete mit einer Vorlesung Blindmans – inzwischen postmodern erleuchtet – die von dem Experiment an ihm handelte.

* Hierbei handelt es sich um eine aus dem Englischen übersetzte und überarbeitete Version des Artikels »There's no Link Between Being Weak and Being Right«, der erstmals am 8.12.2017 in der israelischen Zeitung Haaretz erschien.

Hinter ihm ist eine Powerpoint-Präsentation mit dem Titel »Anthropology as Subversion of the Self: The Researcher as Object of Study, the Field as Metaphor, the Research as Redress« zu sehen. Die letzte Zeile des Screenplays ist die erste Zeile von Blindmans Vorlesung: Wir sind stolz, das Selbstentfremdungsparadigma vorzustellen.

Will man verstehen, warum der ehemalige US-Präsident Barack Obama sprachliche Gymnastik betreibt, um dschihadistischen Terrorismus nicht beim Namen zu nennen, oder warum Jeremy Corbyn an die Spitze der Britischen Labour Partei aufgestiegen ist, oder warum europäische Staatschefs eine Abneigung dagegen haben, zuzugeben, dass es in ihren Ländern vermutlich ein Problem mit selbstsegregierten muslimischen Gemeinschaften gibt, dann ist dieses Drehbuch kein schlechter Anfang.

Barack Obama gab am 12. Dezember 2015 im Cabinet Room im Weißen Haus in Washington eine Erklärung ab, nachdem in Paris ein internationales Klimaabkommen erzielt wurde.

Wir bezeichnen diese Tendenzen allgemein als Political Correctness und schreiben sie dem westlichen Schuldbewusstsein in Bezug auf Kolonialismus, Imperialismus und repressiver Behandlung Anderer und Minoritäten (aufgrund von Race, Gender oder sexueller Vorlieben) zu.

Aber Political Correctness hat mehr mit der Sorge um die eigenen Schuldgefühle zu tun als mit soliden moralischen Prinzipien. Daran hat uns die National Women's Studies Association in den Vereinigten Staaten erst kürzlich wieder erinnert. Sie stimmten für einen akademischen Boykott Israels aufgrund Israels Umgangs mit den Palästinensern. Es leuchtete der Association nicht ein, andere Länder, wie beispielsweise Saudi-Arabien, zu boykottieren, dessen Umgang mit Menschenrechten unvergleichlich schlimmer ist, ganz abgesehen von seinem Umgang mit Frauen. Natürlich sind die Saudis die Anderen, und die Juden hatten das Pech, die Anderen während der schlimmsten Zeiten zu sein und sich in ein Wir zu verwandeln, als es am wenigsten vorteilhaft war.

Um diese Entwicklung aber vollständig zu verstehen, müssen wir über die Politik hinaus und auf die intellektuellen Grundlagen dahinter schauen, denn im letzten halben Jahrhundert fand in der Wissenschaft eine erstaunliche Umwälzung statt. Ganze Disziplinen haben ihre ursprüngliche Bestimmung – das Streben nach Wahrheit – durch dessen Gegenteil, nämlich einem Wahrheitsverbot, ersetzt.

Dabei handelt es sich natürlich nicht um ein institutionelles Verbot. Das Verbot ist einer philosophischen Entwicklung geschuldet, die sich der Verwehrung von Wahrheit, Realität und universellen Werten wie Menschenrechten widmet. Gemeint ist der Postmodernismus, und seine PR ist gut genug, um manche seiner düstersten Auswirkungen zu kaschieren.

Diese Auffassungen werden durch ihre irreführende Darstellung in eine demokratische Aura gehüllt. Einst, wurde uns gesagt, glaubten wir an objektive Wahrheit. Dies rechtfertigte, dass wir unsere Sichtweise Anderen als absolut auferlegen konnten, um sie dann skrupellos auszubeuten. Aber jetzt, da wir reifer geworden sind und gelernt haben, dass es keine objektive Wahrheit gibt – nur Sichtweisen – sind wir anständiger und toleranter geworden.

Ironischerweise wurden diese Ansichten nicht durch amerikanische Zweifel an amerikanischen Werten, sondern durch Amerikas absolutes Vertrauen in sie ungemein verstärkt. Unfähig, sich ernsthafte antidemokratische Überzeugungen vorzustellen, fanden es Amerikaner besonders überzeugend, dass ein Angriff auf universelle Ansprüche des Liberalismus uns liberaler machen würde – nicht weniger liberal. Wir würden einfach den Gleichheitsanspruch von Menschen auf Werte ausweiten und so nicht nur sensibler in Bezug auf die politischen Rechte der Anderen und Minoritäten werden, sondern auch in Bezug auf ihre Kulturen, ihre Selbstschätzung und moralischen Werte.

Ich lasse den offenkundigen Widerspruch zwischen der Gleichheit von Menschen und der Gleichheit von Werten aus. Zunächst klingt es nach einer Ausweitung von Gleichheit: Wenn wir Menschen als gleichwertig respektieren wollen, müssen wir auch ihre Glaubensvorstellungen als Teil ihrer Identität anerkennen. Allerdings ist dies eine irreführende Eingebung. Den Werten derer eine gleiche Stellung einzuräumen, die glauben, Frauen seien Besitz, fördert keine Gleichberechtigung. Dies sollte offensichtlich sein. Weniger offensichtlich ist, dass diese angebliche pluralistische Weltanschauung auf einem Imperativ errichtet wurde, der verlangt, dass wir unsere Augen vor dem Offensichtlichen verschließen.

Ein Beispiel aus den Women's Studies illustriert, wie diese Logik funktioniert: Joan Wallach Scott, eine führende Gender-Historikerin, erklärt, dass es nicht genug sei, über Frauen zu schreiben und dabei die Kategorien ihrer jeweiligen Zeit zu verwenden, wie beispielsweise Arbeiterinnen (oder Mütter oder Bürgerinnen), denn dadurch würden sich nicht die bestehenden Definitionen dieser Kategorien ändern.

Daher dürfe sich das Ziel der Historikerin oder des Historikers nicht darin erschöpfen, neue Informationen über Frauen aufzudecken, da dies lediglich die vergangenen Geschlechterverhältnisse aufrechterhalte. Geschichtsrepräsentationen der Vergangenheit trügen nämlich dazu bei, Geschlechtskonstruktionen der Gegenwart zu prägen; daher müsse sich die Aufgabe der Historikerin oder des Historikers ändern. Laut Scott sollte er oder sie, so scheint es, nicht treu gegenüber vergangenen Fakten, sondern gegenüber zukünftigen Zielen sein. Anstatt die Vergangenheit zu beschreiben, geht es scheinbar um die Konstruktion von Narrativen, die diese bewusst im Dienste einer aktuellen Agenda unterlaufen. Das Ziel ist nämlich nicht die Wahrheit, sondern Empowerment.

Sogar Foucault gestand es ein

Ansichten wie diese gedeihen natürlich unter der Annahme, dass es Wahrheit nicht gebe. Die Konsequenz ist, dass so nur wenige Studierende der Gender Studies ein verlässliches Bild der Vergangenheit oder der Geschichte des Feminismus selbst bekommen.

Als ich Gender Studies in den Vereinigten Staaten studierte – wie es sich ergab, hatte ich das Privileg, eines von Joan Wallach Scotts Seminaren zu besuchen – lernte ich viel über progressive Pionierinnen des Feminismus wie beispielsweise Elizabeth Stanton und Susan B. Anthony, die sich ebenfalls gegen die Sklaverei aussprachen. Jedoch erinnere ich mich nicht an eine Erwähnung der größten Frauenorganisation während des Kampfes um den 19. Verfassungszusatz am Ende des 19. Jahrhunderts – die Women's Christian Temperance Union.

Diese Bewegung war reaktionär, oft rassistisch, und verlangte das Wahlrecht für Frauen, mit dem Ziel, Sünden wie den Alkoholkonsum gesetzlich zu verbieten. Da einige der Anführerinnen der Bewegung das Lynchen im Süden der Vereinigten Staaten akzeptierten, ist die Erwähnung der Temperance Union nicht hilfreich in Sachen Empowerment. Also ist es besser, diese schnell zu vergessen.

Wenn es aber verboten ist, die Welt, wie wir sie vorfinden, zu beschreiben, weil es angeblich repressive Machtverhältnisse aufrechterhält, wie sollen dann Historiker*innen, Soziolog*innen, Anthropolog*innen oder Studierende der Gender Studies ihrer Arbeit nachgehen? Solche postmodernen Akademiker*innen geben selten offen zu, wie es Michel Foucault tat (wenn dazu gedrängt), dass sie es befürworteten, zweckdienliche Fiktion zu produzieren. Eher behaupten sie, dass sie, anstatt die Welt zu beschreiben, analysieren, wie Diskurse eben diese konstruieren. Man sollte (die Illusion von) Realität vermeiden und sich stattdessen darauf konzentrieren, die Wahrnehmungsmöglichkeiten selbst zu dekonstruieren.

So wurde beispielsweise die Erforschung des Orients mit einem Verbot belegt. Es wird gesagt, dass die Orientalistik traditionsgemäß den Westen und den Osten an zwei Enden eines metaphorischen Mikroskops setzt. Der Westen konstruiert sich dabei als wissenschaftliches Subjekt, das durch die Linse falscher wissenschaftlicher Objektivität ein indigenes Objekt betrachtet, das sich hilflos – quasi handlungsunfähig – auf der Glasplatte hin und her windet. Was wir wirklich tun sollten, ist, das Mikroskop auseinanderzunehmen. Kurz gesprochen, unser eigener Diskurs, nicht der Andere, ist der angemessene Forschungsgegenstand.

Nehmen wir Edward Said als Beispiel. Saids 1978 erschienenes Buch »Orientalismus« tätigt keine Aussage über die arabische und muslimische Welt, sondern nur über deren Beschreibungen durch den Westen. Jede Behauptung über den Osten wird nicht in Relation zum Osten, sondern in Bezug zur Politik des Betrachters bewertet.

Man sollte nicht fragen, ob etwas wahr ist, sondern danach, welche politischen Interessen dahinter liegen. Forschung wird nicht an der Welt gemessen, sondern an dem*der Forscher*in. Man soll nicht sagen, dass der Osten Frauen brutal behandelt, nicht weil es *nicht* wahr ist, sondern weil es ein unvorteilhaftes Bild auf den Osten wirft und die Aussage somit unter Verdacht steht, Auftakt für seine Unterdrückung zu bieten.

Said wurde von Postmodernen kritisiert, die kleinlicher waren als er selbst. Homi Bhabha beispielsweise ist strenger in seinem Verbot von Wahrheit (welche nicht existiert). Seiner Ansicht nach ist sogar Saids Darstellung über Darstellungen, so zum Beispiel Saids Beschreibung westlicher Texte über den Orient, verdächtig, da diese verdoppelten und somit dazu beitrügen, die Machtverhältnisse zu verfestigen, die sie vorgeben zu hinterfragen.

So sollten wir Bhabha zufolge mehr – wie sollte man es ausdrücken? – Ambiguität in unsere Beschreibungen einfließen lassen. Einfach gesagt, wir sollten den Orient wohlwollender darstellen, um die Machtverhältnisse zu verändern – scheinbar auch rückwirkend, wenn es sein muss.

Das ganze Vorhaben erscheint plötzlich simpel und plump, wenn man es seiner vernebelnden Rhetorik über radikale Epistemologie und die Dekonstruktion von Kategorien beraubt. Als ich als junger Journalist für Army Radio arbeitete, interviewte ich in einer Late-Night-Talkshow einen prominenten multikulturellen Intellektuellen. Wie viele seiner Kollegen behauptete er, das zionistische Establishment würde Juden und Jüdinnen aus muslimischen Ländern diskriminieren, hätte in Bezug auf sie rassistische Ansichten und würde sie zwingen, ihre Identität durch eine westliche Nationalidentität zu ersetzen. Ich erinnere mich nicht, dass ich der Tatsache der Diskriminierung widersprochen hätte, allerdings glaube ich, dass ich sagte, dass diese Gruppen von Immigranten trotz allem niemals gegen eine jüdische Nationalidentität waren.

Die Berufung in den Wind schießen

Das ist allerdings nicht, was die Diskussion zum Stillstand brachte. Das passierte erst, als ich meinen Gesprächspartner fragte, ob er glaube, dass Israel die patriarchalen Familienstrukturen muslimischer Migranten hätte respektieren sollen. Er bezeichnete die Frage selbst als rassistisch. Für ihn galt, dass man solche Dinge nicht sagt, egal ob sie wahr oder falsch seien, da sie eine unterdrückte Gruppe in einem unguten Licht erscheinen ließe.

So wandelte sich der Anspruch, die soziale Welt zu erforschen, in den

Imperativ wegzuschauen. Ganze Disziplinen arbeiten daran, ihren eigenen Diskurs zu säubern. Sie haben sich nach innen gekehrt. Man darf Psychologie erforschen aber nicht psychische Krankheiten, Orientalistik und nicht den Orient, den Diskurs über Gender und nicht Männer und Frauen. Wir konzentrieren uns auf unseren eigenen Text, anstatt auf die Welt; wie eine kurzsichtige Person, die immer damit beschäftigt ist, ihre Brille zu putzen, ohne sie dabei wirklich zu benutzen. Sie könnte schließlich doch noch trügerisch beschmutzt sein.

Der Anthropologe Clifford Geertz nannte dies epistemologische Hypochondrie – eine Form akademischen Narzissmus. Da es keine echte Welt gibt, nur Diskurse über sie, und da Akademiker*innen die Produzent*innen dieser Diskurse sind, haben sie sich selbst den Status von Schöpfer*innen verliehen. Und nachdem sie sich diese erhabene Rolle zugeschrieben hatten, fingen sie an, sich Sorgen zu machen, dass die neue Realität, die sie kreieren würden, einen Farbstich der alten aufweisen könnte und blieben so im Ritual verhaftet, sich die Hände zu waschen.

Aber was Akademiker*innen taten, war weniger wichtig als das, was sie aufhörten zu tun. Sie haben Ihre Berufung in den Wind geschossen. Ihre Besessenheit damit, ihr eigenes Gewissen rein zu halten, hat den Sozialwissenschaften den Teppich unter den Füßen weggezogen, welcher Grundlage für jeden Versuch einer ernsthaften Reform gewesen wäre.

Der Preis dieser Vernachlässigung ist hoch. Viele der momentanen Eliten – Politiker*innen, Journalist*innen, Jurist*innen, Autor*innen und Intellektuelle – sind in diesem erdrückenden akademischen Umfeld groß geworden und glauben, dass es angemessen, vielleicht sogar nobel sei, ihre persönliche Vorstellung von Gerechtigkeit einer tatsächlichen Verantwortung für das Leben anderer vorzuziehen. Vernachlässigung wird als Offenheit und Toleranz gekrönt.

Aus Angst vor Islamophobie darf man die Selbstsegregation muslimischer Communities im Westen nicht kritisieren. Aus Angst, rassistisch genannt zu werden, darf man Einreiserestriktionen für Immigranten nicht in Betracht ziehen. Aus Angst, etwas zu wiederholen, das als frauenfeindlich gedeutet werden könnte, darf man nicht über den Missbrauch von Beschwerden häuslicher Gewalt während Scheidungsverfahren sprechen. Aus Angst, das Selbstwertgefühl von Schüler*innen zu verletzen, darf man sie nicht fragen, ob sie Nachhilfe in Mathematik brauchen. Aus Angst, unter Verdacht zu stehen, die Siedlungen zu unterstützen, darf man nicht den offenkundigen Antisemitismus palästinensischer Schulbücher erwähnen.

Vor allem darf man niemals behaupten, dass das Aufrechterhalten westlicher Werte wie universeller Menschenrechte – auch durch Gewalt – manchmal von denen dringend benötigt wird, die Unterdrückung, Gewalt, Terror und Genozid erleiden.

Fragen Sie Nadia Murad Basee Taha, eine jesidische Frau, die vor dem UN-Sicherheitsrat über ihre unvorstellbar brutale Behandlung durch den Islamischen Staat sprach. Sie bat den Rat zu intervenieren. Ich bezweifle, dass Taha der Gender-Theoretikerin Judith Butler zustimmen würde, dass dschihadistische Bewegungen wie zum Beispiel die Hamas als Teil der globalen Linken gezählt werden sollten.

Viele Beobachter*innen – viele davon in Israel – glauben, dass jetzt, da der Terrorismus Paris und Kalifornien getroffen hat, der Westen aufwachen und feststellen wird, dass demokratische Werte aktiv verteidigt werden müssen. Aber es ist zweifelhaft, ob ein solcher Optimismus angebracht ist. Während das Immunsystem der Demokratie langsam erst aus seinem Schönheitsschlaf erwacht, füllen derweil die Feinde der Demokratie das Vakuum. Während die politische Linke und das Zentrum damit beschäftigt sind, ihr eigenes Gewissen zu reinigen, erstarkt an ihrer Stelle die extreme Rechte.

Dies betrifft die internationale Politik, wo reaktionäre Mächte wie Russland und der Iran die Leere füllen, die die Regierung Obamas im

Mittleren Osten hinterlassen hat. Gleichzeitig sind auf innenpolitischer Ebene Menschen wie Marine Le Pen oder Donald Trump bereit, die sauren Früchte öffentlicher Angst zu ernten.

All die, die aus übertriebener Angst, als Fanatiker bezeichnet zu werden, so vorsichtig waren, den Anderen nicht zu kritisieren, haben Tür und Tor für wahre Fanatiker geöffnet. Es ist zweifelhaft, ob sie damit sich selbst oder dem Anderen, von dem sie lauthals behaupten, sich um ihn zu sorgen, geholfen haben.

KEIN KOMMENTAR

Es lebe die Streitkultur: Ein Twitter-Rant zu Gadi Taub

Ayesha Khan (@problematash)

Tweet #1

Hab vor kurzem einen Essay gelesen. »When Truth Is Prohibited: Why Western Leaders Refuse to Call Jihadist Terror By Name« ist zugegeben ein langer Titel, aber okay, das hier wird eher eine inhaltliche Kritik. But first things first: Ich schätze Gadi Taub sehr.

Tweet #2

Besonders die Analysen des Historikers zum Thema Zionismus kann ich nur wärmstens empfehlen. Sehr interessante, fundierte und schlüssige Gedanken und Analysen zu einem überaus komplexen Diskurs. Doch in diesem Essay läuft einiges schief.

Tweet #3

Es wird aus dem Titel zwar nicht ganz deutlich, aber der Essay soll so etwas wie eine Abrechnung mit post-strukturalistischen bzw. postmodernen Theorien sein. Genauer gesagt: Taub glaubt irgendwie, dass akademische Diskurse ~gewisse Dinge~ nicht thematisieren würden ...

Tweet #4

… und schuld daran seien postmoderne Theorien. Taub meint, ganze akademische Disziplinen hätten aufgehört, sich mit der Suche nach der Wahrheit zu befassen und würden, ganz im Gegenteil, die Wahrheit verbieten (wer kennt ihn nicht, den Geist der Postmoderne).

Tweet #5

Okay. Was? Allein die Annahme aus dem Titel des Essays: »Why Western Leaders Refuse to Call Jihadist Terror by Name« Ich meine … what the? Wann wurden Anschläge, nach 9/11, von vermeintlichen Muslim*innen verübt, NICHT jihadistisch, islamistisch etc. genannt?

Tweet #6

Also das ist das eine Problem von Taub: Warum islamistischer Terror angeblich nicht als solcher benannt wird. Das hab ich aber anders wahrgenommen in den letzten Jahren. Und zwar in akademischen Diskursen, im privaten Umfeld, in den Medien etc.

Tweet #7

Taub hat zudem ein Problem mit Political Correctness (PC). Denn er glaubt, PC hätte was damit zu tun, dass der Westen (eine Definition dieses Konstruktes gibt es nicht) gewisse Dinge, von einem Schuldkomplex aus (ihr wisst schon Kolonialismus etc.), nicht mehr anspricht. Puh.

Tweet #8

Dies sei auch der Grund, warum Organisationen eher bereit wären, sich BDS anzuschließen und Israel zu boykottieren als Saudi-Arabien. Was ist das für ein Vergleich? Naja. Einigen wir uns darauf, dass BDS eine antisemitische Bewegung ist & Saudi-Arabien ein autoritärer Staat.

Tweet #9

Dass Menschen, bzw. Organisationen & Regierungen, sich nicht deutlich genug von Saudi-Arabien distanzieren & den Staat boykottieren, liegt eher am Kapitalismus und wirtschaftlichen Abhängigkeiten als an postmodernen Theorien oder Political Correctness.

Tweet #10

Kommen wir zum nächsten Punkt in Taubs Essay: »Araber schlagen Frauen und schuld daran sind postmoderne Theorien.« Oder so ähnlich. Also nicht daran, dass sie Frauen schlagen, aber daran, dass wir das nicht benennen. Seriously, keine Ahnung, wie Taub darauf kommt, das sei Tabuthema.

Tweet #11

Aber das Benennen von patriarchalischen Strukturen und toxischen Männlichkeitsbildern (in unterschiedlichen Communities) ist schon länger geläufig in der sogenannten postmodernen Linken. Ja, diese Themen, man mag es kaum glauben, beschäftigen schon lange unsere Diskurse.

Tweet #12

Ein anderes Beispiel, das Taub anführt, ist der Fall der »Women's Christian Temperance Union« – einer Frauenorganisation aus den USA, die sich im 19. Jhd. für Frauenrechte & Sozialreformen engagierte. Dabei handelte es sich hierbei um eine äußerst rassistische Organisation.

Tweet #13

Deshalb würde man an amerikanischen Universitäten, besonders in den Gender Studies, gar nicht mehr über diese Organisation reden. Kurz: Die Postmoderne erlegt (akademischen) Diskursen Denk- und Sprechverbote auf. Und plötzlich redet Taub von Edward Said und dem Orient.

Tweet #14

Seine Kritik ist tatsächlich, dass es in »Orientalism« um das Bild & die Wahrnehmung des Westens vom ~Orient~ geht. Ja. Natürlich geht es um (kolonial)rassistische Bilder und Klischees. Said hat nie behauptet, eine Analyse der gesamten arabischen Welt zu liefern. Was will Taub eigentlich?

Tweet #15

Kommen wir zum Kern meiner Kritik: Ich verstehe das Anliegen von Taub. Er sorgt sich um akademische Diskurse, glaubt an Sprechverbote (welche Institution soll diese erteilt haben?) & sorgt sich um das Wohl arabischer/muslimischer (eh alles das Gleiche) Frauen. Klar. Wir wollen alle nur unterdrückte arabische/muslimische Frauen befreien …

Tweet #16

Und jetzt hab ich genau weshalb einen sechsseitigen- Essay gelesen, in dem es viel um postmoderne Theorie ging (mal angenommen, es gibt DIE Postmoderne als universale Theorie, wie soll das gehen bei über einem Jahrhundert verschiedenster Theorien – aber naja, okay – geschenkt)?

Tweet #17

An einer Stelle z. B. meint Taub, man dürfe sich aus Angst vor »Islamophobie« (ich glaube er meint den Vorwurf anti-muslimischen Rassismus zu reproduzieren) & Rassismus nicht davon abhalten lassen, Parallelgesellschaften im Westen und Beschränkungen bei der Migration (meint der Obergrenzen?) zu thematisieren. Wtf?

Tweet #18

Ich meine, man sollte aus Angst vor dem Label »postmodern« nicht auf rechte Rhetorik zurückgreifen und AfD-Duktus nutzen. Wie schon anfangs erwähnt, ich schätze Gadi Taub sehr für seine Beiträge zum Thema Zionismus. Ich habe so viel gelernt & meinen Horizont erweitern können.

Tweet #19

Doch hier vermischt Gadi Taub einige Themen. Kritik an postmoderne Theoretiker*innen – okay. Aber, dass er es schafft, einen sechs Seiten langen Essay zu schreiben, ohne auf die antirassistischen Kämpfe und Diskurse einzugehen, enttäuscht total. Das Wort »Rassismus« kommt in diesem Essay nämlich nicht wirklich vor (zumindest nicht da, wo es sollte ...).

Tweet #20

Natürlich kann man Saids, Butlers und Bhabhas Werke kritisch betrachten. Aber es geht nicht, dass dabei ihre Relevanz für post-koloniale & antirassistische Diskurse & daraus resultierende empowernde, aber auch emanzipatorische Praxis für betroffene Menschen völlig außer Acht gelassen wird.

»KANNST DU NICHT EINMAL DEINE KLAPPE HALTEN, FÜR ZEHN MINUTEN? ICH MUSS DAS SCHON MEIN GANZES LEBEN TUN.«

Antiracism sells: Gedächtnisprotokoll einer leidvollen Theatererfahrung

Saba-Nur Cheema und Meron Mendel

Was sind eigentlich Rassismuserfahrungen? Immer wieder, regelmäßig und täglich Ausgrenzung, Gewalt und Anfeindungen zu erleben? Hass und Abwertung als Normalität zu erleben? Und zwar nicht vor 300 Jahren in Zeiten der Sklaverei, sondern als BIPOC-Mensch (Black, Indigene, Personen of Color) in Deutschland oder Westeuropa? Die Künstler*innen eines antirassistischen Theaterprojektes würden dies bejahen. Dabei vermitteln sie ein verkürztes und vor allem auf interpersonelle Beziehungen fokussiertes Verständnis von Rassismus durch ihr als Theaterperformance getarntes Experiment.

Von Rassismus Betroffene haben es selbstverständlich nicht leicht – auch nicht in Deutschland, der Schweiz oder anderswo. Sie zählen nicht zur mächtigen Dominanzgruppe, sie erleben Benachteiligungen im Alltag, in der Schule, am Arbeitsplatz und theoretisch überall, wo sie sich aufhalten (können). Dass Rassismus Strukturen und Institutionen inhärent ist und dazu führt, dass BIPOC-Menschen benachteiligt werden, ist eine bittere aber wichtige Erkenntnis für die gesamte Gesellschaft. Nun, wie sollen Menschen, die selbst gar nicht betroffen sind von Rassismus das jetzt verstehen, nachvollziehen, ja nachfühlen? Das Experiment eines Antirassismus-Theaters probiert dies, indem das weiße Publikum erniedrigt, angeschrien und bedroht wird. Dies sollte die Situation von BIPOC-Menschen erfahrbar machen.

Ganze zwei Stunden benötigt dieses Experiment, um eigentlich doch nicht zu vermitteln, was Rassismus ist. Bevor es zum Anschreien kommt, geht es zunächst um die Kritik der Privilegierung von weißen Menschen, die die weiß geschminkte schwarze Künstlerin – eine kluge Umkehr der rassistischen Praxis von Blackfacing – performt. Sie wirkt unglaublich unsympathisch, dumm und arrogant, witzelt geschmacklos über Schwarze und andere. In ihrer Performance wird ein verkürztes Verständnis von Rassismus deutlich, da Rassismus mit schlechter Behandlung gleichgesetzt wird. Als Beleg werden Fotos von weißen Kindern gezeigt, die mal traurig und mal glücklich aussehen – je nachdem, wie man sie behandelt hat. Dies sollte zum Ausdruck bringen, dass BIPOC-Menschen also eigentlich permanent traurig sind, da sie jeden Tag, ihr ganzes Leben lang, schlechte Behandlung erfahren. Den Weißen wird ihre Privilegiertheit zum Vorwurf gemacht, mehr noch lautet der Umkehrschluss der Truppe: Weil Weiße nicht schlecht behandelt werden, würden sie Rassismus sogar genießen.

Diese Performance wird immer wieder mit Kurzmonologen von den weiteren von Rassismus betroffenen Künstler*innen unterbrochen, die von ihrem leidvollen Alltag erzählen, in dem sie immer wieder zu hören bekommen: Wo kommst Du ursprünglich her? Du sprichst aber gut Deutsch! Kannst du auch Afrikanisch? Siehst du verschwommen durch deine Schlitzaugen?

Dient ein solches Experiment dazu, weiße Menschen für Rassismus zu sensibilisieren? Zumindest hat es dazu beigetragen, dass Menschen, die nicht von Rassismus betroffen sind, sich schuldig fühlten, Mitleid mit den migrantischen Künstler*innen entwickelten und das Experiment mit dem Publikumspreis auszeichneten. Aber wie hilfreich sind Schuldgefühle und Mitleid tatsächlich für die Sensibilisierung für Rassismus?

Der massiv gewaltvolle Ausdruck von Rassismus ist (glücklicherweise) nicht der Alltag von vielen BIPOC in Europa. Vielmehr drückt sich Rassismus subtil und durch institutionelle Benachteiligung aus, wie beispielsweise in der Schule, am Arbeitsplatz oder bei der Jobsuche. Der Versuch, Rassismus in einem Experiment nachzuspielen, indem vermeintlich privilegierte Menschen niedergemacht werden, verfehlt genau diesen Aspekt. Der Rassismusbegriff bleibt unterkomplex. Stattdessen entstehen Mitleid und Schuldgefühle von Menschen, die sich selbst als tolerant, weltoffen und sensibel verstehen.

Es handelt sich hierbei um ein verkürztes und lahmes Verständnis von Rassismus, das weißen Menschen beibringt, zehn Minuten die Klappe zu halten, verbunden mit dem moralischen Hinweis, dass BIPOCs dies angeblich ihr ganzes Leben gezwungen sind zu tun. Dies ist der falsche Weg zur Förderung von Rassismussensibilität. Hier gibt man weißen Menschen für zwei Stunden ein schlechtes Gewissen, Gesprächsstoff für das Frühstück am nächsten Morgen und eventuell eine Stütze beim nächsten Smalltalk mit einer BIPOC, um bloß die Frage zu vermeiden, woher sie denn ursprünglich komme. Ja, ein gutes Geschäftsmodell. Denn es bedient den Kuscheldiskurs über Rassismus für alle Beteiligten, in dem BIPOC ihre Betroffenheit zur Essenz ihrer Existenz umwandeln und Weiße, die sich ohnehin als tolerant, sensibel und superkritisch verstehen, werden durch einen milden Hieb mit der Puschel-Peitsche in ihrer selbstgefälligen Farbenblindheit bestätigt.

WEIL SIE EINVERSTANDEN SIND

Bettina Wilpert

Sie sind sich ihrer Sache sicher. Sie essen morgens Haferflocken mit Leinsamen und Chiasamen in Mandelmilch, mittags in der Mensa, aber nur das Wokgericht, noch einen Salat dazu, sie befolgen die Regel »Fünf am Tag«, Zucker essen sie schon lange nicht mehr, Fleisch nur zweimal pro Woche. Vegetarier und Veganer verachten sie, Fleisch essen sie aus politischen Gründen. Sie können Zitate wie »Der Splitter in deinem Auge ist das beste Vergrößerungsglas« in jede Konversation einfließen lassen, als hätten sie nicht die ganze Zeit darauf gewartet, diesen Satz ganz nebenbei im Gespräch zu droppen, können Verfasser und Publikation nennen (Teddy, Minima Moralia, Zwergobst), wissen, dass das Gegenüber mit einem von zwei Sätzen antworten wird: A) »Es gibt kein richtiges Leben im Falschen«, B) »Fun ist ein Stahlbad«, um sich als gleichwertig zu erkennen zu geben, dafür haben sie aber nur ein müdes Lächeln übrig, auch wenn sie diese Formulierung selbst nie verwenden. Sie haben alles verstanden.

»Dein Ernst«, schrieb Pat Elsa am achten Januar 2018, ohne Fragezeichen, ohne Ausrufezeichen. Sie ignorierte die Nachricht, wusste nicht, was er meinte. Drei Minuten später vibrierte ihr Handy noch einmal, in der Vorschau auf ihrem Bildschirm sah sie einen Link, erst eine Stunde später, nachdem sie geduscht und gefrühstückt hatte, öffnete sie ihn, sie hätte lieber nicht gefrühstückt. Bisher hatte sie sich nicht bei Peacock angemeldet, ein paar ihrer Freundinnen verwendeten es, hatten schon schlechte One-Night-Stands gehabt, ein Ex-Freund hatte sogar seine neue Freundin über die Datingseite kennengelernt. Nun war da ein Profil von ihr, auf dem ersten Foto war sie am Strand zu sehen, im Bikini (war das Spanien 2016?), sie wischte zum nächsten Foto: auf der oberen Bildhälfte ihr Gesicht, sie sah wesentlich jünger aus als heute, hatte damals noch kurze Haare gehabt, doch jeder, der sie kannte, würde sie erkennen. Nein, nicht ihr Ernst, hätte sie Pat gern geantwortet.

Sie stehen morgens auf, ohne zu frühstücken; freihändig fahren sie in die Uni, kauen das Kaiserbrötchen, ziehen an der ersten Zigarette des Tages.

Nicht nur ihr Gesicht: sie im Bikini, doch nur der Slip. Ihre Nippel grau, ein einzelnes Haar neben der rechten Brustwarze. Deutlich sah man, dass die linke Brust kleiner als die rechte war. Das nächste Foto: nur ihre Scham und in diesem Moment passte dieser Begriff. Sie war unrasiert, Stoppeln waren an der Innenseite der Schenkel zu sehen, ein paar Härchen bahnten sich ihren Weg Richtung Bauchnabel.

Facebook ist für sie over, auf Instagram ist alles ironisch: ironischer Lippenstift, ironischer Sekt, ironisch ballern, ironische Blümchen, ironische Panzer, ironische Salami.

In dem Profil gab es nicht nur ihre Fotos, sondern auch einen Satz: Ich habe gern unverbindlichen Sex, schreibt mir. Darunter ein Link zu ihrem Instagram-Profil.

Sie öffnete Insta, oben rechts eine rote 37, normalerweise stand da höchstens eine Eins oder gar nichts; sie hatte 37 Nachrichten.

»Hey Süße, wollen wir ficken? Warum so schüchtern? Dick? Wurdest du schon mal vergewaltigt? Siehst lieb aus. Ich würde gern in dich reinspritzen. Schon mal am Friedhof getroffen? Du siehst komisch aus. Süße Maus, geil. Rasieren vergessen? Werde dich durchficken.«

Einmal im Jahr besuchen sie das Pornofilmfestival, zeigen auf die Leinwand, wenden sich zu ihrem Nachbarn und flüstern extra laut, die kenne ich, das war mal meine Zwischenmieterin. Die Ex-Zwischenmieterin gewinnt den Award als beste Darstellerin, später am Abend klopfen sie ihr auf die Schulter, queer und freiwillig.

Sie loggte sich bei Facebook ein:

»Das von dir eingegebene Passwort ist falsch. Passwort vergessen?«

Caps Lock? Kein Caps Lock.

»Du hast ein altes Passwort eingegeben. Dein Passwort wurde geändert.«

Sie startete ihr E-Mailprogramm.

»Konfiguration konnte nicht überprüft werden – Passwort oder Benutzername falsch.«

Bei allen fünf E-Mailkonten (warum nur hatte sie fünf E-Mailkonten?).

Sie gendern nicht, schließen Frauen aber automatisch mit ein.

Sie saß da, still, schickte drei Zeichen an Pat:??! Sie drehte die Musik des Plattenspielers laut auf, auch wenn ihre Mitbewohner vielleicht noch schliefen. Sie brauchte Ablenkung, aber das Internet war überall.

Auf Partys sprechen sie nicht mehr über Fernsehserien, sondern über Computerspiele, die heute erzählerisch völlig neue Standards setzten, aber sie seien froh, ihren Atari nicht verkauft zu haben, der jedes Jahr an Silvester wieder ausgepackt wird.

Pat antwortete: »Ja, das frage ich dich.« Elsa schrieb nicht zurück, sie verstand nichts. Woher kamen diese Fotos? Sie konnte sich noch an den Moment erinnern, an dem das erste Foto aufgenommen worden war: Sie und Tobi waren im Spanienurlaub gewesen, in Sevilla, hatten einen Tagesausflug nach Gibraltar gemacht und auf dem Rückweg waren sie noch an einem Strand ins Meer gesprungen, Tobi hatte das Foto geschossen. Aber die anderen Bilder? Wann hatte sie diese Frisur gehabt? Vor zwei oder drei Jahren?

Sie löschte ihre Instagram-App.

Sie stecken sich eine Spange ins Haar und manchmal zum Feiern tragen sie violetten Lippenstift auf.

Abends traf sie sich mit Ruth, die schnell merkte, dass es ihr nicht gut ging. Elsa zeigte ihr das Profil, aber nur das erste Foto, auf dem nicht alles zu sehen war. Wer hat diese Fotos aufgenommen? Ja, fast hätte sie diese Zeit vergessen.

Es war vor zwei Jahren gewesen, kurz nach dem Abi, dieser Endless Summer, zwischen Schule und etwas Neuem. Tobi hatte gerade mit ihr Schluss gemacht, noch nie hatte sie so viele Gefühle auf einmal gespürt, außer jetzt vielleicht. Doch damals konnte Elsa sie benennen – Wut, Trauer, jetzt fand sie keine Begriffe.

Sie hatte den Typen auf einem Festival kennengelernt, Asche war sein Punkername, sie kannte seinen richtigen Namen nicht. Sie hatten geknutscht, aber keinen Sex gehabt. Danach hatten sie sich nicht mehr getroffen, er wohnte drei Stunden mit dem Regio entfernt, hatten nur gesextet. Warum hatte er jetzt diese Bilder veröffentlicht? Dieses Profil erstellt?

Sie sagen: »Vorsicht mit Superlativen!« und benutzen den Komparativ falsch: »Meine Mutter wird echt immer mehr nervig. Der Vortrag war mehr interessant als der gestern Abend.«

Einmal hatte Elsa in der Schule einen Aufklärungsworkshop gehabt bzw. aufgeklärt war sie schon, es ging um Safer Sex, Missbrauch. Die Klasse wurde nach Geschlechtern getrennt, damit sie offener sprechen konnten, aber die Sozialarbeiterin musste danach ziemlich frustriert gewesen sein, weil niemand etwas sagte. Sie riet ihnen, wenn ein Junge Nacktfotos von ihnen machen wolle, sollten sie immer ablehnen. Elsa hatte immer abgelehnt, diese Fotos waren Selfies.

Sie sind gegen die Zeitumstellung.

Sie konnte nicht schlafen, drei Stunden lag sie wach und dachte nur an das Profil. Wer hatte es erstellt? Wer hatte etwas gegen sie? Warum sollte Asche das gemacht haben? Als sie endlich eingeschlafen war, wachte sie mehrmals pro Nacht auf, ihre Gedanken sprangen sofort zu dem Profil und auch im Traum sah sie die Fotos vor sich.

Sie haben erst einmal in ihrem Leben Klopapier gekauft und stehen nicht vor halb neun auf.

Keiner sprach sie an, alle starrten sie an. Oder bildete sie sich das nur ein? Hatte niemand das Profil gesehen? Als das Seminar zu Ende war, und sie aus dem Gebäude trat, traf sie Pat – er wusste es.

Wer hasste sie so sehr, dass er sie so verletzen wollte?

Natürlich wissen sie es. Sie zeigen sich nach der Uni gegenseitig Elsas Fotos, vergleichen sich oder ihre Freundinnen mit ihr (Brüste, Rasur usw.). Heimlich nennen sie Elsa degradierende Namen. Sie wissen, welche Seminare Elsa belegt, sie sprechen nur an den Tagen schlecht über sie, an denen Elsa nicht da ist.

Sie haben sich so was schon gedacht, Elsa war von Anfang an etwas komisch, eigenbrötlerisch, das steckt also hinter der stillen Fassade.

Pat half Elsa, das Profil verschwinden zu lassen, sie wusste nicht genau, was er gemacht hatte, er hatte die Administratoren kontaktiert oder die Seite gemeldet. Es war jedenfalls nicht mehr online. Aber machte es wirklich einen Unterschied? Alle hatten die Fotos gesehen.

Am nächsten Tag war das Profil wieder online, diesmal mit ihrem Klarnamen und ihrer Adresse. Sie saß vor dem Laptop und weinte.

Sie haben keine Angst. Nicht im Flugzeug, nicht im Dunkeln, nicht vor Prüfungen.

Ja, Ruth hatte Recht, wahrscheinlich war es nicht Asche gewesen, es war zu lang her, er hatte keinen Grund dazu. Vermutlich hatte jemand ihre Mails und Facebook gehackt und die Fotos geklaut. Wer hatte ein Motiv?

Vor ein paar Wochen hatte sie eine komische Situation mit David: Sie kannten sich nicht gut, hatten sich nie unterhalten, trafen sich zufällig vor einem Späti, machten Smalltalk (wo warst du, ach, ja, schöner Laden, da muss ich auch mal wieder hin usw.) und Elsa sagte, sie gehe zur Bahn, wohin sie müsse, fragte er, in die Südvorstadt, antwortete sie. Da müsse er auch hin, und sie stiegen zusammen in die Tram. Sie merkte gleich, dass er dachte, sie würden zusammen nach Hause gehen, auch wenn sie nicht wusste, wie er darauf kam. Sie hat Geschichten über ihn gehört, mit welchen Frauen er schon geschlafen haben sollte, angeblich gab es ein Dreiecksdrama zwischen ihm, einer Lyrikerin und einer Kunststudentin. Er hatte sie parallel, alle hatten es gewusst, nur die Lyrikerin nicht. Auf jeden Fall hatte er einen gewissen Ruf.

Am Bahnhof musste sie umsteigen, und sie hatte gar nicht groß darüber nachgedacht – manchmal konnte sie sich auf ihre spontane Reaktion verlassen – kurz bevor sich die Tramtüren schlossen, sie piepten und blinkten bereits, sprang sie aus der Bahn, sagte noch, oh ich muss umsteigen, und in die gegenüber, er hatte keine Chance, ihr zu folgen. Sie war froh, so leicht aus der Geschichte rausgekommen zu sein.

Hatte sie ihn gekränkt? Er wirkte auf sie wie ein Psychopath, der sein wahres Ich hinter einer Fassade eines sensiblen Künstlers versteckte.

Ihre Lieblingsband ist Pisse und sie drucken sich T-Shirts mit ihrem Lieblingssongzitat: »Du bist nicht queer, nur weil du Biertitten hast.«

Gab es noch andere Leute, die Elsa verletzen wollten? Zu ihrem ehemaligen Mitbewohner war sie wirklich nicht nett gewesen, er hatte sie in den Wahnsinn getrieben, einmal hatte sie ihn angeschrien, weil er vorgab, das Bad geputzt zu haben (was offensichtlich gelogen war), und dann sprach sie nicht mehr mit ihm. Aber war das Grund genug, jetzt dieses Profil zu erstellen?

Hatte sie jemanden verletzt und es nicht gemerkt? War es Eva, deren Freundschaft Elsa beendet hatte? Es hatte sich wie Schluss machen angefühlt, vielleicht war es das auch gewesen.

Wenn jemand Scheiße sagt, zitieren sie Karl, mit einem Schmunzeln: »Die ganze alte Scheiße.« Sie haben nichts davon gelesen, natürlich nicht. Wenn jemand Kapitalismus sagt, verwenden sie das gleiche Zitat.

Oder war es Pat? Schließlich hatte er sie als erstes darauf aufmerksam gemacht. Eigentlich war er nett, aber auch ein klassischer Troll, privat hielt er sich zurück, aber bei Facebook kommentierte er jedes feministische Event mit gehässigen Kommentaren. War es Kalkül, sie darauf aufmerksam zu machen? Sie dachte, sie wären befreundet.

Sie gehen kegeln, Billard spielen, bouldern, sie wollen immer höher, draußen klettern waren sie noch nie.

David starrte sie im Seminar jetzt immer so komisch an. Wenn sie seinen Blick erwidern wollte, wandte er seinen ab. Ja, er war es am wahrscheinlichsten.

Sie glauben nicht an Mansplaining. Manspreading halten sie für ein Gerücht.

Sie stand vor der Toreinfahrt und rauchte, es war erst halb sechs, aber weil es Winter war, schon dunkel. Er kam aus der Uni und betrat den Gehsteig, wo sie stand, aber er sah sie nicht. Er ging Richtung Tramstation, sie folgte ihm. Vor der Station bog er abrupt ab, als hätte er etwas vergessen, als hätte er es spontan entschieden. Die Stadt war nachts dunkler als andere Städte, die Verwaltung schien an der Straßenbeleuchtung zu sparen. Er betrat den Park, bemerkte sie nicht. Sie ging schneller, als sie fast auf seiner Höhe war, drehte er sich um, er musste das Knirschen der Kiesel gehört haben.

Sie hatte es sich nicht überlegt, es war passiert. Sie verlor die Kontrolle und sie mochte das Gefühl. Es war, als gäbe es sie zweimal, als trat sie aus sich heraus an den Wegesrand und beobachtete sich, wie sie ihn schlug. Zuerst mit der Faust, der Überraschungsmoment half ihr, er war klein. Mehrmals mit den Fäusten. Dann mit dem Bein, Rippkick, immer wieder hatte sie im Training diesen Kick gegen Bratzen geübt, noch nie war ihr Bein auf Fleisch gestoßen. Er lag nicht am Boden. Wahrscheinlich hätte sie weitergemacht, wenn nicht der Fahrradfahrer gekommen wäre, sie ging davon, lief beinahe.

MACHT EUCH SCHMUTZIG!

Oder soll man es lassen? Über die Schmerzgrenzen der Satire

Leo Fischer

Satire ist schrecklich.

Es ist der Schutzschirm schlechthin, der Generalablass, grauenhaftes Zeug zu reden, ohne Widerworte erwarten zu müssen. Deswegen machen jetzt auch alle, alle Satire. Einmal ein abseitiges, von zerfahrenen Gestalten in obskuren Schundblättern gepflegtes Hobby, stehen nun hinter jedem Twitter-Account die sechs Buchstaben, die alles dürfen. Tucholsky hat es erlaubt!

Satire ist Mainstream.

Was vor zwanzig Jahren einmal Gegenkultur war, gehört nun zum Alltag; die Schmutzfinken von gestern sind nun geachtete Künstler*innen. Die Formen, die früher als anstößig und empörend empfunden wurden, werden jetzt in den Feuilletons beklatscht und von den öffentlich-rechtlichen Sendeanstalten nachgemacht. Es ist eine öffentlich-rechtliche Satirebranche entstanden, Unternehmen mit hunderten Mitarbeitern und riesigen Budgets, die komische Kritik monopolisieren. Man hat nicht das Gefühl, dass das an irgendwie befreiteren Verhältnissen liegt – oder sie gar herbeiführen hilft. Kann im ZDF überhaupt eine

Satire gemacht werden, bei der sich die Mehrheitsgesellschaft ertappt und peinlich betreten fühlt? Oder klopfen sie sich auch hier wieder gegenseitig auf die Schulter? Mensch, toll, wie selbstkritisch wir hier wieder sind!

Satire ist reaktionär.

Je mehr sie in den Mainstream einwandert, umso defensiver wird sie. Die Verteidiger*innen der Polemik reagieren höchst empfindlich gegen Polemik, die sie selber richtet, und diejenigen, die sich übers Getriggertsein der anderen lustig machen, fallen oft beim kleinsten Gegenwind in sich zusammen. Natürlich, für die Satire hört sich Protest immer gleich an: Alle ihre Kritiker werden ihr zu Kunstfeinden, gleich, welche Motive sie sonst noch treiben. Doch ist ihr der Schulterschluss mit dem »das wird man wohl noch sagen dürfen« der Rechten oft nicht fern. Dabei ist es wirklich interessant, wer in der Satire etwas sagen darf: Die Branche ist weiß und männlich in einem Maße, das man so nicht einmal mehr in der CDU findet. Das Gesicht der Satire ist ein mittelalter weißer Mann, der vorgibt, alles zu wissen – eine Sprecherposition, die man sonst mit Recht fast nirgendwo mehr erträgt. Er beansprucht ein Wissen, das niemand mehr herstellen kann, eine Stellvertreterschaft für die Unterdrückten, die eigentlich ganz gut selbst sprechen könnten. Wo das in Frage gestellt wird, schlägt er schnell einen vornehmen Ton an, spricht von Satire als Freiheit und Menschenrecht. Dabei ist die Verteidigung ihrer Freiheiten fast trivial – angesichts ihrer Ubiquität gebricht es noch eher an einer Verteidigung ihrer Notwendigkeit.

Sie ist schon frei, sie sollte wirksam werden.

Satire ist schädlich.

Sie behauptet, die Verhältnisse in einem Zerrspiegel wiederzugeben und sie so der Lächerlichkeit preiszugeben – doch sind die Grenzen zur Reproduktion eben dieser Verhältnisse fließend. Sie müsste den Stammtisch denunzieren helfen und redet ihm doch zu gern nach dem Mund. Wenn sie sich nach links wendet, behauptet sie, »solidarische Kritik« zu üben – und endet meist bei eben jener einseitigen Fixation auf Exzesse linker Szene- und Sprachpolitik, die auch bei »Welt online« Applaus findet. Sie behauptet, nach allen Seiten auszuteilen, aber gegen den Rechtspopulismus bleibt sie oft seltsam zahnlos. Zehntausend Folgen der »Heute-Show« haben die AfD keinen einzigen Prozentpunkt gekostet. Ja, im Gegenteil: Ihre Mitglieder fühlen sich angesichts einer im Namen des »Staatsfunks« geführten Kampagne noch im Recht, als die eigentlich Unterdrückten.

Der Rechtspopulismus hat wiederum die Mittel der Satire und der Guerilla-Kommunikation perfekt adaptiert. Die sich stetig radikalisierende Sprache, wie sie die 4chan-Kultur hervorgebracht hat, führt auf mehr als einer Ebene zur Ununterscheidbarkeit mit faschistischen Statements – gestern noch ironisch, können sie heute jederzeit in die Wörtlichkeit abstürzen. Es ist bisher noch wenig kommentiert worden, dass mit den Fünf Sternen die Parteigründung eines Satirikers, Beppe Grillo, in Italien eine neofaschistische Partei an die Macht gebracht hat.

Andererseits – geht es ohne Satire?

Es gibt ein unbeirrbares Bedürfnis in der politischen Linken, es besser zu machen. Grundsätzlich. Nicht nur muss noch die kleinste Positionierung im Plenum ausdiskutiert werden; es werden jeder noch so braven Polemik die Dornen abgezwickt, bis sie aussieht wie einem Zweckform-Vordruck für Protestnoten entsprungen.

Nie dürfe man sich der Methoden des Gegners bedienen – »when they go low, we go high«, lautete ein traurig gescheitertes Motto der amerikanischen Demokraten aus Hillary Clintons Wahlkampf. Die schmutzigen, gemeinen Kerle haben gewonnen, und sie hören im Amt nicht auf, gemein und schmutzig zu sein. Im Bedürfnis, es unentwegt besser und besser, ethischer und sauberer zu machen, ist man letztlich dazu gekommen, es überhaupt nicht zu machen. Verloren gegangen ist die Erkenntnis, dass es überhaupt keine guten oder bösen politischen Mittel gibt, sondern nur wirksame und unwirksame. Gegen die bestens vernetzten und mit der geballten Macht von automatisierten Mailsystemen, Bot-Newsfeeds und im Dutzend eingekauften Klickarbeitern ausgestatteten rechten Bastionen hat die Linke wenig mehr vorzuweisen als das reine Gewissen, sich solch schmutziger Mittel enthalten zu haben. Wäre es nicht höchste Zeit, damit anzufangen?

In dieser Hinsicht beispielhaft war die Idee der liberalen Taz, noch kurz vor der Bundestagswahl 2017 gegen die Satirepartei Die PARTEI zu agitieren. »PARTEI wählen ist das Letzte«, hieß es da, »elitär, bourgeois und amoralisch« sei sie, tatsächlich schlimmer als die AfD: »Sie ist weder links noch rechts, noch unten, weil es ihr um nichts geht. In ihrem moralischen Gestus ist sie letztlich amoralisch. Und das Interessante an ihr ist: Je mächtiger sie wird, desto antiaufklärerischer ist sie. Und damit ist sie in ihrem Kern verachtenswerter als diejenigen in der Politik, die – sei es bei der FDP oder der AfD – für etwas kämpfen.«* Immerhin: Die AfD kämpft für etwas!

Der einzigen Partei, die einen konsequent gegen die AfD gerichteten Wahlkampf gemacht hatte, wurde vom Zentralorgan der Besserlinken bescheinigt, letztlich schlimmer als die Nazis zu sein. Was man in der

* Martin Kaul: »Elitär, bourgeois und amoralisch.« in: taz vom 14.9.2017

Rudi-Dutschke-Straße nicht erträgt, ist Lärm, Chaos, Klamauk, Subversion, wie sie allesamt von der PARTEI ausgehen – alles schmutzige Methoden, unseriös, unfein, unmöglicher Umgang. Da hielt man sich in der Taz das Taschentuch vor die Nase: Antifaschismus ja, aber fein und gesittet muss es dabei zugehen! Ihre unerhörte sittliche Reinheit hat die links orientierten Parteien hunderttausende Stimmen gekostet – mit der großen Ausnahme der PARTEI. Denn Schmutz funktioniert. Und so elitär wie eine Zeitung, deren Leserschaft den Bruchteil eines typischen AfD-Blognetzwerks ausmacht, kann sie gar nicht werden.

Wichtig ist beim Schmutz: Wer wirft ihn, und warum?

Zeit wäre es, die Satire gegen ihre Liebhaber zu verteidigen. Gegen diejenigen, die sie sich in die Twitter-Lebensläufe schreiben – aber regelmäßig ausfällig werden, wenn sie Sachen hören, die der Mehrheitsgesellschaft wirklich unangenehm sind. Vielfach ist die beste Provokation schon, wenn Frauen und PoC selbstbewusst, polemisch, satirisch sprechen. Da kriegen sich die Satireversteher kaum mehr ein vor Grimm. Und schnell ist der Vorwurf »Identitätspolitik« da, wo Leute einfach nur ihre unguten Erfahrungen mit der Gesellschaft aufschreiben.

Selbstverständlich sollten Satireschaffende aufpassen, was sie sagen – immerhin ist es ihr Job, darauf aufzupassen, was die anderen sagen. Und wer wirklich beansprucht, alles zu wissen, für und gegen die Gesellschaft als Ganze zu sprechen, der muss sich eine genaue Musterung gefallen lassen.

Dennoch: Man muss sich schmutzig machen wollen. Bei vollem Peinlichkeitsrisiko. Das Feld subversiver, krawalliger Kommunikation wird schon zu lange von den Falschen bestellt.

Man wird keine Preise dafür einheimsen, es ihnen ganz zu überlassen.

ZEHN PUNKTE FÜR DEN ULTIMATIV RICHTIGEN UMGANG MIT BETROFFENHEITEN, IDENTITÄTEN UND ALLIANZEN

Eva Berendsen, Saba-Nur Cheema
und Meron Mendel

Is it too late now to say sorry?
Justin Bieber

Es könnte sein, dass Leser*innen dieses Sammelbands von manchen Passagen getriggert oder dazu gebracht werden, ihre Schmerzgrenzen zu überschreiten. Uns, den Herausgeber*innen, ist es jedenfalls so ergangen, aber meistens an jeweils unterschiedlichen Stellen. Wir halten nichts von den Entschuldigungsroutinen der Promis, die im Prinzip nach jenem Muster verlaufen, welches Rechtspopulist*innen augenscheinlich übernommen und perfektioniert haben: Grenzverletzung, Zurückrudern, wortreiche Entschuldigung. Der kanadische Popsänger Justin Bieber sagt das N-Wort, um dann öffentlich Exkulpation zu erbetteln. Wir finden, es ist zu spät für diese sehr durchschaubare Sorry-Geste. Uns bleiben noch zehn Dinge, die gesagt werden müssen. Zehn Weisheiten für den ultimativ korrekten Umgang mit den komplexen Fragen, welche die Texte des Buchs aufwerfen. Weil es auf schwierige Fragen freilich keine simplen Antworten geben kann, haben wir uns ganz besonders kurz gehalten.

1. Schluss mit den Entschuldigungsgesten

Wie sagte noch Bill Maher: »Stop protecting your virgin ears and start noticing you're getting fucked in the ass.« Man muss die Punchline des Comedians nicht mögen, und ja, sie ist mindestens homophob. Wir erzählen den Joke trotzdem, weil wir ihn als Kritik an den Exzessen der Identitätspolitik deuten, deren Vertreter*innen sich im Kampf um Sprache und Symbole verausgaben, während strukturell und institutionell abgesicherte Ungleichheiten eher unbehelligt bleiben und Rechtspopulist*innen in aller Welt munter ihren Gang durch die Institutionen antreten. Wer ist schuld am Rechtspopulismus? Natürlich hat (auch) die Linke versagt. »Die Linke« meint in aktuellen Debatten ja so ziemlich alles von der Occupy-Bewegung über bestimmte Strömungen der Linguistik bis zur neoliberalen Sozialdemokratie oder Hillary Clinton und ist im Prinzip genauso ein Kofferbegriff wie »Identitätspolitik«, hinter dem sich von Bemühungen um diskriminierungsfreie Sprache über den Ruf nach Trigger-Warnungen bis zur akademischen Kritik am Universalismus fröhlich alles Mögliche subsumieren zu lassen scheint. Jedenfalls haben wir jetzt Rechtspopulismus, und es wäre Quatsch, die Linke bei der Suche nach den Ursachen aus dem Diagnoseprotokoll zu streichen. Ob Trump vor allem deshalb ins Weiße Haus einziehen konnte, weil die Linke sich vorrangig mit Identitätspolitik und der Kultivierung oben skizzierter Entschuldigungsschleifen beschäftigt hat, sei dahingestellt. Nicht mehr zu entschuldigen ist aus unserer Sicht, wenn sie sich weiterhin die Ohren zuhält.

2. Es gibt ein, zwei, viele Betroffenenperspektiven

So viel steht fest: Das konkrete Erleben von Rassismus, Antisemitismus, Sexismus und LGBTIQ-Feindlichkeit kann nur von denjenigen geschildert und problematisiert werden, die direkt betroffen sind. Betroffene sind Expert*innen in eigener Sache. Ihnen wurde und wird viel zu wenig zugehört, ihnen muss mehr zugehört werden. Ihre Belange und ihr spezifisches Wissen gehören in die Öffentlichkeit, in Wissenschaft, in Politik. Das heißt aber nicht, dass die Erfahrungen von Betroffenen identisch wären. Betroffene können Diskriminierung, Ausgrenzung, Hass und Gewalt unterschiedlich erleben. Also: von Betroffenenperspektiven im Plural reden. Und wenn sich Betroffenenperspektiven widersprechen? Aushalten.

3. Erstmal bis zehn zählen, bevor man sich zur Anwältin aufspielt

Wenn zum Beispiel Menschen, die von einem Ismus oder mehreren Ismen betroffen sind, sagen, sie fühlten sich von Mikroaggressionen nicht besonders verletzt oder davon nicht maßgeblich in ihrer Identität bestimmt, dann kann man ihnen das ruhig abkaufen, statt es ihnen paternalistisch einzutrichtern. Und wenn zum Beispiel eine Schwarze Person sagt, das Wort »farbig« sei okay für sie*ihn, dann muss keine von dieser angeblich unverblümten Unaufgeklärtheit getriggerte (weiße) Person postwendend darüber dozieren, wie falsch sie damit liege. Lasst uns doch einfach immer erstmal bis zehn zählen, bevor wir – egal aus welcher Positionierung heraus – für die Subalterne sprechen. Und lasst uns einander nicht kleiner machen als wir sind.

4. Marginalisierte haben nicht immer recht

… 8, 9, 10: Es gehört zu den Grundideen politischer Bildung, dass die Fähigkeit entwickelt wird, vom eigenen Standpunkt zu abstrahieren und, um es ganz schlicht auszudrücken, über den eigenen Tellerrand zu blicken. Alles andere ist narzisstischer Größenwahn – und unterscheidet linke Betroffenheitsfanatiker*innen im Selbstverständnis kaum von, sagen wir, den Wollen-(Nicht)-Haben-Wutbürger*innen der Pegida, die den Kirchturm vor lauter staatlich abgesicherter Christenheit nicht mehr erkennen können. Minderheiten haben nicht grundsätzlich Recht. Und sie haben nicht nur deshalb Recht, weil sie eine Minderheit sind. Es kann auch passieren, dass sich ein Schwarzer rassistisch äußert, eine Frau sexistisch, ein Jude antisemitisch. Betroffenenperspektiven sind also nicht die einzige Wahrheit. Die Perspektiven der Mehrheit können bisweilen ebenso relevant sein. Auch das müssen wir aushalten.

5. Wir haben auch Klasse

Es gibt aktuell in gewissen Teilen der Linken eine recht stark ausgeprägte Sehnsucht nach einem homogenen Klassensubjekt. Aber sorry Leute, der typische Revolutionär war vor allem eines: die Inkarnation einer weißen, männlichen Fiktion, die nur über Ausblendungen – etwa der unbezahlten, mehrheitlich von Frauen erbrachten Sorge- und Pflegearbeit – oder über Ausschluss – etwa der nicht-weißen Belegschaft –

überhaupt Wirklichkeit werden konnte. Eine emanzipatorische Linke sollte im Kampf gegen Rechtspopulismus und neoliberalen Kapitalismus nicht wieder damit anfangen, soziale und ökonomische Fragen gegen die Kritik an Rassismus, Antisemitismus oder Sexismus in Stellung zu bringen. Die Rechte macht es kaum anders, wenn sie beispielsweise die wohlfahrtsstaatlichen Zuwendungen für deutsche Rentner*innen gegen jene für junge Geflüchtete aufrechnet. Ohne der kitschigen Vorstellung eines harmonischen Klasseninteresses (»Wir wollen doch eigentlich alle das Gleiche!«) Vorschub zu leisten oder vor Verteilungskämpfen die Augen schließen zu wollen, sei dennoch die naive Frage gestattet: Sind nicht eigentlich genug Toilettenhäuschen für alle da? Zugleich ist es auch keine neue Erkenntnis, dass im Engagement für die Repräsentation und symbolische Anerkennung von Minderheiten die soziale Frage allzu stark vernachlässigt wurde. Mehr noch: Mit dem Phänomen, dass es manchen queeren, Schwarzen, dicken und anderen wunderbaren Minderheitsgeschöpfen über die Affirmation von Devianz bestens gelingt, die Anforderungen eines auf radikalen Individualismus setzenden Neoliberalismus zu erfüllen, müssen sich Linke auseinandersetzen. Und sie tun es ja auch schon längst. Wenn auf der Party für Vielfalt die Frage, wer die Unisextoilette anschließend zu welchen Bedingungen putzt, nicht immer auch zentral verhandelt wird, sind wir nicht wesentlich weitergekommen als das Diversitymarketing in der United Colors of Benetton-Werbung der neunziger Jahre.

6. Wir müssen mehr und besseres Marketing machen

Wir kommen nicht umhin festzustellen, dass die Anliegen linker Identitätspolitik irgendwie nicht so richtig »im Volk« zünden. Offensichtlich haftet ihr etwas an, was elitenfeindliche Ressentiments beflügelt –

sei es bei der Neuen Rechten, der sogenannten Mitte, der prekarisierten Unterschicht oder im Lager des alten Betonmarxismus. Das sei alles viel zu kompliziert und zu viel Uni-Bubble, hört man immer wieder. Identitätspolitik trägt in der Tat eine akademische Handschrift, auch weil akademische Herrschaftskritik mit sozialen Bewegungen eng verbunden war und ist und umgekehrt. Den Vorwurf, Wissenschaft sei akademisch, kann man natürlich nur schwer ernst nehmen, weil er tautologisch ist. Und es stimmt auch, dass man naturwissenschaftlichen Disziplinen ihre Wissenschaftlichkeit eher nicht zum Vorwurf machen würde. Bei den angeblich softeren Geistes- und Sozialwissenschaften aber, da meinen augenscheinlich alle mitreden zu können und zu müssen. (Dabei hat beispielsweise Atomphysik nun durchaus auch massive Auswirkungen auf das menschliche Zusammenleben und müsste sich die Forderung gefallen lassen, besser und verständlicher und näher am Volk zu erklären, was sie tut.) Wenn wir aber glaubhaft vermitteln wollen, dass der Kampf gegen Diskriminierung nicht nur etwas für Leute ist, die mindestens einen Bachelorabschluss, zu viel Freizeit und ansonsten keine Probleme haben, dann müssen wir auch aushalten, dass die Art und Weise, wie diese Anderen sich mit Rassismus, Sexismus, Antisemitismus und Diskriminierung auseinandersetzen – Themen, die Angestellte und (lohngedumpte) Arbeiter*innen natürlich genauso angehen, betreffen und bewegen wie wissenschaftliche Mitarbeiter*innen der Gender Studies – dass diese Diskursfremden also die Schmerzgrenzen der im akademischen Diskurs Heimischen gehörig verletzen können. Diese Anderen – und nicht nur diese – kann man mit dem Gestus des Belehrens nicht nur nicht abholen, sondern sogar ordentlich abschrecken. Manchmal geht das Vorhaben auch herrlich doppelt schief wie bei dieser Szene an einem Sommerabend in Hamburg auf St. Pauli, die sich (tatsächlich!) ganz genau so abgespielt hat (Content Note Homophobie und Behindertenfeindlichkeit):

Ein Typ rempelt einen anderen Typen auf der Straße an.

Der Angerempelte: »Ey guck mal, wo Du langläufst, Du Schwuchtel.«

Der Rempler: »Schwuchtel sagt man nicht, weil das ist homophob, Du Spast.«

7. Sport ist Mord oder: Wir sagen die Unterdrückungsolympiade ab

Haben jetzt Juden oder Schwarze oder Frauen am meisten gelitten in der Geschichte? Lassen sich die Achsen der Ungleichheit beliebig erweitern? Rangiert Fatphobia auf derselben kategorialen Ebene wie LGBTIQ-Feindlichkeit oder Rassismus? – Und wenn wir heute glauben, dass nein, würden uns künftige Generationen zurecht als chauvinistisch abqualifizieren? »Wir sind hier ja nicht bei der Unterdrückungsolympiade«, lässt die Autorin Chimamanda Ngozi Adichie in ihrem Roman »Americanah« eine Professorenfigur sagen. Das letzte Wort der Sozialwissenschaft ist in der (Unter)Bestimmtheit der Interferenz sozialer Strukturkategorien natürlich noch nicht gesprochen. Aktuell erleben wir die Gleichzeitigkeit einer poststrukturalistisch inspirierten Kategorienskepsis einerseits und eine Renaissance von Class als einer der drei Master-Kategorien (neben Gender und Race) andererseits – und wiederum andererseits ist die Erkenntnis längst noch nicht gemainstreamt, dass Antisemitismus keinen rechten Platz im Intersektionalitätskonzept findet. In der Zwischenzeit können wir neugierig sein, was dieser Prozess des Suchens und Auslotens mit sich bringt, und uns daran erinnern, dass emanzipatorische Kritik ja die Kritik an jeglicher Herrschaft – auch jener durch eine Zwangsidentität – ist oder sein sollte. Die »bessere« Identitätspolitik äußert sich aus unserer Sicht jedenfalls nicht im Eintreten für Partikularinteressen, sondern im

Streit für (Individualität im) Pluralismus. Dazu Teetrinken, ins Internet gehen.

8. Wir dürfen das Internet nicht den Rechten überlassen

Es geht uns nicht um diese als »Clicktivismus« zurecht kritisierte Neigung, politisches Engagement bequem auf Likes und Shares und Retweets zu beschränken. Unbestritten aber ist, dass dank des Hashtagaktivismus à la #metoo, #metwo oder #mequeer wiederum in der Öffentlichkeit über Gewalt- und alltägliche Diskriminierungserfahrungen von Minderheiten diskutiert wurde. Und dass diejenigen, die ihre teils schmerzvollen Erfahrungen teilten, sich Hass, Hetze und Häme ausgesetzt sahen. Unbestritten ist auch, dass die Neue Rechte das Netz mit ihren Trollfabriken und Hackeravantgarden wesentlich besser zu beherrschen weiß, als die restlichen politischen Lager derzeit den Eindruck vermitteln. Das Netz ist genauso Agora wie jede andere anerkannte Öffentlichkeit, begonnen bei der Talkshow. Im Guten wie im Schlechten. Es gibt genug Beispiele mit tödlichem Ausgang, die aufzeigen, wie – antisemitischer oder misogyner oder rassistischer – Hass aus dem Netz offline geht. Kein Bock auf Zuckerberg gilt nicht. Wir sollten uns fit machen – und dieses Netz zurückholen!

9. Wir dürfen Sexyness nicht der Rechten überlassen

Verboten ist verboten! Diese einst linke Parole haben die Neuen Rechten in ihrem Kampf um kulturelle Hegemonie inzwischen erfolgreich übernommen und bieten Spaß, Spannung, spielerische Provokation und richtig fiese Grenzverletzungen für jenen Teil der Jugend, der sich von H&M-Shirts mit dem Schriftzug »Feministin« und dem etwas tattrigen, von Lehrkräften beklatschten Antifaschismus von Campino bei der Echo-Verleihung gelangweilt zeigt. Allzu lang sollten wir uns nicht mit der narzisstischen Kränkung aufhalten, dass sich die Rechte erfolgreich der eigenen Konzepte von Provokation, Subversion und Spaßguerilla bedient. Allmählich dürften wir die Taktik ja auch durchschaut haben. Zeit, sich den Pop zurückzuholen.

10. Schluss mit dem Gejammer im weißen Westen – wir müssen uns schmutzig machen!

Die Errungenschaften und Erfolge der langwierigen Kämpfe von Minderheiten und ihren Alliierten lassen sich vielleicht am besten über das Ausmaß der Kritik messen, die gegen die Anerkennung von Pluralität und Diversität in Stellung gebracht wird. Dann also Applaus und Konfettikanone! Feiern wir doch lieber die gleichgeschlechtliche Ehe, die Unisextoiletten, den dritten Geschlechtseintrag und die Abschaffung des N-Worts im Kinderbuch, statt uns über die politische Selbstverständlichkeit zu wundern, dass die Reaktion alle Geschütze auffährt, um zu retten, was ihr heilig ist: die traditionelle Ehe und Familie, die »natürliche« Ordnung zweier eindeutiger Geschlechter sowie das Recht auf kolonialrassistische Hochkultur beispielsweise. Die Stimmung in unseren Safe Spaces ist bisweilen von einem Geschaukel zwischen Ohnmacht und Hybris gekennzeichnet, zwischen Nichtsgeht und Nichtgenug. Dazwischen kommt die Anerkennung von Etappensiegen viel zu kurz, die auch auf dem schmutzigen Weg der Kompromisse und des Händeschüttelns von falschen Freund*innen zustande gekommen sind – und vor allem für gesellschaftliche Minderheiten ein etwas besseres Leben im Falschen ermöglichten. Die Einteilung der Welt in Gut und Böse dient vermutlich vor allem dem Zweck der eigenen Orientierung in einer als zunehmend komplex erlebten Welt. Der Zweck heiligt aber nicht die Mittel.

Wir wissen, dass das Private der romantischen Idee zum Trotz alles andere als ein sicherer Ort ist. Also raus aus den angeblichen Safe Spaces und Echokammern, im Wissen, dass es schmierig werden kann. Wer die Parole fürs Schmutzigmachen allerdings (absichtlich) mit einem Freifahrtschein fürs Arschlochsein verwechselt, für den gilt: Zurück auf Start.

KURZBIOGRAFIEN

EVA BERENDSEN ist Politikwissenschaftlerin und leitet nach einem Volontariat bei der FAZ den Bereich Kommunikation in der Bildungsstätte Anne Frank. Als freie Journalistin und Autorin schreibt sie vorzugsweise über Geschlechterpolitik sowie den Aufstieg (und kommenden Fall) der Neuen Rechten.

DR. MARKUS BRUNNER ist Co-Leiter des Psychologie-Master-Studienschwerpunktes »Sozialpsychologie und psychosoziale Praxis« an der Sigmund Freud Universität Wien, Mitherausgeber der Zeitschriften »Freie Assoziation« und »Psychologie und Gesellschaftskritik« und Vorstandsmitglied der Gesellschaft für psychoanalytische Sozialpsychologie (GfpS).

CHARLOTTE BUSCH promoviert zu politischer Sozialisation an der Goethe Universität Frankfurt. Sie ist Vorstandsmitglied der Gesellschaft für psychoanalytische Sozialpsychologie und Mitherausgeberin der Zeitschrift »Psychologie und Gesellschaftskritik«. Hauptberuflich arbeitet sie in der Mädchenzuflucht, einer stationären Jugendhilfeeinrichtung des Vereins für feministische Mädchenarbeit FEM e.V.

SABA-NUR CHEEMA (Dipl.-Pol.) ist Leiterin der Pädagogischen Programme und Projekte der Bildungsstätte Anne Frank, Dozentin an der Frankfurt University of Applied Sciences und Beraterin im Bereich der Radikalisierungsprävention. Sie entwickelt Angebote für die antisemitismus- und rassismuskritische Bildungsarbeit und publiziert dazu regelmäßig.

PROF. DR. SARAH ELSUNI ist Professorin für Recht in der Sozialen Arbeit an der Frankfurt University of Applied Sciences mit einem Schwerpunkt auf den Rechten der Frau. Sie arbeitet vor allem zu Antidiskriminierungsrecht, Legal Gender Studies, Menschenrechten und Sozialen Medien.

JÁNOS ERKENS ist Diplomsoziologe und arbeitet im Bereich Presse- und Öffentlichkeitsarbeit bei der Bildungsstätte Anne Frank in Frankfurt. Zuvor hat er als Journalist über feministische, LGBTIQ- und tagesaktuelle Themen für die Frankfurter Rundschau und das Neue Deutschland geschrieben.

LEO FISCHER war Chefredakteur des Satiremagazins Titanic und ist Mitglied im Bundesvorstand der Partei Die PARTEI.

LENA GORELIK, geboren in St. Petersburg, kam 1992 mit ihrer Familie nach Deutschland. Mit ihrem Debütroman »Meine weißen Nächte« (2004) wurde sie als Entdeckung gefeiert, mit »Hochzeit in Jerusalem« (2007) war sie für den Deutschen Buchpreis nominiert. Sie schreibt Essays und Reportagen u.a. für Die Zeit, die Süddeutsche Zeitung, Deutschlandradio.

Die Politikwissenschaftlerin HADIJA HARUNA-OELKER arbeitet als Autorin, Redakteurin und Moderatorin. Ihre Arbeitsschwerpunkte sind Jugend und Soziales, Migration und Rassismusforschung. Sie ist Mitherausgeberin des Sammelbandes »Spiegelblicke – Perspektiven Schwarzer Bewegung in Deutschland«.

AYESHA KHAN ist SJW, Netzaktivistin und freie Autorin. Als intersektionale Feministin of Color macht sie unter anderem auf Twitter auf Rassismen aufmerksam und problematisiert Täter-Opfer-Umkehrungen. Andere Schwerpunkte ihrer Texte sind Sexismus, (Post)Kolonialismus, Flucht/Migration und anti-muslimischer Rassismus.

DEBORAH KRIEG studierte Geschichte, Germanistik und Politologie in Frankfurt am Main. Seit 2008 arbeitet sie als Bildungsreferentin in der Bildungsstätte Anne Frank, seit 2013 ist sie stellvertretende Direktorin und kuratiert das interaktive Lernlabor »Anne Frank. Morgen mehr.« Ihre Arbeitsschwerpunkte sind Beratungsarbeit in der postmigrantischen Gesellschaft und historische Bildung.

DR. MERON MENDEL ist Erziehungswissenschaftler, Historiker und seit 2010 Direktor der Bildungsstätte Anne Frank – Zentrum für politische Bildung und Beratung Hessen. Er studierte in Haifa (Israel), München und Frankfurt/Main. Zuletzt gab er die Sammelbände »Fragiler Konsens. Antisemitismuskritische Bildung in der Migrationsgesellschaft« (2017; 2018 mit A. Messerschmidt) und »100 Jahre Leugnung. Der Völkermord an den Armeniern« (2017 mit K. Kunter und O. Fassing) heraus.

SAMA MAANI, Studium der Medizin in Wien und der Philosophie in Zürich. Lebt als Schriftsteller und Psychoanalytiker in Wien. Publikationen (u. a.): »Ungläubig« (Roman), »Respektverweigerung: Warum wir fremde Kulturen nicht respektieren sollten. Und die eigene auch nicht« (Essayband). Zuletzt: »Teheran Wunderland« (Roman).

DR. MASSIMO PERINELLI ist Historiker und arbeitet als Referent für Migration in der Rosa-Luxemburg-Stiftung. Er ist Mitglied von Kanak Attak, Mitbegründer der Initiative »Keupstraße ist überall« und hat das Tribunal »NSU-Komplex auflösen« vom Mai 2017 mitinitiiert. An der Universität zu Köln hatte er zuvor viele Jahren zu Geschlechter- und Sexualitätsgeschichte sowie zu Rassismus und migrantischen Kämpfen geforscht, gelehrt und publiziert.

HILAL SEZGIN, geb. 1970 in Frankfurt am Main, studierte Philosophie und lebt heute als freie Publizistin in der Lüneburger Heide. Ihre Themenschwerpunkte sind Feminismus, Philosophie, Islam/Islamfeindlichkeit und Tierrechte.

DR. GADI TAUB studierte Geschichte und Sozialwissenschaften in Tel Aviv und promovierte in Rutgers / New Jersey in Amerikanischer Geschichte. Er arbeitete als Fernseh- und Radio-Journalist für die Israel Broadcasting Authority und schrieb nebenbei Kinderbücher, Kurzgeschichten und einen Roman. Derzeit arbeitet er als Journalist in Israel.

TOM DAVID UHLIG ist Mitarbeiter der Bildungsstätte Anne Frank und freiberuflich Kollegah-Kritiker. Zusammen mit Charlotte Busch, Max Rudel und Britta Dobben gab er kürzlich den Sammelband »Der Riss durchs Geschlecht. Feministische Beiträge zur Psychoanalyse« heraus.

CÉLINE WENDELGAß studierte Soziologie und Erziehungswissenschaft in Frankfurt am Main und ist Mitarbeiterin der Bildungsstätte Anne Frank mit Schwerpunkt im Bereich der historisch-politischen Bildungsarbeit.

BETTINA WILPERT lebt in Leipzig. 2018 erschien im Verbrecher Verlag ihr Debütroman »nichts, was uns passiert«, für den sie u. a. mit dem ZDF-Aspekte-Literaturpreis für das beste Prosadebüt ausgezeichnet wurde. Der Roman thematisiert, welchen Einfluss eine Vergewaltigung auf Betroffene, Täter und das Umfeld hat.

HENGAMEH YAGHOOBIFARAH ist freie_r Redakteur_in beim Missy Magazine und bei der Taz, schreibt für deutsch-sprachige Medien, u. a. die Kolumne »Habibitus« für die Taz sowie für Spex, an.schläge und Politisch Schreiben. 2018 veröffentlichte Yaghoobifarah den Essay »Ich war auf der Fusion, und alles, was ich bekam, war ein blutiges Herz«. 2019 erschien der Essayband »Eure Heimat ist unser Albtraum«, den Hengameh mit Fatma Aydemir herausgegeben hat. Außerdem ist Hengameh DJ und Referent_in für queerfeministische und antirassistische Themen.

bildungsstätte
anne frank

In Kooperation mit der Bildungsstätte Anne Frank. Zentrum für politische Bildung und Beratung, Frankfurt/Main

Erste Auflage
Verbrecher Verlag Berlin 2019
www.verbrecherei.de

Druck und Bindung: CPI Clausen & Bosse, Leck
Satz: Christian Walter

ISBN: 978-3-95732-380-4

Printed in Germany

Der Verlag dankt Magda Hirschberger, Vreda Marschner, Laura lo Conte und Till Tannhäuser.